U0835852

一生的理财功课

◎有真功，何惧市场涨跌◎
◎有主心，总能进退自如◎

LIFE COURSE
FOR PERSONAL FINANCE

曾昭逸◎著

北京大学出版社
PEKING UNIVERSITY PRESS

图书在版编目（CIP）数据

一生的理财功课/曾昭逸著. —北京：北京大学出版社，2007.11

ISBN 978-7-301-12843-5

Ⅰ. 一…　Ⅱ. 曾…　Ⅲ. 私人投资—基本知识　Ⅳ. F830.59

中国版本图书馆 CIP 数据核字（2007）第 158828 号

书　　名：一生的理财功课

著作责任者：曾昭逸　著

责 任 编 辑：孙景利

标 准 书 号：ISBN 978-7-301-12843-5/F · 1733

出 版 发 行：北京大学出版社

地　　址：北京市海淀区中关村成府路 205 号　100871

网　　址：http://www.pup.cn

电　　话：邮购部 62752015　　发行部 62750672

　　　　　编辑部 82893506　　出版部 62754962

电 子 邮 箱：tbcbooks@vip.163.com

印　刷　者：北京楠萍印刷有限公司

经　销　者：新华书店

787 毫米×1092 毫米　16 开本　17.75 印张　300 千字

2010 年 4 月第 1 版第 10 次印刷

定　　价：39.00 元

未经许可，不得以任何方式复制或抄袭本书之部分或全部内容。

版权所有，侵权必究

举报电话：010－62752024　电子邮箱：fd@pup.pku.edu.cn

CONTENTS 目录

CONTENTS

CONTENTS 目录

第三章 债 券

第四章 股 票

CONTENTS

CONTENTS 目录

CONTENTS

CONTENTS 目录

财富的启蒙

——财富思想的启蒙，对我们中国人而言，不仅是一个追求财富的问题，更是一个深度的思想解放问题。

曾昭逸先生找我为他的新书《一生的理财功课》写序，惯例是要说几句好话，但是翻看封底为本书说好话的都是财经领域的大家，我的好话自然没有多大用处了。想想自己目前在金融界的工作与本书的写作背景，生出几许感慨，记录于此，算是代序吧。

中国近现代一百多年的历史是屈辱与抗争的历史，而现在的中国却是一个经济增长速度四倍于美国的国家，“经济腾飞黄金30年”、“金砖四国”、“拉动世界经济发展最快的火车头”等赞誉之词早已充斥于世界各大报刊。可以说，中国人民不仅在政治上站起来了，而且也在经济上站起来了。最明显的切身感受就是每个人手中的财富逐步地多起来了。财富积累到一定程度，自然会产生理财的要求。“理财”这个词，对于中国人来说，即使放在历史的长河里看，也绝对是属于幸福的烦恼，属于幸福生活下的新生事物。现在，从政府到企业、从单位到个人，都在考虑使手中现有的财富增长的问题。从最近成立的2000亿美元规模的国家外汇投资公司到针对个人的“港股直通车”，可以说可供投资者投资的品种越来越多、可投资的领域也越来越广了。这说明中国社会的财富确实大幅增长了，同时也反映了中国普通百姓渴求财富增长的强烈愿望，对通过投资理财来增加财富、改善生活的向往。

投资理财对于中国与中国百姓来说，都是一件新生事物，也是一件比较复杂的事情。

说它复杂，一是较西方人而言，我们中国大多数人从小没有受过理财的启蒙教育，在学校也没有受过系统的财经知识教育；二是理财产品的种类繁多：包括银行产品、证券、基金、期货、外汇、黄金、房地产等。据我所知，目前国内银行产品有一百多种，证券产品不下十种，期货产品二十多个，还有黄金理财产品、数目众多的基金产品以及外汇产品等。可以这样说，就是财经专家，也无法对每项产品达到熟练掌握的程度，何况才刚刚解决了温饱问题的中国普通百姓！再者，由于目前管理体制的原因，中国的老百姓为了应付日常生活及投资理财的需要，一般拥有多张银行卡及信用卡，拥有多个投资账户，如上交所与深交所的证券账户、三板代办账户、基金账户和期货投资账户等。现在港股直通车又马上要开了，又多了个香港的证券投资账户。此外，可能还有黄金投资、外汇投资账户等。要记住这些账号与密码，对谁而言都不是件容易的事。面对如此众多的金融投资产品，我们的矢志追求这样一个目标：建立一个综合金融交易平台，提供从开户到资金的划转、从咨询到交易及资产管理的投资全过程服务，使投资者用一个银行资金账户或一个投资理财账户就能轻松投资从国内到全球主要金融市场的金融产品，从而享受到全程、全部投资品种、全球主要金融市场的“三全”服务。这是我们的梦想，我们为此愿意付出我们的全部努力。曾昭逸先生的这本书在普及理财知识方面帮了我们的大忙，随着这本书的面世，将为读者带去系统的理财专业知识，树立正确的理财观念，搭建一个正确、系统全面的理财分析框架，从而在金融投资实践中做到“运用之妙，存乎于心”。

最近一本叫《货币战争》的书在社会上很流行，说明现在的中国社会，至少在普通百姓中并没有作好全球化开放的思想准备，没有具备与政治经济地位相匹配的大国自信，这是对迅速积累起来的巨大财富的紧张，是对未来状况的不安，也暴露出以一种农业社会封闭的心态来看待包括金融系统等领域的深度开放的问题；更说明中国还需要更为彻底的思想解放，从根源深处来一次中国版的“文艺复兴”。尤其是对于正处于一个快速发展的转型期的社会来说，新生事物不断涌现，社会财富的快速积累，人们的思想也存在飘忽的不确定性，因此迫切需要中国版的启迪国民财富智慧的《国富论》，而不是引导国人产生“其他人都在窥视我的钱袋”虚妄症的《货币战争》，从而使所有的中国人特别是生活在乡村的中国人都能够树立这样一种思想：财富的增长不是靠菩萨保佑，也不是靠祖先的庇护，更不是靠谁的施舍，而是可以通过自己的努力学习、交流帮助、勤奋工作及投资理财得来的。欧洲文艺复兴之所以能够在欧洲发生，是因为在当时的欧洲，人们有着强烈的冲破封建思想与落后宗教思想禁锢的契机。在今天的中国，可以借助绝大多数中国人对财富追求的强烈愿望这一大好契机，通过科学的、系统的、锲而不舍的财富观的教育，从而确立现代化的理财观。财富思想的启蒙，对中国人而言，不仅是一个追求财富的问题，更是一个深度的思想解放问题。因此，借助对人们追求财富情绪的引导，重建陷入迷茫的社会财富价值体系是很有必要的，金融界网站现在正在做的工作与曾昭逸先生的这本书，从这个意义上来说，都是一脉相承的。道相同，与之谋，所以当他找我为其书写序的时候，我欣然接受。即使是我的商业竞争对手，我都怀着一颗尊敬的心，祝愿他们顺利成长，同时也真诚希望有更多的人来从事这项工作。期盼有一天，在社会上流行的是《华尔街投资指南》、《非洲旅游注意事项》之类的书籍，而每个中国人的脸上都洋溢着一个大国公民的自尊、自强、自信。那时，我们才有勇气自豪地说，我们是中国人，我们是地球上合格的居民。

按惯例，写序的人自然需要写几句推荐本书的话，我这里想跟读者说的是，如果《货币战争》是读了让人肝阳上亢、血脉喷张的鹿茸、巴戟的话，那么，曾昭逸先生的这本书就是能够让人平静下来的石斛、地黄，是您过河时需要踩着的那块石头。

赵志伟

中国金融在线有限公司（金融界网站）CEO

自序

如果您在过去的一年里大挣特挣，我应该恭喜您；如果您大挣特挣而自己又感觉是个门外汉的话，那么我更应该恭喜您，因为这只能归结为运气，而运气总是让人羡慕不已。

但是，运气是不可靠的，今天的运气可能被明天的厄运所替代。运气加上投资实力，才能避免风险，抓住投资良机，从而所向披靡。这本书，就是为提升您的投资实力而写的。

中国人对个人和家庭投资理财的认识经历了一个重要的拐点。多年来，大伙儿都靠着工资过活，一年的收入无非就是12个月的工资再加上零星的奖金而已。但是，走过了最近一年多牛市的投资者们突然发现，在工资背后，还有这么一片硕果累累的自留地。今后，不断高涨的通货膨胀和飙升的房价，都迫使我们进一步去关注理财。

人生的智慧说起来很简单，投资原则和方法无非也就那么几条。比如我们知道巴菲特靠的就是价值投资和长期投资两大法宝。这也就是目前市面上无数“炒股就这五招”、“投资秘诀”等投资理财书的基本思路。但是，武器在手，并不代表一定能有好的效果。“秘诀”、“绝招”有了，更关键的是您如何去运用。您想过没有，巴菲特是怎样运用价值投资法的？他凭什么认为是这只股票好，而不是那只？他为什么在这时买卖而不是另外一个时候？“运用之妙，存乎于心”，这才真正涉及投资的精髓和核心。

和其他能力的培养一样，除了极少数天才外，大多数人投资能力的培养没有捷径，需要在一步步的学习、实践中不断提高。林林总总的投资品种到底是如何运作的？它们和政府的宏观经济政策有何内在关联？政府加息减息的依据是什么？一只股票何以涨涨跌跌？所有这些，都对投资业绩有很大影响。如果有人说，他可以让您三天就具备这种能力，那么他不是骗子，就是疯子。

投资是自己的事，买什么股票，买哪只基金，买何种保险，最终的投资决策都只能自己作，别人只能提供建议。即使他们再有名气，或者如何在您面前信誓旦旦，稳赚不赔，对您来说都只能作为参考。不是因为他们不可信，而是市场太狡猾，太不可预测。曾有人组织美国最著名的100位经济学家对未来半年的经济走势作出预测，结果只有一半人对。专家如此，遑论他人?经济活动太复杂，影响因素太多，人们往往是管中窥豹，挂一漏万，况且很多经济运行的本质直到今天还没有被认清，要预言得中谈何容易?此外，市场上还存在形形色色的劝您买这买那的“股评家”、“投资顾问”和“理财专家”，他们从自身利益出发，自然不免有“王婆卖瓜，自卖自夸”的嫌疑。如果因无知而受其蛊惑，损失的可就是自己了。因此，靠道听途说，专营内部消息或者完全依靠他人都是不可取的。纵然一时得利，取得不错的业绩，终归也只能是旁门左道，难以持久。

如果您觉得麻烦，大可不必自己去学，依托专业人士投资，比如买基金就是一种很省事而高效的方法。但是，即使是基金投资，也不是看起来那么省心，同样需要事先认真地比较挑选，事后的监控分析。至于股票、外汇投资等则更是如此。

投资也并非您想象的那么高不可攀。一旦具备投资能力，有一个良好平和的投资心态，投资也可以是简单轻松的。它不需要您起早摸黑，不需要您时刻盯盘，不需要您战战兢兢、如履薄冰。2000年开始，巴菲特逐渐买入超过22亿股中国石油（H股)，均价约为1.68港元。此后，巴菲特一直持股未动。截至2007年6月，中国石油股价跃过12港元，巴菲特的23亿股中石油仅靠价差就赚得纯利润237亿港元，收益达10倍，这是何等轻松和洒脱！当然，这需要您用心培养独到的投资眼光和坚毅的投资定力。

“授人以鱼，不如授人以渔”。基于这样的考虑，我写了这一本书，希望能帮投资者树立正确的理财意识，搭建一个正确、系统全面的理财分析框架。有了这些做基础，大家就可以用它去分析当前的经济形势和理解国家的各种货币、财政政策，明了股票涨跌的实质和原因，从而真正能用一副过硬的“理财脑”去作投资决策，不至于盲从他人而造成损失。这个过程可能很漫长，但有了正确的方法自然可以不断修炼、不断进步。

本书分章对银行业务、债券、股票、衍生品、基金、保险和房地产等做了比较全面的介绍。我力求在有限的篇幅里讲透它们，让您有个透彻、全面的理解。我不仅力图说明某品种是怎么回事，如何投资，而且还尽量对其整个的运行体系和各参与者在其中的角色、作用做独到的说明，比如证券公司、基金公司、保险公司的盈利模式。介绍这些是为了让大家明白，其实在这些机构行为的背后，都有其自身的利益考虑，这种利益有时和投资者是有冲突矛盾的。比如基金公司希望多卖自己的基金，券商希望您不停地交易从而多挣交易费；而保险公司也希望您买保险……因此，个人在投资时，需要明晰各种利益关联，不要被人忽悠。

此外，和其他理财书不同，书中运用了大量的图表。“一图胜千言”，看图给人更直观、更系统、更准确的印象，有全景概念。

这不是一本速成书，没有什么一天就会的理财绝招，而更多的是一些投资的分析方法，是理财基本功的介绍。“圆”您一个“理财脑”，是写本书的目的，也希望您在阅读本书后真正具备一个“理财脑”，而您自己的高含金量的头脑才真正是日后畅行理财世界的通行证。

引　言

“无知者无畏”是投资最忌讳的。莽撞投资或者完全听信他人的投资者，最终多落个上当受骗、血本无归的结果。事实上，只要这个世界上还有贪欲，还有无知，这类故事就永远会继续演绎下去。

其实是可以尽量避免此类事情发生的。至少，我们可以自己做些功课，学些理财知识，在投资决策前好好想一想，冷静判断，就可以做到。而这，根本不像想象的那么难。

下面我们就探讨一下理财到底是什么？我们究竟需要什么样的理财观？投资理财有无一些共同的原则和方法呢？这些，就像比赛前的热身，是必不可少的。

第一节
理财早知道

1. 你不理钱，钱不理你

你不理钱，钱不理你！这句话尽管早被人说烂了，但依旧是真理。美国从1900年到2000年的100年间，美元贬值为原来的1/54，换句话来讲，1美元的购买力，100年以后只有1/54。所以，不理财，只有坐等失败。钱不仅要理，还要审时度势，理得正确，理得高明。

诺贝尔奖自1901年12月10日首次颁发以来，以其规格高、奖金多而为世人瞩目。目前每年颁发6个奖项，每个奖项100万美元奖金。事实上，诺贝尔基金会之所以能够顺利支付高额奖金，除了诺贝尔本人捐献的980万美元外，更应归功于诺贝尔基金会的投资有方。

诺贝尔基金会成立于1896年。成立初期，为保安全，在其章程中明确规定了基金的投资范围，被限制在安全且有固定收益的投资上，例如银行存款与公债。此举尽管安全，但50多年后，低报酬率使得诺贝尔基金的资产流失了近2/3，到了1953年，总资产只剩下300多万美元。眼见资产将消耗殆尽，在麦肯锡咨询公司的建议下，诺贝尔基金会的理事们在1953年做出了突破性的改革——更改基金管理章程，将原先只准存放在银行和买公券的资金转向投资股票和房地产。新的理财方法一举扭转了整个诺贝尔基金的命运。到了1993年，基金会不但挽回了过去的亏损，基金总资产也增长到了27亿多美元。

连诺贝尔基金会都需要进行投资、理财，作为个人，自然更加需要。很多人希望自己能不断地涨工资，有更多的收入，以为凭着这个就能过幸福生活。实际上，很多时候尽管收入多了，但同时还要花更多的钱去买更大的房子，买更好的车，买各种名牌产品，日子反而比以前拮据了，长此以往，就形成了一个怪圈。

所以说，如果没有养成良好的消费习惯，不能适当地理财，钱再多，也解决不了大问题。

2. 理财不只是挣钱

“10 万元，通过理财，1 年后你能帮我赚多少钱啊?” 许多人都会这么问。事实上，很多人认为理财就是投资，就是钱生钱，将理财与投资收益画等号。

其实，理财与投资并不能等同。理财关注的是人生规划中资产的合理配置，不但要考虑财富的保值和增值，更要保证一人或一家的财务安全。如图 1 所示。

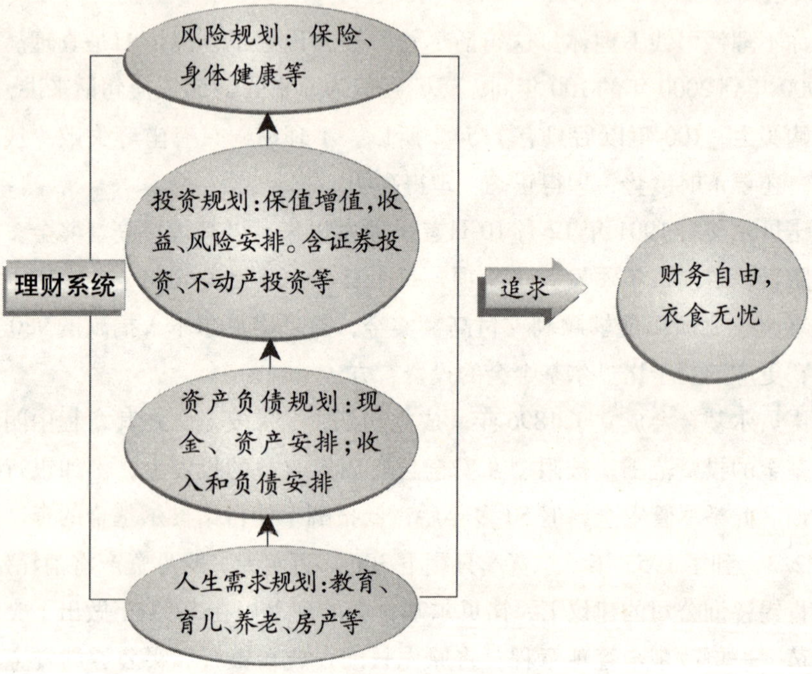

图 1　理财与投资的关系

理财在追求投资收益的同时，更多注重的是人生规划、风险管理规划、投资规划、养老规划、遗产规划等一系列的人生整体规划，因此说理财包括投资，但不仅仅是投资；而投资关注的是如何钱生钱的问题，其实质是使现在的财产增值。因此应将理财看作是一个系统，通过这个系统，使人的一生达到“财务独立”，而“财务独立”就是我们理财的最高境界。

3. 复利，时间就是金钱

假设你现在有 1 万元，通过投资理财，每年赚 10%，那么连续 20 年，最后连本带利变成了 6.73 万元。如果这个数字不让你惊讶的话，你再猜猜，如果连续 50 年，总额又是多少呢？

20 万？50 万？都不对，实际上是 117.39 万。如图 2 所示。这个数字很惊人！仅仅经过 50 年，原来的 1 万元，就变成了近 118 万。也就是说，一个 25 岁的上班族，投资 1 万元，每年挣 10%，到 75 岁时，就能成为百万富翁了。当然，如果每年回报率更高的话，不需要 50 年就能达到这个目标。

图 2 复利的威力

实际上，复利具有创造亿万富翁的神奇力量，普通人也可以轻而易举地运用它。投资理财没有什么复杂的技巧，只需具备三个基本条件：固定的投资、追求高报酬以及长期等待。每一个理财致富的人，只不过养成了一般人不喜欢且懒于坚持的习惯而已。

下面介绍一下"复利的 72 法则"，如图 3 所示。

用刚才的例子说明一下：每年挣 10%，72% 除以 10%，就是 7.2，也就是说只要经过 7.2 年，投资总额就翻一番。50 年，大致是 7 个 7 年，因此，大约翻了 7 番，即 2 的 7 次方，也就是原来的 128 倍，这与实际的 117.39 万相差不大。

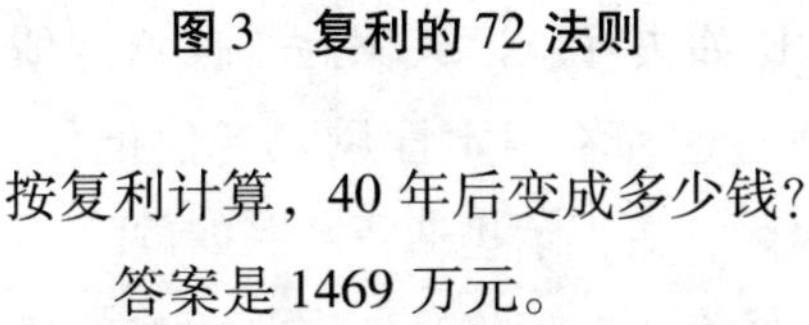

图 3 复利的 72 法则

复利的威力，使我们可得出如下惊人结果：

➡ 我们存 1 万元，每年 20% 的利率，按复利计算，40 年后变成多少钱？

答案是 1469 万元。

➡ 如果我们每年存 1.5 万元，每年 20% 的利率，按复利计算，我们什么时候会变成亿万富翁？

答案是 41 年后我们成为亿万富翁。

4. 人生各阶段的投资需求

人生大致分为五个阶段，分别有不同需求，如表1所示。

表1　人生的阶段与投资需求

生命期	单身期 20~30岁	家庭形成期 30~35岁	成长期 35~50岁	成熟期 50~60岁	退休期 60岁后
需求重点	持续教育、培训、娱乐、结婚	买房、生子、买车	子女教育、赡养父母、退休储备	医疗、退休养老、休闲旅游	保健、医疗
收入和财富	工作时间短，收入不多，财富积累不多	收入较多，开始累积财富	收入较高，所累积的财富逐渐增多	收入一般，累积财富速度变慢	有较稳定的退休金，消耗财富
适合的产品	高风险、高报酬型	成长型	稳健型	保守型	更保守型

在具体执行中，我们需要根据不同阶段，不断去评估、调整理财计划。

5. 投资少有定心丸

投资很少有十拿九稳的，其风险和魅力就在于不确定性。决定投资收益有很多种因素，比如国家宏观经济、国际政局和投资大众的情绪等，它们往往在一起产生综合作用。哪一种因素在未来能够起决定性作用，事先很难判断清楚。此外，市场是共同的市场，不是某个人的市场，所以谁也不可能准确地预见他人的行为。比如始于2006年的中国股市牛市行情及规模，许多人可能预料不到，而少部分预料到的也不会想到它会如此猛烈。

当然，如果你就想享受无风险的收益，比如去存款、买保险、投资国债等无风险的品种，那么自然是可以较好地规避这种不确定性风险（但记住，不能完全规避），但是你得承担收益不高的风险，更得承担通货膨胀的危险。

所以，最重要的是要在这个市场上长期存活下去，躲过一次又一次的风浪。这样，当机会一旦来临时，你才能微笑着拥有市场给你带来的投资收益。

第二节

“财性”各异的理财产品

和人一样，不同的投资品种有不同的性格。因其风险和收益不一样，具体的投资方法也有不同，我把这种不同叫做“财性”。为了便于了解，我们可以将这些品种和十二生肖中的部分动物对应起来。

比如银行存款安全稳重，不好运动，像“猪”一样；债券定期支付利息，如下蛋的老母“鸡”；股票会分红，像挤牛奶，上蹿下跳的股票价格像“牛”胖了又瘦；基金就跟千里“马”一样，选好后骑上去就可以了；期货期权主要是用于防范投资风险的，像忠实的看家“狗”一般；外汇投资，对手遍天下，每个人就像一只“羊”那样软弱；保险主要用来起保障作用的，可以提防人生的意外“蛇”的出现；房地产投资，倡导“狡‘兔’三窟”的做法。

大家知道，投资的收益和风险大体是成正比的。为什么说是“大体”呢？因为市场不总是有效的。鉴于市场变化、投资者偏好、投资时所需要的专业知识等因素，有时会出现很高的无风险收益，比如因高折价率而导致的封闭式基金飙升行情等。

各投资品种的风险和收益比较如图 4 所示。

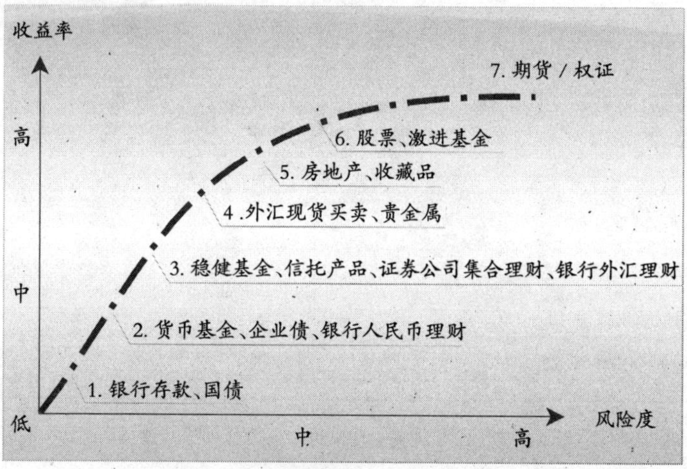

图 4　各投资品种的风险和收益比较

进行投资，还要考虑流动性。也就是说，当你需要用钱时，可以随时将投资品种换成钱的难易程度和所需要的时间。一般来说，需要的时间越短，转换越容易，就表示流动性更好。要使一个产品流动性好，就必须有健全的交易体系和定价系统。各投资品种流动性比较如图5所示。

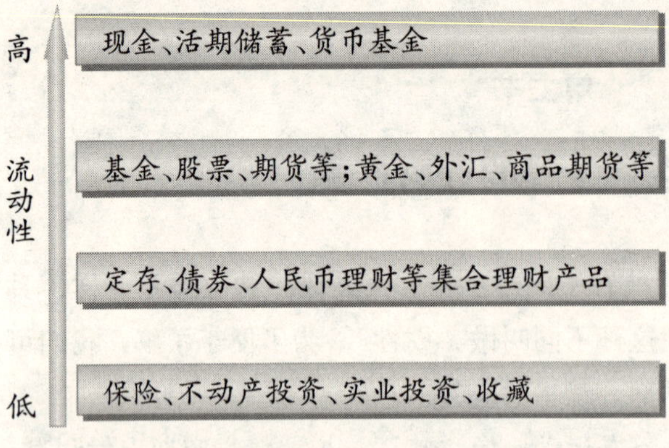

图5　各投资品种流动性比较

一开始，大家只想着存钱，挣点利息，或者买些保险什么的，优哉游哉。当然不排除一些先行者去买股票。其后，很多人会去买基金，挣钱后奔走相告，买基金的人就越来越多；慢慢地要开始精挑细选基金了；同时更多的人也开始关注股票、债券等。再后来，随着理财知识的增加和投资能力的增长，有些人进而扔掉基金这个拐杖（当然很多人依旧会投资基金），自己买卖股票、债券等。最后，随着各种理财服务业的提升，许多人分身乏术，于是转而追求一种全方位理财需求，也就是说可能更需要一个综合理财账户了。下面来看一下理财市场的大体演变趋势，如图6所示。

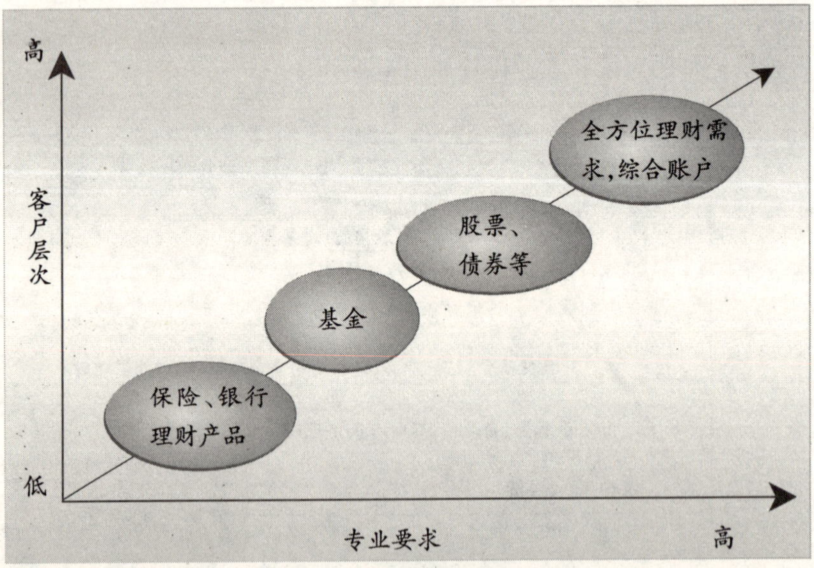

图6　理财演变趋势

第三节

理财三步走

理财不是一团乱麻，是有章可循，有步可依的。如图 7 所示。

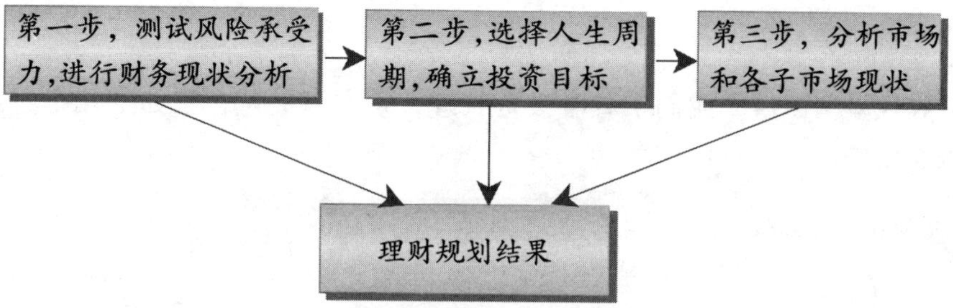

图 7　理财三步走

首先应该测试风险承受力。主要目的在于测试你的投资冒险性如何，是带有赌博心态还是稳步前进。事实上，许多投资者往往会忽视这一点，盲目进军股市，结果一遇波折便方寸大乱，其原因就在于没有根据自己的风险承担能力进行投资。

投资者可以到理财网站或各家基金公司的网站上去测试自己的风险承受度。以下以两题为例。需要说明的是，题目本身并不一定十分科学准确。

第一题：

在选投资对象时，您更倾向于下列哪类投资品种：

A 平均投资回报率为 3%，最好的情况是 8%，最坏的情况为 0.98%；

B 平均投资回报率为 5.6%，最好的情况是 15%，最坏的情况是 -3%；

C 平均投资回报率为 9%，最好的情况是 25%，最坏的情况是 -12.1%；

D 平均投资回报率为 20%，最好的情况是 50%，最坏的情况是 -33.5%。

从 A 到 D 表明承受风险的能力越来越强。或者说，为了高收益愿意承担更大的风险，也更能适应股票、期货等高风险、高收益的品种。

第二题：

当您将一大笔钱进行投资60天后，它的价格下跌了20%。假设该投资项目的基本状况没有改变，您将会怎样做？

A 卖掉该项投资以避免更多的担忧，同时避免更多投资以减少风险；

B 研究各种方法以达到止损的目的，同时尝试别的投资；

C 什么也不做，等待该项投资涨回来；

D 买入更多。因为这项投资以前是很好的，现在更是便宜的买入机会。

此题主要测试个人的投资风格和成熟程度。一般来说，在市场及股票等因素都不变的情况下，选C和D的投资者可能相对更成熟些。当然，具体情况还要具体分析。

在风险测试后，我们来看看投资管理，它实际上包含了如下几个过程。如图8所示。

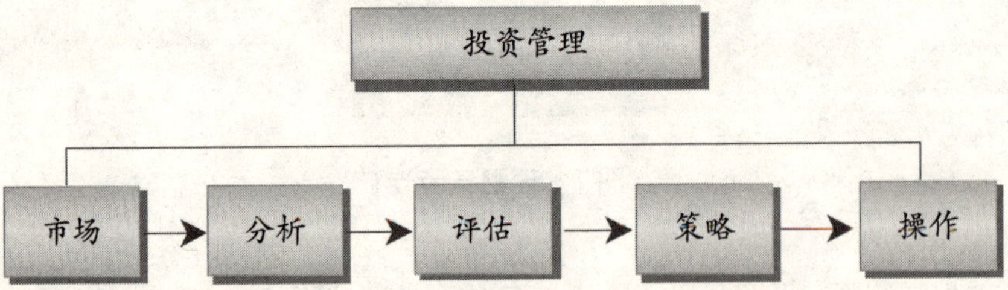

图8　投资管理流程

首先要对市场进行分析，了解为什么市场会是现在这个样子，而不是其他；接着对其做出评估，比如是否有泡沫，风险如何；制定一定的投资策略；最后要按着策略来操作执行。

从稳健投资的原则出发，一般可以采取“32221”的组合投资策略。其方法是：将个人财富的30%用于储蓄以备后用，20%用于投资基金或债券，20%用于购买股票以寻求高收益，20%用于实物投资以追求增值，10%用于购买保险以防止意外。

第四节

投资的三把万能钥匙

假如投资者从其一上市开始就购买表2中所列出的几只股票，并一直持有到2007年3月25日，其收益是极其惊人的。

表2　收益巨大的股票

	说明	上市开盘价	收盘价复权 (2007年3月25日)	收益倍数
万科	地产股龙头	1991年，14.58元	902.54元	60倍以上
贵州茅台	酒业股龙头	2001年，34.51元	409.86元	12倍
中信证券	券商股龙头	2003年，5.53元	56.42元	10倍

和以上几只股票的收益相比，诸多“股神”也要逊色不少。但是，真正享受到如此巨大收益的又能有几人？其实，最容易让我们赚钱的公司是那些行业内的龙头公司，它们在品牌、管理、资源或者技术等方面具有较大优势，能够长期处于行业内的领先地位。尽管投资这些企业需要我们长期持有才能获得丰厚的回报，但应该想想，既然巴菲特这个做股票最成功的人，可以平均持有一只股票达17年之久，我们为什么不能？

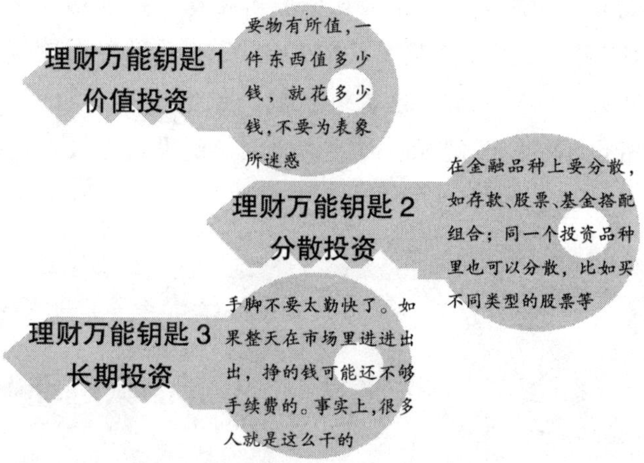

图9　投资三把万能钥匙

投资这些股票，其中就隐藏了我们所说的投资的三把万能钥匙，如图9所示。

➡ 价值投资

我们都知道，价格围绕价值上下波动，股票价格波动本质上也是如此。价值投资就是说你要买的物有所值，一件东西值多少钱，就花多少钱。但是，很多时候，我们不知道如何去判断投资品种的价值；有时我们又有太多的判定价值的方法，角度不一，参照物不一，得出的真实价值也就不一样。

➡ 分散投资

通俗地讲，就是不要把所有的鸡蛋放在同一个篮子里，否则，篮子一破，所有的鸡蛋都碎了。分散投资有一些分散的标准和原则。一般来说，在金融品种上要分散，存款放一些，股票买一些，黄金备一些，因为不同金融品种的风险不一样，有时可以互相抵消；而在同一个金融品种里也可以分散，比如买不同类型的股票和期限不同的债券，等等。

但是，分散投资不是无穷分散。一些投资者采取了到处撒网的理财方式，让有限的资金过于分散，无法集中发挥作用，使得投资追踪困难或者分析不到位，最终收益一般。因此，分散要把握一个度。

➡ 长期投资

就是说手脚不要太勤快了，总追逐热点就会拣了芝麻丢了西瓜。因为许多投资品种的价值只有长期才能显示出来，俗话说“千年的媳妇熬成婆”就是这个道理。如果整天在市场里进进出出，挣的钱可能还不够付手续费的。

但是，这三把“钥匙”也不能一味地僵化套用，否则同样可能带来损失。对香港回归十年来恒生指数成分股的价格变动的分析表明，思捷环球、利丰、中海油等一批公司的股价相比十年前增长了10倍以上，最高的超过18倍；而新世界发展、恒基地产则不但大大跑输指数，与期初比还下跌20%～50%不等。这告诉我们，价值投资不简单等同于长期投资，长期投资也不是持股傻等。因此，应以价值投资为根本，辅以长期投资策略。

第五节

年收入10万元的家庭理财计划

三口之家，丈夫35岁，妻子32岁，女儿3岁，夫妻俩都有稳定工作，拥有一套价值60万元的自有商品房。具体情况见表3。

表3　家庭情况与需求

项目	数额	项目	数额
金融性资产	40万	月收入	8000元
		月支出	6000元
保险	除各自单位保险外，没有额外保险		
总体需求	小孩教育计划每月2000元，父母养老钱每月2000元，保险保障，日常开支及紧急备用金		

此三口之家正处于积累阶段，缺乏投资经验，未来支出较大，应该以稳

健型投资为宜。在市场向好、获利机会大的时期，调整原有的总投资 40 万，采用股票（20%）+股票性基金（30%）+债券基金（30%）+货币基金（20%）的模式，预计整个组合获取 10% 左右的年收益率。大体的理财建议如表 4。

表 4　理财建议表

<table>
<tr><th colspan="2">理财品种</th><th>大体比例</th><th>针对需求</th></tr>
<tr><td colspan="2">现金</td><td>10000 元</td><td>以备紧急之用</td></tr>
<tr><td colspan="2">活期存款</td><td>24000 元</td><td>半年的支出费用，以备收入中断</td></tr>
<tr><td colspan="2">保障品种（保险）</td><td>夫妻俩的意外和重大疾病险，女儿的健康险，共每月支出 800 元</td><td>月收入的十分之一，以备意外发生</td></tr>
<tr><td rowspan="4">投资品种</td><td>股票</td><td>20%，共 8 万元分批买入</td><td rowspan="4">总体收益率据市场情况而定，大体每月投资收益可在 3000 元左右，可部分满足私家车、日后小孩教育和父母养老等。如有剩余，可继续投资</td></tr>
<tr><td>股票基金</td><td>30%，共 12 万元分批买入 2－3 只；每月盈余（2000 元）中的 1000 元，可定期、定额买一只基金</td></tr>
<tr><td>债券基金</td><td>30%，共 12 万元分批买入 2－3 只</td></tr>
<tr><td>货币基金</td><td>20%，共 4 万元，买入一只作为股票和其他基金投资的蓄水池和中转站</td></tr>
</table>

以上只是一个很粗略的理财计划，但基本反映了理财的实质、方法和程序。计划一旦制定后，需要严格执行，同时可根据实际需求变化和市场情况不断进行动态、局部的调整。

知识问答

1. 为什么要进行风险偏好测试？

投资有涨有跌，特别是在投资的初期阶段，对每个人的心理冲击是很大的。

每个人的风险承受能力都不一样，有的人比较激进，可以承受较大的风险；有的人非常保守，有一点亏损可能就会受不了。而理财规划是一个个性化很强的工作，需要根据不同的人进行设计。因此，在进行理财规划前，要对你的风险偏好进行测试，以确认你的风险偏好类型和风险承受能力。

2. 应该树立怎样的理财目标？

合理的理财目标应该是有一定高度，但经过努力完全可以实现的。这样的理财目标需要根据当前各相关市场的实际收益和风险状况来制定。比如，只想获得稳定收益，不愿意冒任何风险时，那就要以一年定存利率和 CPI（居民消费价格指数）为参考制定理财收益目标，提出稍高于这一基准的理财收益目标。因为当我们身处于通胀的年代时，要使自己手中的资产保值升值，最起码要跑赢 CPI。

当然，如果你愿意冒风险，可以将股票指数的收益和风险作为参考，制定预期收益目标和风险控制目标。只有建立在市场实际收益和风险状况基础上的理财目标才切合实际，有可能实现。

3. 应该树立什么样的理财观？

理财观决定一个人长久的收益率和生活水准。对于一般投资者而言，需要具备以下三个理财观。

一是设定目标时要平衡风险。理财首先是要建立一个周密、细致的目标，并根据目标去平衡风险，部署投资计划，然后付诸行动，最终达到目标。只有这样，在投资时才能更加理性，更加谨慎，而不会盲目乐观，一味地追求高收益。很多新股民有一个共同点——勇于追涨，即在别人疯狂时自己也疯狂，仿佛风险只在熊市中存在；而经过熊市的股民更明白风险无处不在。

二要谋定而后动。投资者在行动前要做足功课，做好充分的准备，熟悉自己要投资的品种。股票投资，要了解上市公司的基本面情况；基金投资，要清楚基金公司、基金经理的业绩。不可盲目投资。

三要摆正心态。理财不是一夜暴富，对于绝大多数人来说，应更着眼于长期增值。既然是理财，要投资，就会有风险，天下没有常胜将军，因此当投资亏损时，也要有心理承受能力。

不过，对于个人投资者而言，除了财富的增长，更为重要的是自我增值，提升个人素质，因为这是成功理财的先决条件。

第一章

宏观调控的“如来神掌”

在最近两三年里，中国人的生活里发生了很多新的事情。如果你是个投资者，你会注意到全国性的房价暴涨以及股票市场的兴旺；假若对投资没兴趣，你应该会注意到蔬菜、副食品特别是猪肉价格有比较明显地波动；如果你是个爱旅游的小资，你会注意到，人民币在海外值钱了，它在不知不觉中已经贵过港币了——如果你有兴趣穿透所有这些现象，你会发现，有这么几个关键词贯穿着它们：汇率、外汇储备、美元、通货膨胀。

——“保卫人民币”，刊于《南方周末》2007 年 8 月 9 日

宏观调控取得了明显的成效，如果没有这些年持续的宏观调控，我们就不可能有今天这样的局面。这几年的宏观调控，使得我们的经济增长率平均每年保持在 10%或 10%以上，这样的增长速度，波动幅度这么小，这在世界上也是没有的，在我们改革开放以前的 28 年的新中国建设史上也是没有的。持续时间这么长，经济增长波动幅度这么小，物价涨幅这么低，群众得到的实惠这么多，这在过去是没有的，这充分说明宏观调控收到了积极的成效。□

——国家统计局局长　谢伏瞻（2007 年 7 月 23 日 CCTV2《对话》）

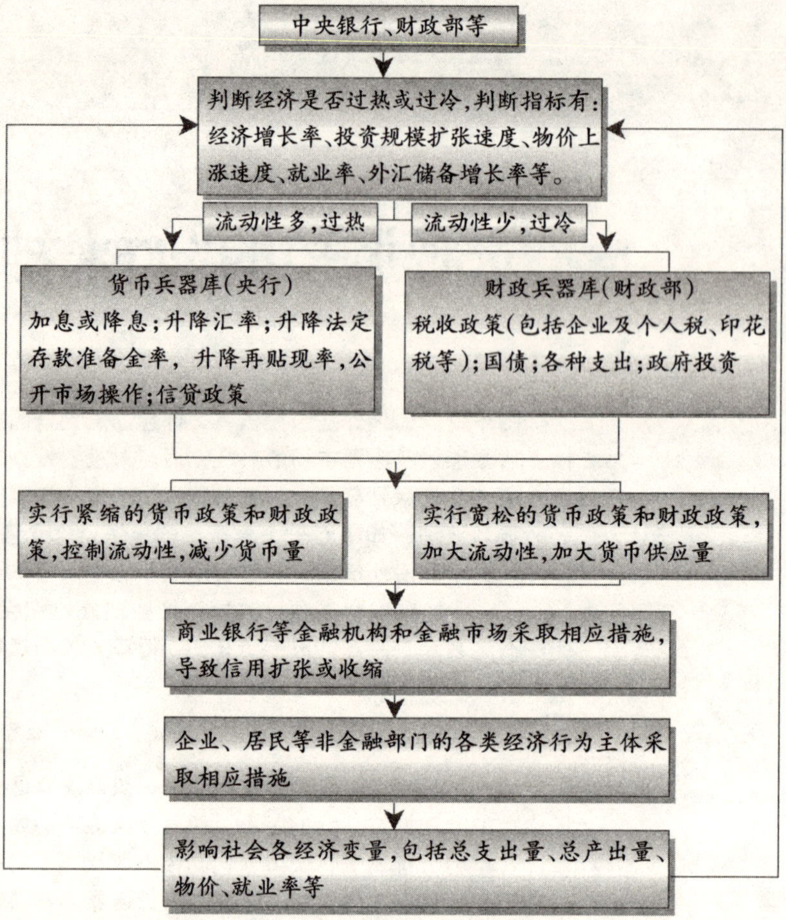

图1－1　宏观调控流程图

本章导读

理财投资不是在真空中进行的，它离不开宏观经济的大背景，后者影响着各种投资产品收益率的高低。换句话说，宏观调控就是“如来神掌”，个人再厉害，总还是难以跳出去的。

国家宏观调控部门（央行、财政部、发改委等）综合考虑GDP等要素的发展速度、目前市面上货币供应量的多少、各种资产价格的高低等要素，从而判定经济是否过冷或过热，进而综合决定是否要采取相应的货币政策（如利率、汇率、信贷等）和相应的财政政策（税收和支出政策等）如图1－1所示。

本章主要介绍宏观调控的运作原理以及具体的措施，还要介绍货币供应量及为什么它需要引导和控制，阐述利率、汇率与投资理财的内在本质关系，使读者了解各种投资品种的价格涨跌与市场上货币量的多少及央行的各种政策密切相关。只有明白了这些，才能形成正确的理财观念，从而明明白白地进行投资。

第一节
给宏观经济测体温

和人一样，宏观经济也有冷有热。我们首先对投资、消费和出口三驾经济增长马车进行介绍，并以其为指标，测量宏观经济的“体温”，继而找出造成过冷、过热的罪魁祸首，最后对钱多、钱少的危害做简单分析。

1. 经济增长的三驾马车

我们常说，宏观经济增长有三驾马车，它们分别是投资、消费和出口。正是这三驾马车共同拉动着经济朝前猛跑。如图1－2所示。

只有三驾马车协调用力，同步跑，才能使经济平衡、健康地增长。太快、太慢都不行。太快了，容易翻车；太慢了，又产生就业不足等诸多问题。在通常情况下，消费是最主要的，因为消费最持久稳定；而投资和出口都有其缺点，副作用也太大。如果过分地依赖投资和出口，经济增长就不稳定。

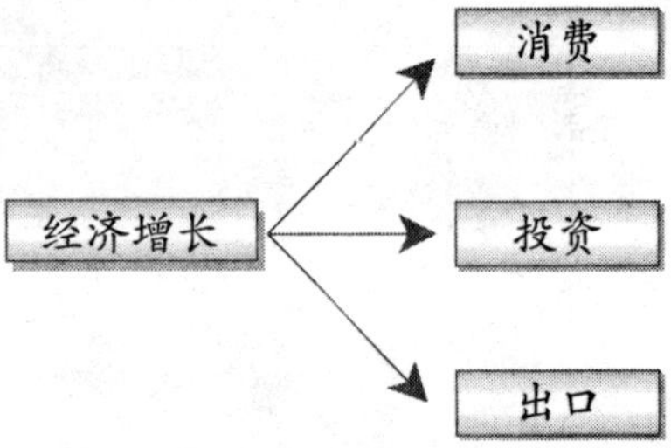

图1－2 经济增长的三驾马车

宏观调控的作用就在于把握好行驶的方向和节奏，避免出现大的颠簸，甚至出轨，保持国民经济较快、平稳、安全的行驶。目前国内的这三驾马车中，消费一直是跑得最慢的一个，和消费有关的行业也受到相应束缚。这也正是为什么我国一直在采取调控措施，拉动和扩大内需，以求改变过分依赖投资和出口的原因所在。

2. 给宏观经济测体温

宏观经济就像人的身体，有时感冒发烧，有时体温正常。那么，如何给宏观经济“号脉”呢？这不像对某个人，可以拿着一个体温计，从数字上来判断它的温度高或低那么简单。

宏观经济的冷热可以通过一些具体的指标来判断，这些指标主要源于投资、出口和消费三驾马车。国家一般通过宏观经济景气指数反映当前经济的基本走势。而预警指数是宏观经济景气指数的主要组成部分，它直接反映目前经济运行的冷热状态，而所谓绿灯、黄灯、红灯的设置，主要是为了让冷热状态显示得更加直观。图1－3是国家统计局2007年8月发布的我国宏观经济景气指数预警信号图。

从下图中可以看出，在中国经济再度逼近“趋热”区域的同时，“财政收入”也再次亮红灯，连续三个月处于过热状态。

统计显示，7月份中国宏观经济景气预警指数为113.3点，与上月持平，再度逼近“趋热”警戒线。在预警指数的10项构成指标中，“固定资产投资”、“消费品零售”、“货币供应M2”等7项指标处于“安全的绿灯区”；有2项指标——“城镇居民人均可支配收入”和“工业生产指数”处于“值得警惕的黄灯区”；而财政收入则处于“明显过热的红灯区”。

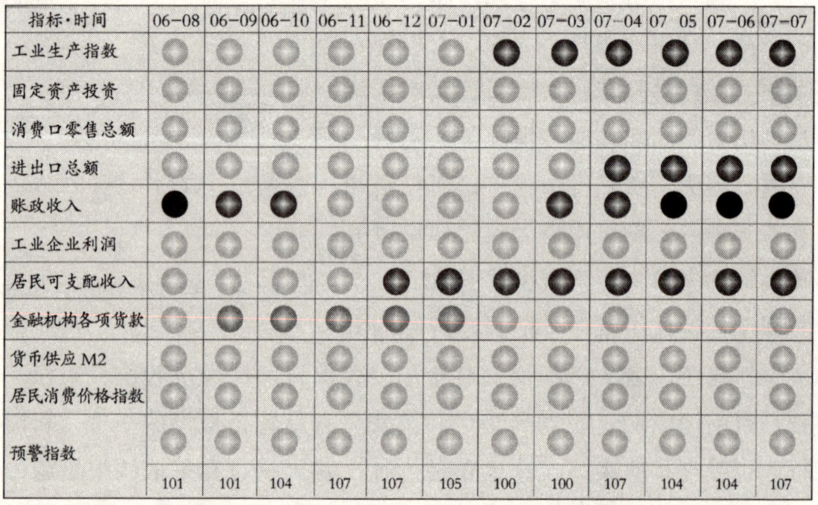

注：红灯●(热)，黄灯●(偏热)，绿灯●(稳定)，浅蓝灯●(偏冷)，蓝灯●(冷)

图1－3　宏观经济景气指数预警信号图

最新统计显示，上半年全国财政收入保持较快增长，总额突破2.6万亿元，比去年同期增长30.6%，涨幅远超上半年国民经济11.5%的增长速度。财政收入连续三个月亮红灯与其2007年以来的快速增长直接相关。全国财政收入增长较快，主要是与国民经济快速增长、企业经济效益较好密不可分。但由于该指标更多涉及国民经济分配，因此它的变化对整体经济热度影响有限。不过，如果财政收入长期保持高速增长，将导致个人收入在整个经济中的比重相对降低，不利于扩大消费。

如果相关指标继续在高位运行，央行则随时可能再次加息。

在这里，我们有必要对“居民消费价格指数”（CPI）做些补充说明。我们可以简称其为“物价指数”，它是通过一定的数学方法计算出来的，是反映全社会一般商品价格波动情况的指标，可以说是经济运行的脉搏。

CPI是根据居民消费的商品来综合计算的。这些商品目前分成八大类，每一类给它一个权重，这个权重是根据居民的消费结构而定的。它的计算方法是：固定地选取很多不同的消费与服务（如大米、蔬菜、猪肉、车票等），根据它们预先在一个总的消费篮子中设定好的比重，来加权平均计算一定时期内总的价格水平的变化程度。举个例子，假设人们只消费大米、猪肉、交通，总额花费100元，对应的支出分别为50、30、20元。一段时间后，他们的价格分别上涨了10%、20%与100%。则这段时间内这三种消费品的CPI就是：$50\% \times 10\% + 30\% \times 20\% + 20\% \times 100\% = 31\%$。

央行最重要的职能，就是要保持货币的稳定，控制通货膨胀。所以央行关注CPI，再正常不过了，这是它制定政策的依据。我们每一个人也都应该关注CPI，因为它跟我们的生活息息相关。CPI高了，就意味着你的支出会增加。

我国目前逐月编制并公布以2000年价格水平为基期（用于比较的起始期）的CPI指数，作为反映我国通货膨胀（或通货紧缩）程度的主要指标。当价格指数反映出一般物价水平持续上涨时，我们就说发生了通货膨胀；而当价格指数反映出一般物价水平持续下跌时，我们就说发生了通货紧缩。通货膨胀与通货紧缩都会对经济的良好运行产生巨大的破坏力。

3. 经济高低烧，谁是罪魁祸首

为什么经济会有高低烧？谁是罪魁祸首？追根溯源，首先应从基础货币的自我膨胀开始分析。

基础货币就是从中央银行发放出来的货币，它体现为流通中的现金与银行准备金的总和，也被称为强力货币或高能货币。

中央银行通过一定的渠道将基础货币注入市场，通过这些渠道，商业银行获得了大笔资金。这些资金可以用于放款，从而开始创造派生存款的过程。举例说明，先假设最低准备金率是20%，也就是说当银行得到100元的存款时它必须留存20元，只能贷出80元；其次假设银行会放足80元。

现在某人（假设为A）往银行里存了100元，银行再将其中的80元放贷给B，如果B把贷来的80元又全部存入银行，银行再将其中的64元贷给了C，C又把64元存入银行，银行再向D贷出51.2元……依此类推。央行最先向市场投放了100元，而市场上的货币会是100+80+64+51.2+……=500（元），其实就是100×（1/0.2）=500（元），这就是实际的货币投放量。这里的1/0.2就是货币乘数，也就是1除以法定准备金率。此过程见表1-1。

表1-1 基础货币的乘数效应

	存款金额	准备金	贷款金额	货币供应总额
第一家银行	100.00	20.00	80.00	100.00
第二家银行	80.00	16.00	64.00	180.00
第三家银行	64.00	12.80	51.20	244.00
……				
第十家银行	10.74	2.15	8.59	457.07
……				
最后一家银行	00.00	00.00	00.00	500.00
合　计	500.00	100.00	400.00	500.00

在货币供给过程中，中央银行的初始货币提供量与社会货币最终形成量之间客观存在着数倍扩张（或收缩）的效果或反应，此为乘数效应。简单地说，就是中央银行发行100元，存入银行，银行扣掉准备金后再发贷款，贷款再存银行，银行再发贷款。最后100元变成了社会上的500元或者更多，这就是货币的乘数效应。所以说，银行具有货币创造功能。

正因为存款乘数效应，导致市面上的总资金流量难以控制。而市面上钱多或钱少都不利于经济发展。钱不是越多越好，它是要和实物基本对应的。

比如如果社会上只有一张桌子，另外有 100 元，这时一般我们可以说这桌子就值100 元；而如果这时有2 张桌子，仍然只有100 元，这时一张桌子就变成了 50 元，由此可见，钱本身只是一个标价物。

在现实生活中，维持一个社会正常运转，有很多物品需要交易、流转，自然就需要很多货币。如果流转的物品单价和数量不变，则所需要的货币是一定的。一般来说，可以表示为：

流通中所需要的纸币发行量 = 全社会商品价格总额/货币流通速度

如果盲目增加货币供应总量，尽管会使社会名义财富（收入）增加，但社会实际财富（收入）是不会增加的，就可能会导致通货膨胀；反之，如果发行的货币不足，则可能引发通货紧缩。如图 1 – 4 所示。

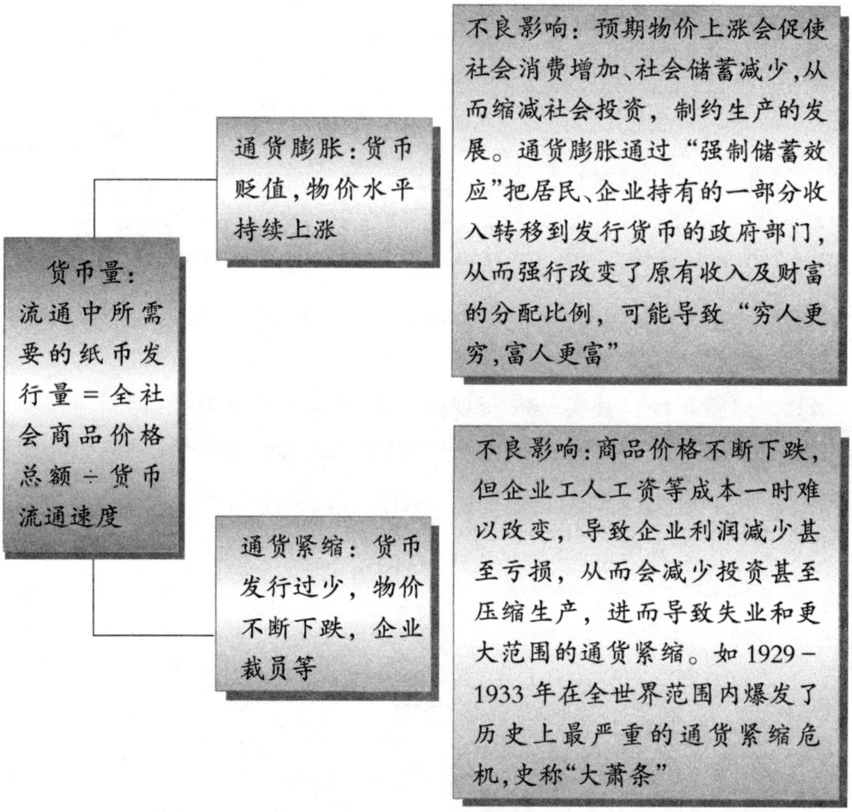

图 1 – 4　通货膨胀与通货紧缩

我们来看看一个通货膨胀的极端例子。

1937 年 7 月，100 元法币（国民党发行）可买 2 头黄牛；1938 年变成一头；1939 年只能买一头猪；1941 年变成一袋面粉；1943 年可买一只鸡；1945 年可买两个鸡蛋；1946 年只能买 1/6 块固本牌肥皂；1947 年为一粒煤球．到了 1948 年，只能买 0.002416 两大米；1949 年 5 月，变成了 0.000000245 粒大米。

4. 资产价格和宏观经济共凉热

宏观调控和资产价格密切相关，而其中起主要作用的又是流动性，也就是市场中钱的多少。这就像一个大市场，如果买者多，也都有钱，自然市场上的东西就要涨价了。如果买者少，大家又穷，自然东西就便宜了。如图 1－5 所示。

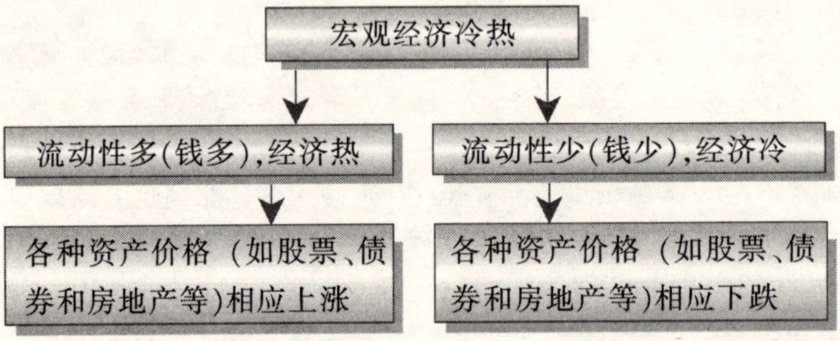

图 1－5　资产价格随宏观经济冷热而变化

当然，严格来说，其实是供需规律在发挥作用。因为经济热，资金成本不高（一般利率低和经济过热是相伴相生的），大家加大投资，对各种物质的需求就多，比如电力、煤炭、钢铁、劳动力等的需求都大大增加，自然价格就涨起来了。反之亦然。

第二节

宏观调控的兵器库

央行主要负责和钱相关的政策，比如利率、汇率、信贷、存款准备金、公开市场操作等，目的就是通过控制住钱的多少来调控经济的冷热。因为可用武器多，调节调控力度的大小和方式更加自如，所以在多数情况下都是由央行牵头来实施宏观调控。

相比之下，另一个调控机构财政部的调控武器就少了很多，只有税收、公债、国家支出和投资等，方式较单一，而且力度也偏猛。

1. 央行的兵器库

中央银行是一国最高的货币金融管理机构，在各国金融体系中居于主导地位。它重任在肩，需要通过对宏观经济的合理调节，以实现物价稳定、充分就业、经济增长和国际收支平衡等多重目的。但是这些目的之间往往又是相互冲突、矛盾的，因此各会有所侧重，侧重点也随情况不同而有所变化。

这就决定了央行在具体执行时需要把握好一个度，就像开车时要处理好加速与刹车的关系一样，当然其复杂程度要远高于开车。在不同的时期，央行有不同的侧重点，但是突出一项偏废其他目标是不可取的。只有均衡、稳定地发展，才能真正实现经济的又好又快发展。我国《中国人民银行法》规定，我国的"货币政策目标是保持货币币值的稳定，并以此促进经济增长"，用法律的形式平衡了币值稳定和经济增长的关系。

那么，如何实现以上这些货币政策目标呢？央行需要采取一定的工具（手段），这就是货币政策工具。常见的货币政策手段如图1－6所示。

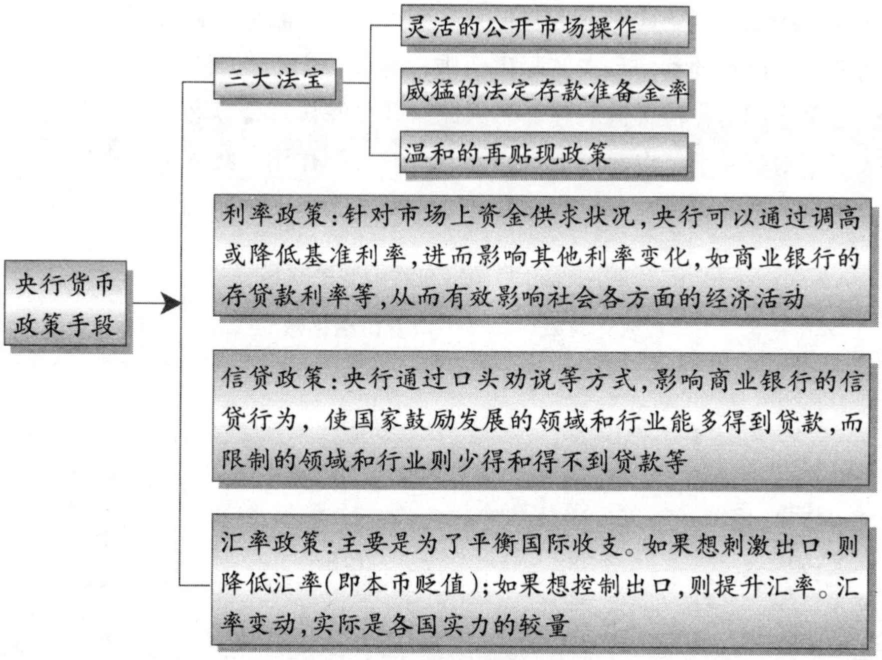

图1－6　央行的兵器库

2. 央行兵器一：利率

一般而言，利率变动对经济会产生重大的影响。对普通老百姓而言，利率影响着他们的日常生活，从而影响社会总需求。如果存款利率水平高，人们会把收入存到银行等日后再消费，这样当时的消费需求就减少了；如果利率低，人们会少存款，多消费，有的甚至借钱买房买车，这样消费需求就多了。对于企业而言，也是如此。企业多半需要贷款，其利率高低决定企业的借贷成本，从而决定企业的利润。贷款利率每变动一个百分点，企业就有可能多付或少付几百万元的利息。

利率变动会影响资金供求，从而影响宏观经济；宏观经济反过来又会影响利率变化，从而实现一个循环。所以，利率是调节宏观经济运行的主要杠杆。一国的中央银行可以通过使用货币政策影响利率水平，实现调节经济的目标。

(1) 真假两利率

考虑到通货膨胀的因素，我们可将利率划分为名义利率和实际利率。实际利率是指物价不变从而货币购买力不变条件下的利率，名义利率则是包含了通货膨胀因素的利率。在实际生活中，物价一成不变极为少见，物价的不断上涨似乎成为一种普遍的趋势。因此，区分并认真计算名义利率和实际利率，几乎对每一个经济部门都有重要意义与实际作用。我国近年来名义利率和实际利率的变化见表1－2所示。

表1－2　我国近年来的利率变化

年　份	名义利率	消费价格指数	实际利率
1991	7.56	3.5	4.06
1992	7.56	6.3	1.26
1993	10.98	14.6	－3.62
1994	10.98	24.2	－13.22
1995	10.98	16.9	－5.92
1996	7.47	8.3	－0.83
1997	5.67	2.8	2.87
1998	3.78	－0.8	4.58
1999	2.25	－1.4	3.65
2000	2.25	0.3	1.95
2001	2.25	0.5	1.75
2002	1.98	－0.8	2.78
2003	1.98	0.95	1.03

通常情况下，实际利率会对经济发生实质性影响，但人们能够操作的多是名义利率。两者关系大体上为：

实际利率 = 名义利率 − 通货膨胀率

由此，就会出现实际利率为正、为零和为负的情况。为正时，存钱是合适的；为零时，存不存都一样；为负时，也就是我们通常说的负利率，存钱不合算。

在不同的利率状态下，借贷双方会有不同的行为。一般而言，正利率、零利率、负利率对经济的调节作用是互逆的，只有正利率才符合经济规律的要求。

（2）利率体系

利率有自己的体系，它们是可以分层定价的。在我国，当前利率体系分为法定利率和市场利率两部分。如图 1－7 所示。

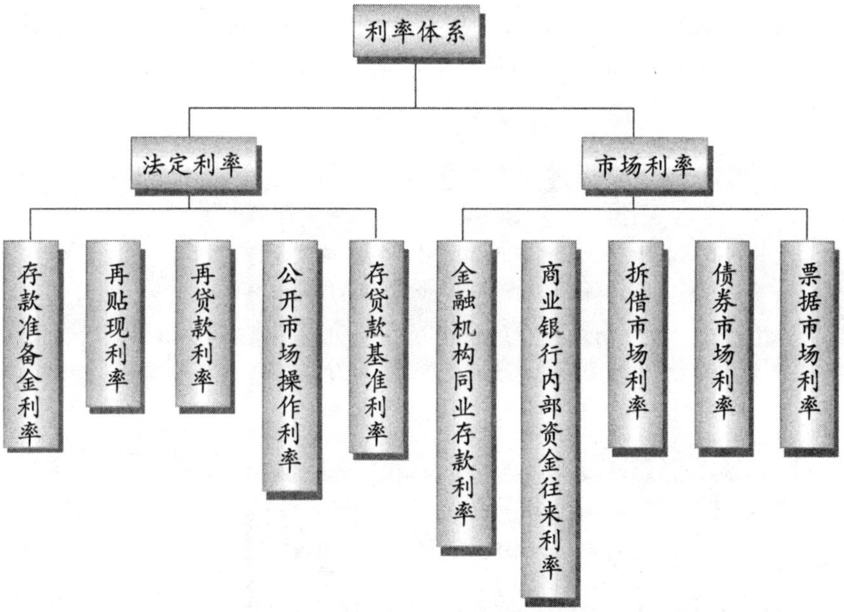

图 1－7　利率体系

图中各种利率在经济调节中的作用各不相同。一般政府（央行）通过一定的程序调节法定利率来影响市场利率，从而使整个利率维持在一个比较均衡的状态。

由于我国利率市场化程度还不高，今后将逐步以 Shibor（上海银行间同业拆放利率）为核心，进一步推进利率市场化，并最终建立起如下利率传导机制：中央银行运用货币政策工具间接调控市场利率，市场利率引导金融机构的利率定价，金融机构利率引导企业、居民的投资、消费行为。如图 1－8 所示。

图 1－8　利率传导机制

（3）谁是利率的主宰者

我们已经知道利率和宏观经济密切相关。但一国的利率具体又由哪些因素决定呢？如图 1－9 所示。

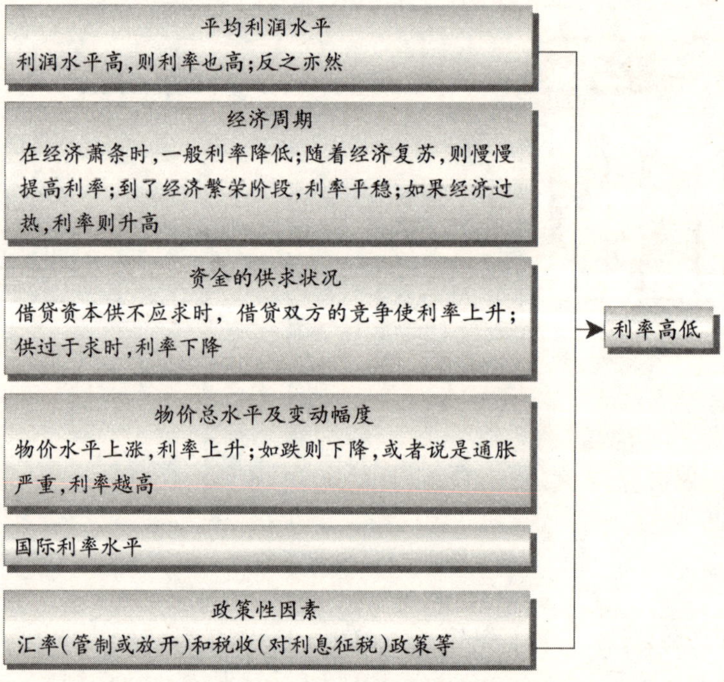

图 1－9　我国利率的决定因素

以上几种因素，实际上是相互交织在一起，互为影响。比如，经济周期就直接和间接影响了平均利润水平、物价总水平和政策性因素等。

随着技术发展和资本所占比重的提高，平均利润率有下降的趋势，因而也影响平均利率呈同方向变化的趋势。尽管平均利润率有下降的趋势，但却是一个非常缓慢的过程。换句话说，平均利率具有相对稳定性。因此，我们可以说，主要由另外几种因素决定了利率水平的高低，其中最重要的是经济周期。

（4）谁和利率共起伏

如图 1－10 所示，一般而言，债市、股市涨跌和利率变动方向相反；一些稳定收益的产品，如货币基金、银行理财产品、黄金和地产等的收益率基本都是和利率变动方向相同的。

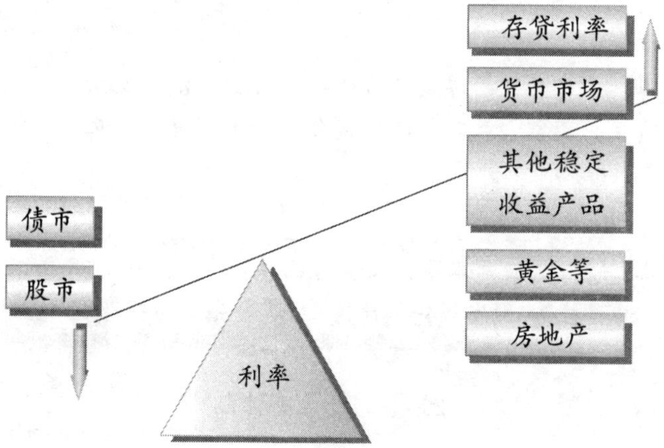

图 1－10　利率变化与投资品种的涨跌关系

当然，实际情况可能不会如此绝对，甚至有时还相反。比如，在加息初期，按理说股市应该下跌，但往往并非如此。一般加息的背景是经济偏热或过热，在此大背景下，上市公司一般盈利状况良好，反映到股价上就会上升。但是，时间一长，公司的借贷成本增加又会导致公司利润下降，最终导致股价下跌。所以具体情况应该具体分析。

3. 央行兵器二：汇率

随着国与国之间贸易的加强，当需要进行结算时，由于没有统一的国际货币，必然会产生不同货币之间按照不同比例进行兑换的问题，这个比例，就是汇率。本质上，货币也是一种商品，相互间可以买卖，这和其他的商品没有什么差别。

(1) 固定、浮动还是介于两者之间

目前，国际上主要有三种汇率制度：一种是固定汇率，就是强制自己的货币和某一经济强国的货币挂钩，比例固定，而不管相互间经济发展水平如何，比如我国人民币汇率曾实行与美元挂钩的制度，即 8.3∶1；另一种是浮动汇率，即根据国家相互间的经济情况和供求关系，来相应调整汇率。在两者之间，还有一种有管理的浮动汇率体系。三种汇率体制如图 1－11 所示。

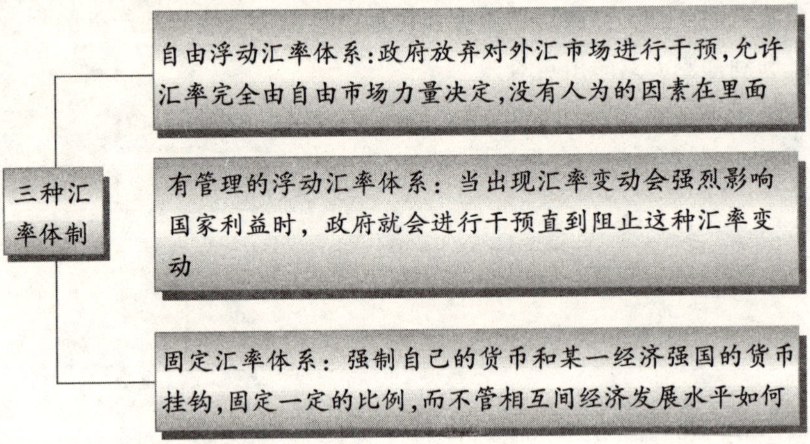

图 1－11　汇率体制

外汇市场是一个高度自由竞争的市场，存在着众多的买者和卖者，同整个市场比起来，任何单个的买者和卖者（一国也不例外）都很渺小，都不可能决定汇率。

世界汇率制度大体经历了由固定汇率制到浮动汇率制的演变。在 1976 年以前的布雷顿森林体系时期，各国约定：美元与黄金以固定比例挂钩，而各国货币则与美元以固定比价挂钩。这其实就是一个固定的汇率制度体系。而在 1976 年布雷顿森林体系瓦解后，各国承认了浮动汇率制，从而建立了新的国际货币体系——牙买加体系。从此，各国货币不再与黄金挂钩，发达国家都开始实行浮动汇率制度。

(2) 谁在决定汇率

在纸币流通的条件下，外汇供求状况对汇率变动的影响只是表面上的，还有更深层次的因素影响汇率变动，如图 1－12 所示。

1. 进出口差额(国际收支)。贸易顺差，挣的外汇多，花的少，即外汇供给多，需求少，自然本币汇率上升，外汇汇率下降。贸易逆差，则对外汇需求增加，外汇汇率上升，本币汇率下降
2. 资本的流入流出(资本项目)差额。当一个国家外汇流入大于流出时，则外币汇率下降，本币汇率上升；反之亦然
3. 经济增长状况。经济增长在短期内会带来更多的进口，造成经常项目逆差，本币汇率下降。长期看，一国经济实力的增强会增强对其货币的信心，使其币值稳定坚挺
4. 利率。利率的高低调整会使外资的流入或流出增加，改变外汇的供求状况，引起汇率的变动。利率高，可能引起汇率升高，反之亦然
5. 通货膨胀。通货膨胀，纸币贬值，引起国际收支亏损；同时，贬值货币也会在市场上遭到抛售，造成本币汇率下降
6. 中央银行干预。中央银行出于某种经济政策的考虑，可能会对外汇市场进行直接干预，在短期内会影响外汇市场的供求状况和汇率的变动。但因力量有限，常有不如愿的时候
7. 市场预期。在国际金融市场上，庞大的游资流动迅速，预期因素成为短期内影响汇率变动的最主要因素之一

→ 汇率高低

图 1－12　决定汇率的诸多因素

一般来说，一个国家的综合实力强，那么其货币一般比较坚挺，就像以前的美元一样。而利率是体现一个国家状况经济好差的重要因素。和人民币一样，各国的货币也有其不同的存贷款利率，构成利率差。大家都想获得高利率，因为谁都想多得到一些利息。例如，美国的利率如果高于日本，那么日本的投资者就会积极购买美国的债券等。这样的话，美元就变得更紧俏，

相对于日元就更值钱了。因此，有时候一个国家货币当局会通过调节银行利率等来影响汇率。

许多国家都会定期公布一些重要的经济数据，比如 GDP、就业率指数等。一项重要经济数据的公布可能会使外汇市场出现大波动，特别是在与市场预期相差很大的时候。1998 年，由于美国经济一直比较强势，其利率也较高，而日本经济不景气，利率低得可怜，美元/日元的汇率升到了 140 以上的高位。

各国间的贸易收支动向也会影响货币的价格。俗话说“物以稀为贵”，外汇少，相对于本国货币来讲更值钱；如果出口增多，挣的外汇也就多，外汇相对就不那么值钱了。

有时候，政府出于各种目的，会保护自己的货币使其不升值（利于出口）或不贬值（保持货币购买力）。但是因为外汇市场实在太大了，政府干预不一定能成功。10 多年前，英国中央银行就在国际金融炒家索罗斯的攻击下败下阵来。而索罗斯也因狙击英镑，其领导的“量子基金”一夜共赚得 25 亿美元而闻名于世。同样是他和其他国际金融炒家一起，在短短的两年时间，使亚洲几十个国家货币发生严重贬值，陷入金融危机。

此外，突发事件，特别是大的事件，通常对汇率影响很大。大到武装冲突、政变，小到官员言论、民众情绪等，都会影响甚至左右汇率走势。比如一个强国去攻打另一个国家，那么后者国内的资金就会为躲避战争风险而转移到别的国家，因而该国的货币就会大幅贬值。

（3）汇率与国际收支平衡及宏观经济

汇率变化对进出口、国际收支平衡有巨大影响。如图 1－13 所示。

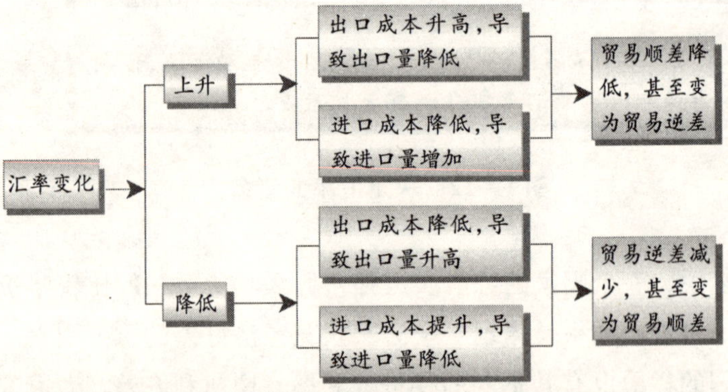

图 1－13　汇率变化与国际收支平衡

初步看，汇率降低会导致出口增加，企业收益增加；汇率上升，会导致出口减少，企业收益减少。但从长期和最终的结果看，就可能会对冲掉这种效果。所以，汇率政策有很强的滞后效应，一月后的结果和一年后的结果可能完全不一样。

实际上，汇率上升不一定就必然导致贸易顺差降低；而汇率降低也不是就必然导致贸易逆差减少。最终的结果是各种要素综合作用平衡下的产物。比如，尽管人民币不断升值，但我国贸易顺差反而连年增加，外汇储备不断增加。具体原因，如图 1－14 所示。

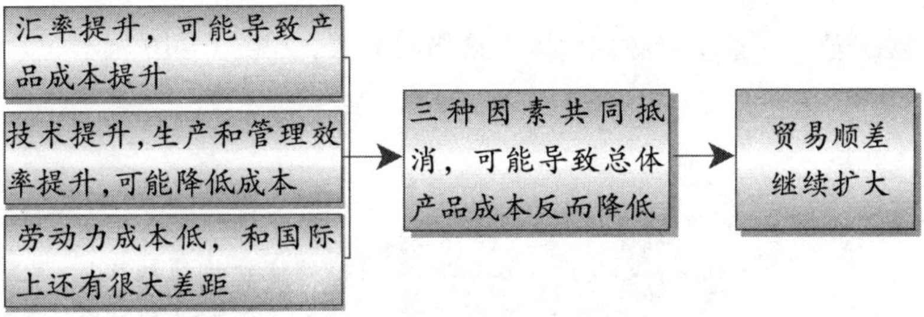

图 1－14　我国汇率和贸易顺差同步增长

当然，以上情况在一定的条件下也可能逆转，因为汇率调整存在一定的滞后效应；同时以上三种因素之间可能此消彼长，导致国家贸易逆差的出现。这也是目前大家普遍认为人民币不宜快速升值的原因。

而外汇储备的急剧增加，又会进一步导致国内流动性过剩。总体而言，流动性过剩（钱多）容易造成经济过热和国内各种资产价格上涨。

为什么外汇储备增加会导致国内流动性增加呢？因为我国目前实行的是银行结售汇制度，即企业与个人通过出口得来的外汇需要交给银行，再由银行换还人民币。而银行在拿到这些外汇后，除保留部分外，余者都与中央银行换成人民币。这样，央行外汇就不断积累，由此汇集成为我国的外汇储备。

这就是“外汇对冲效应”，它导致等值的人民币被投放到市场上，造成市场上钱多，流动性过大，严重影响我国经济发展。因此，改革人民币汇率形成机制，调整汇率水平，也是我国经济持续、快速发展的要求。如图 1－15 所示。

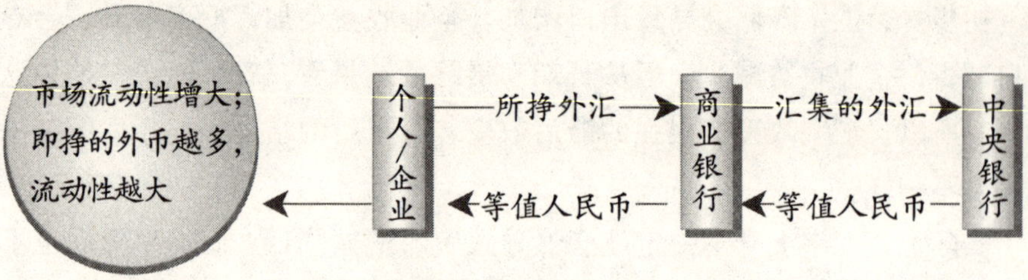

图 1－15　外汇对冲效应

（4）汇率升值与资产价格的上涨

汇率升值，一般会导致国内资产价格的上涨。如图 1－16 所示。

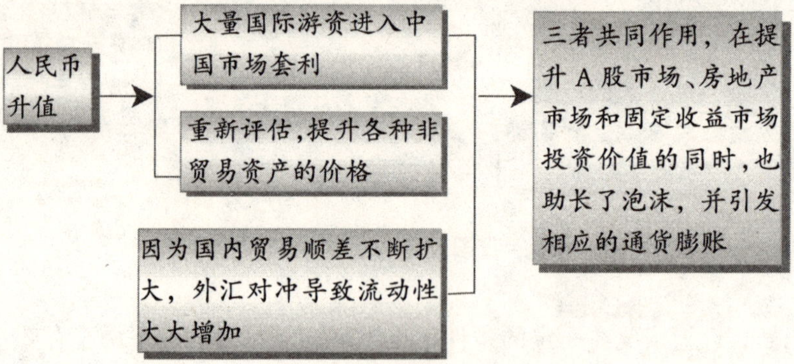

图 1－16　人民币升值与资产价格

汇率升值，一般会导致通货膨胀以及非贸易品价格的上升。导致通货膨胀，这好理解，因为一个国家的汇率升值可以通过两种方式来实现，一种是名义汇率的变化，如在外汇市场上人民币对美元等其他国家货币的汇率变动；另外一种就是通货膨胀。

那么，汇率升值为什么会导致非贸易品价格的上升呢？因为出口贸易品为保持一定的竞争实力，价格上升会受到压制；而那些无法快速复制和增长的非贸易品部门，主要包括劳动力和土地、房地产等要素部门，其要素价格会大幅度上升。同时，股票、房产等投资品种本身就是很好的防范通货膨胀的利器。

因此，在汇率升值压力导致国内资产价格重估的同时，在实体经济部门内部，也会形成非贸易品价格（如劳动力和土地等）相对更快上升的局面。

对于一般老百姓而言，在升值的大背景下，如果持有的美元资产比例较高，且将来没有什么固定用途，则兑换成人民币比较稳妥；如果量很小，或者将来要用于贸易、消费，为方便省事，就不一定得换了。

4. 相互纠缠的利率和汇率

我们知道，利率是本币资金市场的一种价格信号，如你借钱用，你就得付出一定代价，这就是利率。而汇率则是两种货币之间的比价，类似于三个苹果（本币）换一个芒果（外币）。利率和汇率的关系如图 1－17 所示。

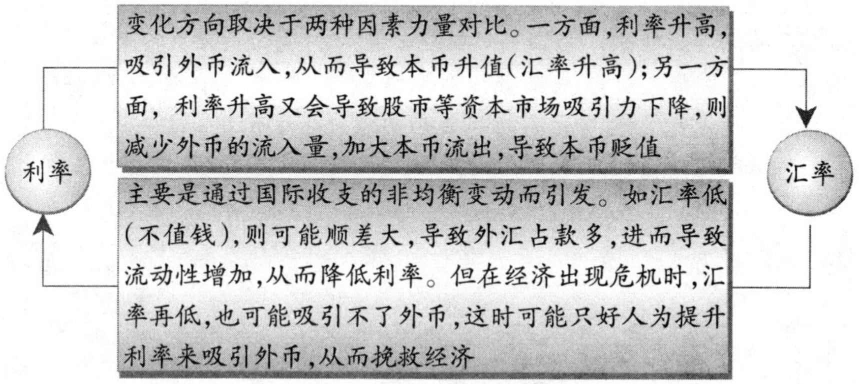

图 1－17　利率和汇率关系

汇率影响利率，主要是通过国际收支的非均衡变动引发。国际收支差额主要由两大部分构成：一是经常项目差额；二是资本项目差额。理论上，如果不考虑其他因素，两者关系如图 1－18 所示。

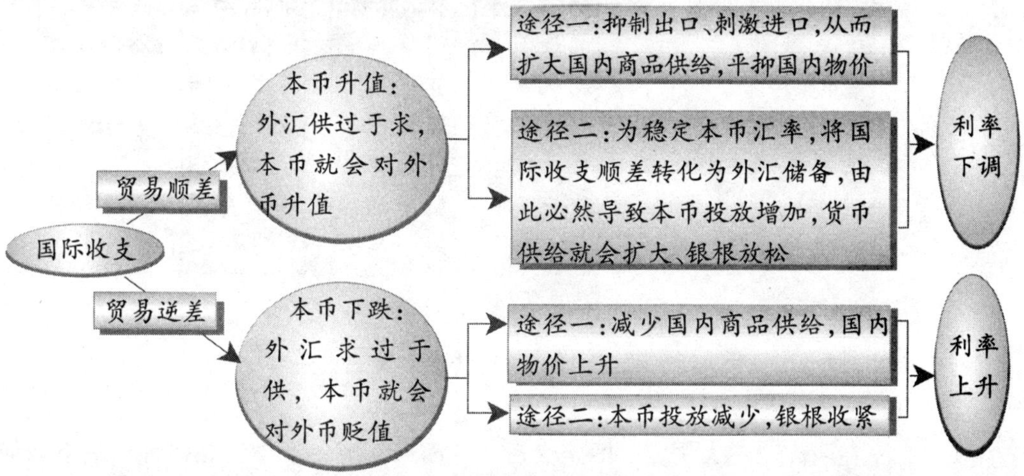

图 1－18　国际收支与利率

5. 央行三大法宝

除了利率和汇率两大武器外，央行还有三大法宝。相对而言，它们作用更灵活机动，执行起来更便捷。如图 1－19 所示。

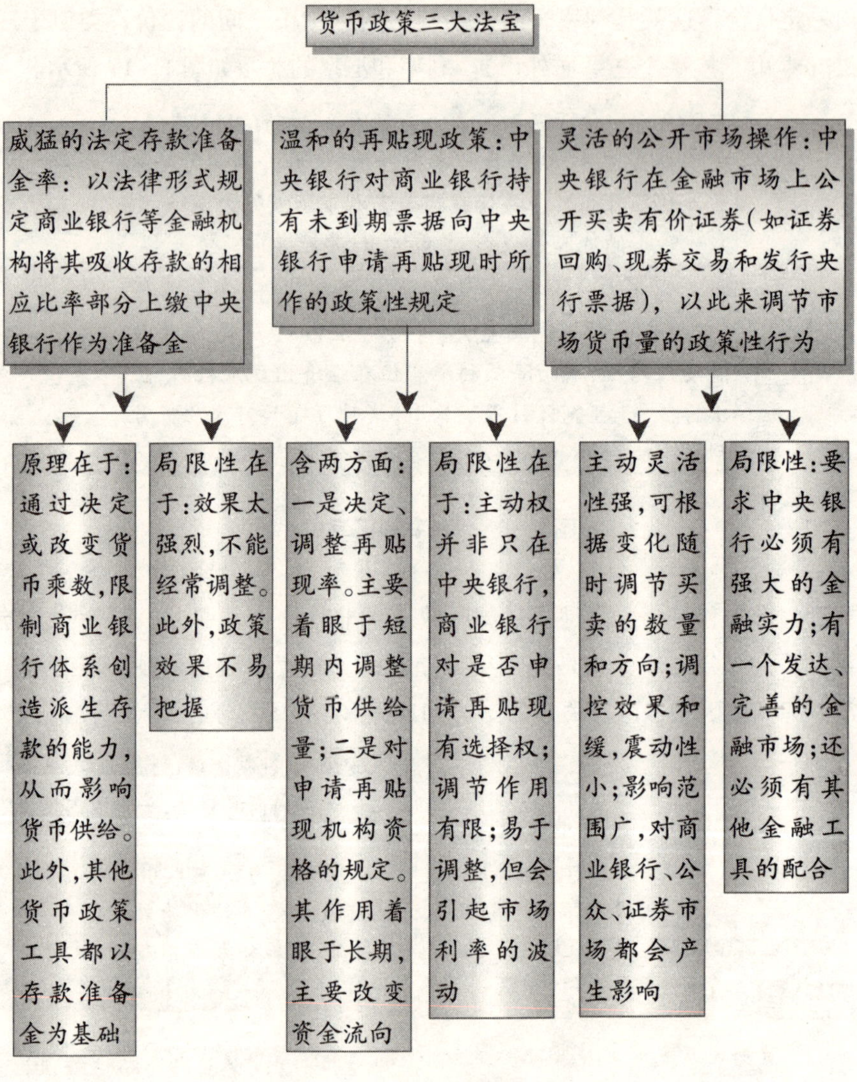

图 1－19　央行货币政策三大法宝

在明确“三大法宝”的定义后，下面来了解一下央行在何种情况下如何使用它们，如图 1－20 所示。

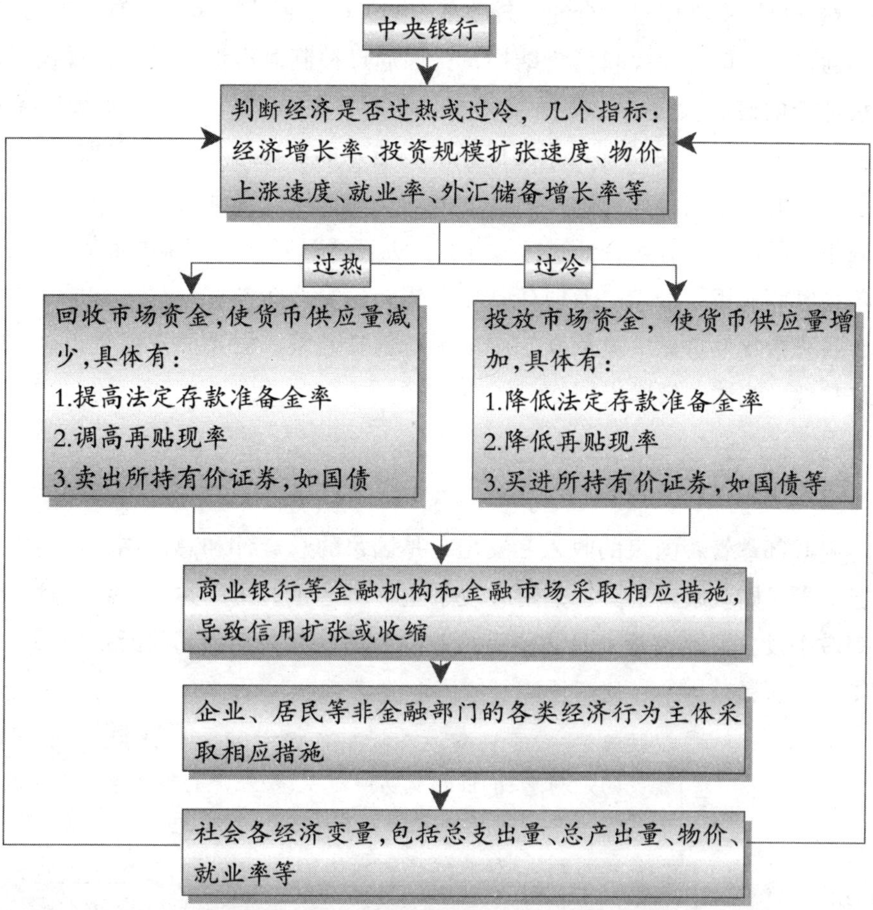

图 1－20 央行宏观调控内在机制

从图 1－20 可以看出，货币政策的"三大法宝"作用机理如下：其传导是从中央银行发出后，一般要经历以下三个主要环节。如图 1－21 所示。

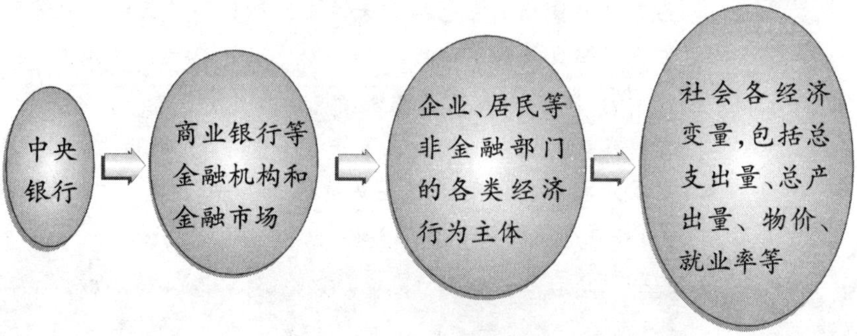

图 1－21 央行货币政策传导机制

在这里，有必要对央行的信贷政策作些说明。信贷政策有两种主要方式，一是通过控制信贷规模和信贷结构，比如通过控制对房地产的贷款规模来规范房地产的健康发展；二是采用“窗口指导”的方式，“窗口指导”又称“道义劝告”，是中央银行根据国民经济的宏观形势通过非行政干预方式，对商业银行的一些经营行为进行道义上的劝说和建议。正确地传导中央银行信贷政策，具体可以有两种形式：一方面，央行适时召开经济金融形势分析会，召集各家商业银行开会，及时传达中央银行信贷政策意图；另一方面，通过制定各种指导性意见，贯彻实施中央银行信贷政策，引导商业银行正确促进经济持续、快速、健康发展。

6. 财政部的兵器库

财政部掌管着国家的收入和支出，是国家的总会计和总出纳。它的宏观调控兵器是财政政策工具，是财政政策主体所选择的用以达到政策目标的各种财政手段，财政政策工具主要有税收、公债、公共支出、政府投资等。如图 1－22 所示。

财政政策工具 →

- 税收政策：如企业和个人所得税、增值税、印花税等；与投资相关的是利息税、证券交易印花税、房地产的契税等。它的调节作用主要通过宏观税率确定、税负分配（包括税种选择与税负转嫁）以及税收优惠和税收惩罚体现出来
- 公债：最初是用来弥补财政赤字的，后发展成为调节货币供求、协调财政与金融关系的重要政策手段。公债的作用主要通过公债规模、持有人结构、期限结构、公债利率综合体现出来
- 公共支出：主要指政府满足纯公共需要的一般性支出（或称经常项目支出），它包括购买性支出和转移性支出两大部分。财政补贴也是其中一种方式
- 政府投资：指财政用于资本项目的建设支出，它最终将形成各种类型的固定资产。在市场经济条件下，政府投资的项目主要是指那些具有自然垄断特征、外部效应大、产业关联度高、具有示范和诱导作用的基础性产业、公共设施、以及新兴的高科技主导产业

图 1－22　财政部宏观调控兵器库

一般来说，政府提高税率，会对民间经济起收缩作用，意味着更多的收入从民间部门流向政府部门，相应的，民间部门的需求将下降，民间部门的产出将减少；政府若降低税率，则会对民间部门经济起扩张作用，需求将相应上升，产出也增加。同时，政府还通过某些优惠性和惩罚性的税收措施来鼓励或限制某些行业发展。税收的优惠性措施包括减税、免税、宽限、加速折旧以及建立保税区等。与税收优惠措施相反的是税收的惩罚性措施，比如报复性关税、双重征税、税收加成、征收滞纳金等。无论是优惠性的还是惩罚性的措施，对实现财政政策的某些目标都会起到一定作用。

公债自身有三种效应：抑制或减少民间部门的投资或消费的“排挤效应”，引起货币供求变动的“货币效应”和一般纳税人与公债持有人之间收入转移的“收入效应”。其中，重点介绍一下“货币效应”。由于公债发行，它一方面可能使部分“潜在货币”变为现实流通货币，另一方面则可能把存在于民间部门的货币转到政府部门或由于中央银行购买公债增加货币的投放。政府可以通过调整公债规模、选择购买对象、区分公债偿还期限、制定不同公债利率等手段来实现财政政策的目标。在现代信用经济条件下，公债的市场操作是沟通财政政策与货币政策的主要载体，通过公债的市场操作，可以协调两大政策体系。一方面，可以淡化赤字的通货膨胀后果，公债的市场融资相对直接的政府透支，对基础货币的变动影响要小；另一方面，可以增加中央银行灵活调节货币供应的能力。

财政部的公共支出和投资同样对宏观经济产生很大的影响。它们分别通过影响需求和供给来起作用，如政府的投资能力与投资方向对经济结构的调整起关键作用。政府投资作为一种诱发性投资，它可将“基础瓶颈”制约所压抑的民间部门的生产潜力释放出来，并使国民收入的创造达到一个较高的水平，这就是政府投资在“基础瓶颈”条件下所产生的“乘数效应”。

第三节

宏观调控的“如来神掌”

宏观经济冷了热了，都不是好事，正如一个人的体温一样。因此，未雨绸缪，国家就需要对宏观经济进行相应的调控，以便使其健康、稳定地运行。

央行、财政部和国家发改委等部门都可以从不同的角度对宏观经济发挥一定的调控作用。

下面，我们将分别从央行调节货币供应量的手段、财政部控制供给和需求的手段以及货币政策与财政政策的协调与配合方面进行阐述。当然，国家有时还会运用一些行政手段作为宏观调控的补充，如国家发改委通过行政手段对某些行业的投资规模进行控制或鼓励。

1. 给“宏观经济”安上闸门

央行通过货币政策，财政部通过财政政策，都可以给“宏观经济”安上闸门，进而调控经济。

我们已经知道，货币供应量的多少对经济影响巨大。钱多容易造成经济过热和通货膨胀，造成资产价格上涨；钱少容易造成经济萎缩，失业加重。因此，为了保证经济总体平稳发展，各国政府一般都会根据需要适当调节货币供应量。一国的中央银行会控制货币供给的闸门，当它觉得经济太冷的时候，会把“水”放出来，这个“水”就是钱。中央银行把钱放出来，就是要把经济拉起来。同样，当它感觉经济太热的时候，就会关紧闸门，把货币抽走，让经济冷下来。整个过程如图 1－23 所示。

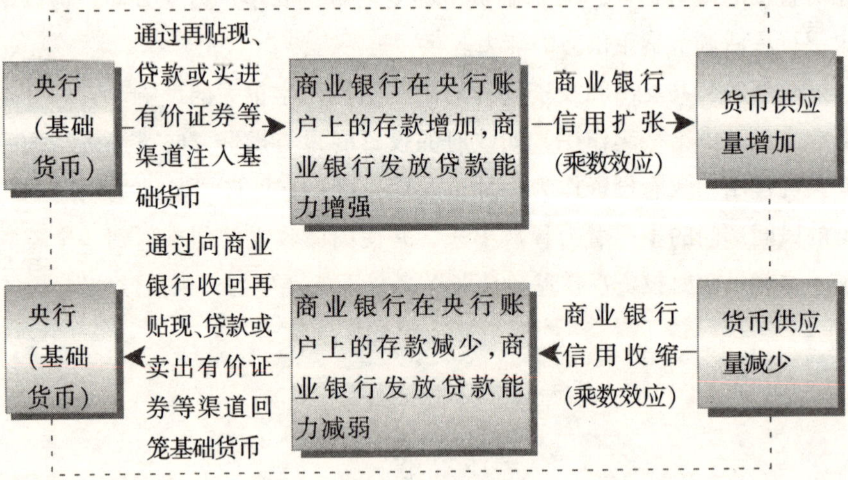

图 1－23　货币供应与货币回笼流程

可以看出，其供应量调节的效果取决于央行货币政策的力度和存、贷款的“乘数效应”，而后者主要通过央行规定的存款准备金率来影响。

为了更直观，我们再用图的形式来展现这一过程，如图 1－24 所示。

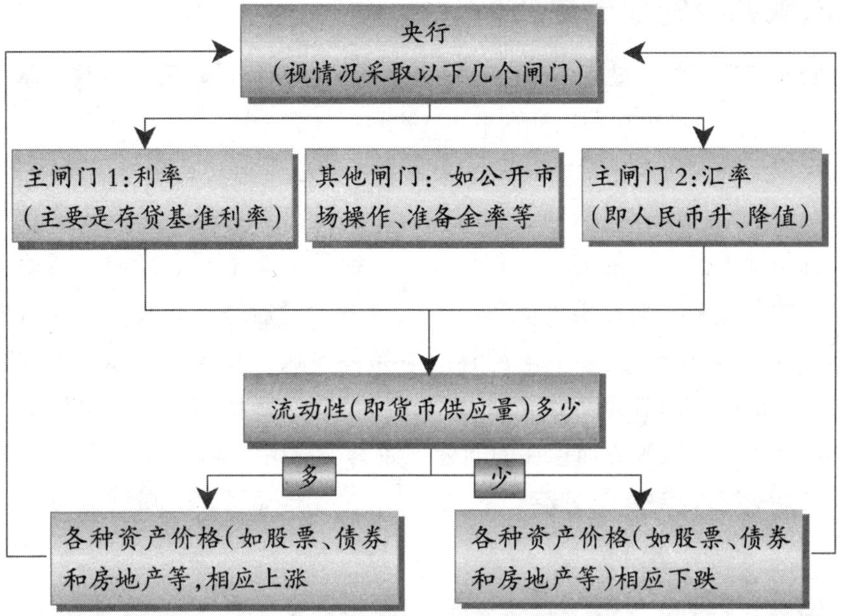

图 1－24　调节流动性的央行货币政策

至于财政部，其实也可以通过它拥有的兵器，调控"钱"的多少，或者说，它也有自己的"闸门"。如图 1－25 所示。

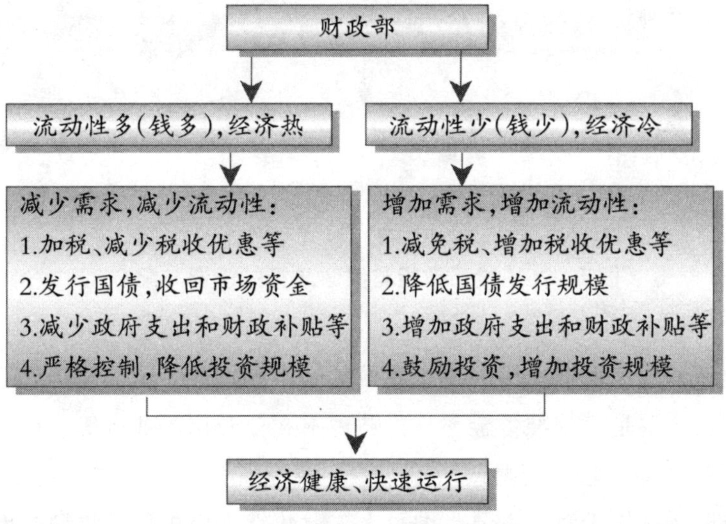

图 1－25　财政政策工具

2. 宏观调控的双子星座

宏观调控的双子星座，分别是中央银行执行的货币政策和财政部掌控的财政政策，视不同情况可以分别采用，也可以综合采用。

宏观经济的协调、稳定发展，表现为社会总需求与社会总供给的平衡。社会总需求是货币购买力的总和，是由货币供给形成的。货币政策和财政政策都与货币供应量的变化有密切关系。货币政策主要通过信贷活动和货币发行的变化来影响货币供应量，财政政策主要通过财政收入和支出的变化影响货币供应量。这就要求两种政策始终要保持相同的目标，在政策工具、调节范围、调节力度等方面必须相互衔接，密切配合，解决供给、需求、消费和货币量等方面存在的问题。如图 1－26 所示。

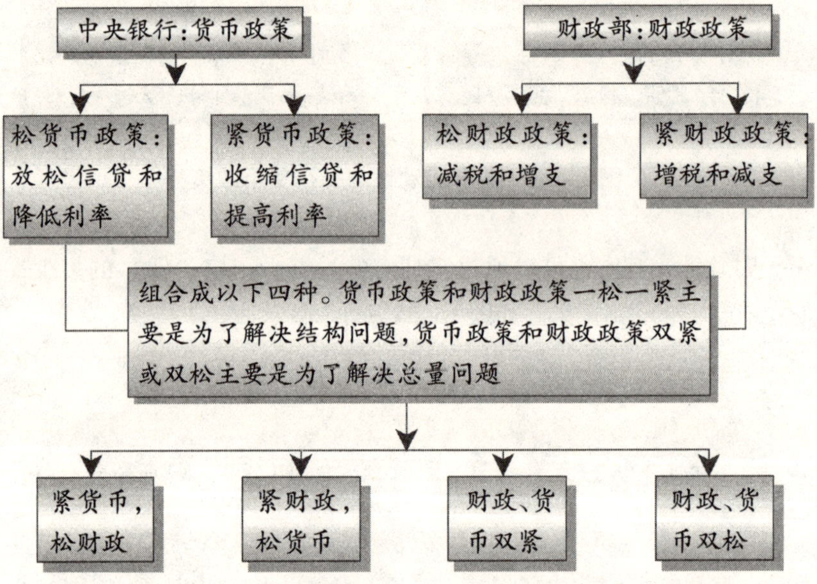

图 1－26　货币政策与财政政策的协调与配合

但这两种政策发挥作用的特点和效果是不相同的。我们已经知道，货币政策的工具主要是存款准备金率、再贴现率和公开市场业务等，作用对象是商业银行和金融市场；而财政政策工具主要是征税范围、税率、预算收支、公债、补贴等，作用对象主要是纳税人、财政性支出单位，政策的推行须通过立法和行政程序。因此，在一般情况下，要求扩张经济时，财政政策比货币政策来得更为直接和迅速，因为扩张财政支出，降低税率，执行起来都很容易，对投资的作用也很直接。而要求紧缩经济时，货币政策则能比较及时和灵活地操作，见效较快；财政政策在执行压缩开支、提高税率等措施时阻力较大，见效较慢。国家在运用这两种政策时必须根据某一时期经济运行的特点和要求，寻求两种政策的最佳组合。

两种政策主要的组合形式有四种：

➡ “双松”，即同时执行放松的货币政策和财政政策。在出现社会总需求严重不足，经济严重衰退，社会存在大量闲置资源的情况时，可选择这种组合。

➡ “双紧”，即同时执行紧缩的货币政策和财政政策。在出现社会总需求过旺，存在严重通货膨胀时，可选择这种组合。

➡ “松货币紧财政”，即执行放松的货币政策和紧缩的财政政策。在总供求大体平衡，但政府与公众间的投资比例不合理，需要降低政府支出和投资比例，增加企业投资和居民消费时，可选择这种组合。

➡ “紧货币松财政”，即执行紧缩的货币政策和放松的财政政策。在总供求大体平衡，但企业投资和居民消费比重偏大，政府支出和投资比重偏小时，可选择这种组合。

当然，两种政策的协调配合，并没有排除单独使用货币政策和单独使用财政政策的情况。一般来说，短期调整比较适合用货币政策，而长期调整却比较适合用财政政策。因此，当经济体系出现临时故障，需要在短期内作微量调整时，只需要采取货币政策措施就可以了；当经济体系存在需要作长期战略性调整的问题，而短期内的经济运行基本平衡时，可以单独采取财政政策。

知识问答

1. 通货膨胀对人们生活的影响如何？贫富差距是否会扩大？

毫无疑问，通货膨胀会增加人们的生活成本。但如果收入增长速度超过通胀速度，则生活水平提高；否则就降低。

一般而言，通胀会劫贫济富，使社会贫富差距进一步扩大。通胀对弱势群体和中低收入者形成较大的冲击，对其利益有一定的侵害。富人可以投资于房地产等较好规避通货膨胀风险的资产；而弱势群体资产配置多限于储蓄方面，因此通胀会带来很不利的影响。此外，富人的收入来源多样，并且很多时候都可以和通胀同步增长；而穷人收入多半来源单一，增长缓慢。

但是，事情也不是绝对的，需要具体分析。例如粮食涨价，农民可能从中获利。而面对房地产涨价，相对获利的是已经买房的人，受损的是没有买房、但准备买房的人。

2. 通胀时代应该重点投资哪些理财品种？

科学的投资理财策略应随着经济周期变化而变化，不同时期侧重的投资品种也应不同。目前，通货膨胀已经不容回避，在这种情况下，一定要持有随胀（指通货膨胀）而涨的资产，即重点考虑：股票、房产、黄金。

房产是固定资产，和通胀是一种水涨船高的关系。很多富人往往通过买房来实现资产的保值增值，因为房价上涨速度一般要快于通胀速度，这也是我国目前房价猛涨的原因之一。黄金也是如此。至于股票，当然是局限于那些从通胀中受益的股票，比如房地产、矿产资源类股票等。

附1-1 我国宏观调控的当代简史

1988年政府提出“价格闯关”，要结束“价格双轨制”，全面放开物价，强化了人们的涨价预期，导致当年通货膨胀高达18.5%，1989年达17.8%。直至1990年，政府大力整理整顿，清理在建项目，并两次提高银行利率，还开展保值、有奖储蓄等，使我国经济增长迅速降温，实现“硬着陆”。

1993年通货膨胀再次来临。房地产、股票、期货等热火朝天，价格飞涨，人们又开始疯狂采购。这一次，政府吸取了教训，采取了适度紧缩的货币政策，一是控制基础货币供应；二是强化信贷控制，整顿金融秩序；三是提高存贷款利率，保护储户利益，鼓励储蓄。自1993年到1996年，各项政策逐步发挥作用，通货膨胀率成功降了下来，经济增长平稳合理，避免了经济大起大落，实现了“软着陆”。

1998年，亚洲金融危机爆发，世界经济衰退，我国经济也深受通货紧缩困扰，物价持续下降，国内需求不振。对此，政府采取了稳健的货币政策：通过再贷款、再贴现和购买外汇，适当增加基础货币；调低存款准备金率，增加商业银行的资金来源。从1997年10月到2002年2月，连续6次调低利率，支持个人消费信贷和住房信贷，以扩大内需。为了促进经济增长，还同时出台了积极的财政政策：从1998年起连续发行上千亿元的长期建设国债，兴建一批重大基础工程；提高工资和离退休金，增加收入；为鼓励出口，提高了出口退税税率，降低关税税率。稳健的货币政策和积极的财政政策联手，成效显著。到2003年，中国经济摆脱了通货紧缩阴影，进入了新一轮经济快速增长阶段。到了2005年，积极的财政政策“功成身退”，中国进入了稳健的货币政策和财政政策并行的阶段。

2007年初前后，我国又出现通货膨胀的趋势，并已连续多次提高存款准备金率和提高银行存贷基准利率，但具体调控结果有待观察。

第二章

银行服务

总体上储蓄存款增长与实际存款利率成正比，与消费增长、商品房销售、股票投资成反比。计量分析表明：储蓄存款增长与沪深股市保证金存量增长为负相关关系，两者相关系数绝对值达 51%，相关性较强。储蓄分流最为主要的去向是股票市场。

——申银万国证券研究所，2007 年 6 月

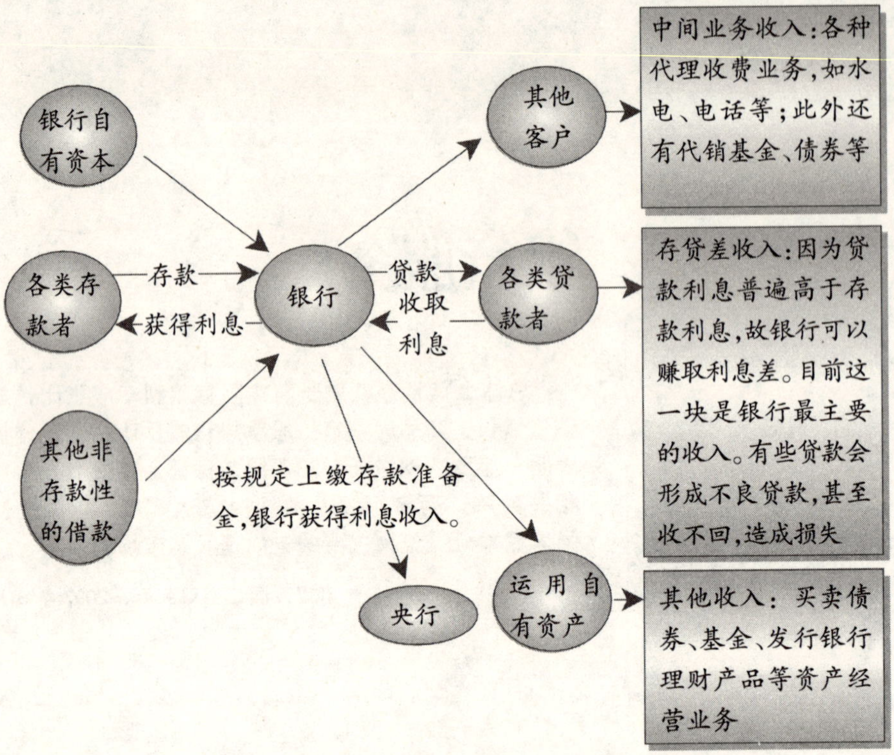

图2－1　银行的盈利之道

本章导读

银行的资金来源主要有三，一是存款者的存款，二是银行自有资本金，三是其他非存款性借款。资金在手，银行又如何应用呢？也有几种渠道，一是贷款出去，赚取存贷息差；二是按规定上缴存款准备金，从央行获得利息收入；三是将这些资产投资出去，获得相应的投资收益。在这些收入之外，银行还大力发展中间业务收入，比如各种代理业务收入等。如图2－1所示。

之所以将“银行服务”列为第一投资品种来讲述，原因有三：一是目前而言，存贷款还是普通投资者最主要的投资手段；二是银行服务是最基本的，无论个人账户、资金存取、买卖基金等离不开银行；三是人们对很多产品，如基金、债券、保险等都是首先通过银行认知的。

第一节
银行的各类资产

在第一章中，我们介绍过银行的存款乘数效应，这里再补充介绍一下。在货币供给过程中，中央银行投放的初始货币提供量与社会最终供应量之间存在着数倍扩张（或收缩）的效果或反应，这就是所谓的乘数效应。例如：中央银行发出来100元，商业银行扣掉准备金后再发贷款；企业拿到这些贷款再存银行，银行再发贷款给其他贷款人。最后，这100元变成了社会上的500元（假设准备金率是20%）或者更多。所以说，银行是有货币创造功能的。

银行存款与自身资本金等，组成了银行的资产。根据用途不同，银行资产大体可以分为四类，如图2－2所示。

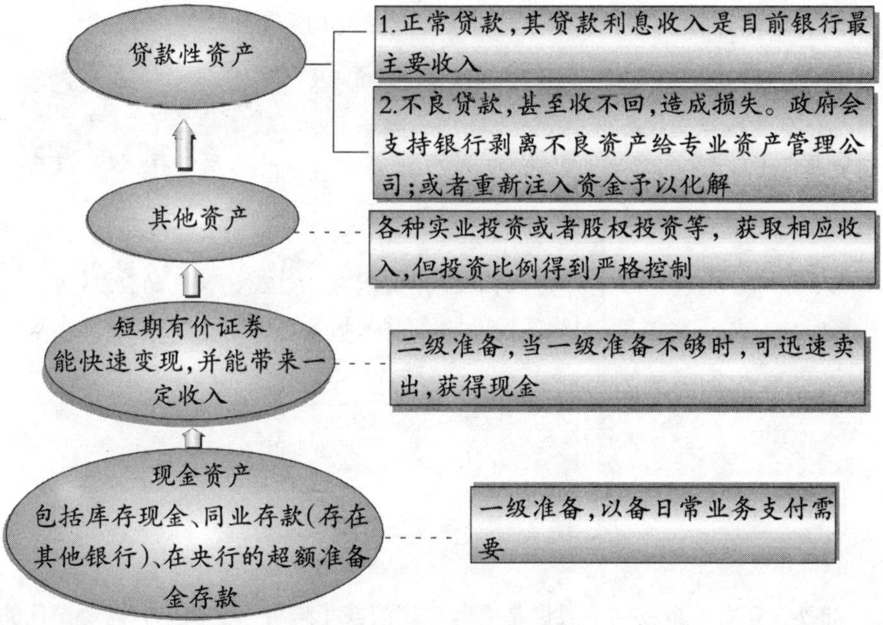

图2－2　银行的几类资产

其中贷款性资产占比最大，因此获取存贷利息差也成了银行目前最主要的利润来源。随着银行中间业务等的发展，其比例会逐步降低。

第二节

银行存款：精打细算多利息

银行和各类存款者的关系很简单，如图 2－3 所示。

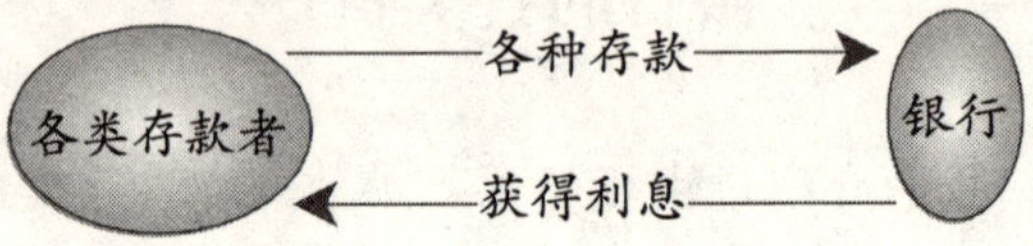

图 2－3　银行和存款者的关系

1. 存款的秘密

很多人往往看不上存款那一点点的利息，多半只是随用随取，图个方便快捷。其实，利息也不是那么好挣的，处理不好，很容易就造成隐性损失。对于利息如何计算，有三点需要注意，如图 2－4 所示。

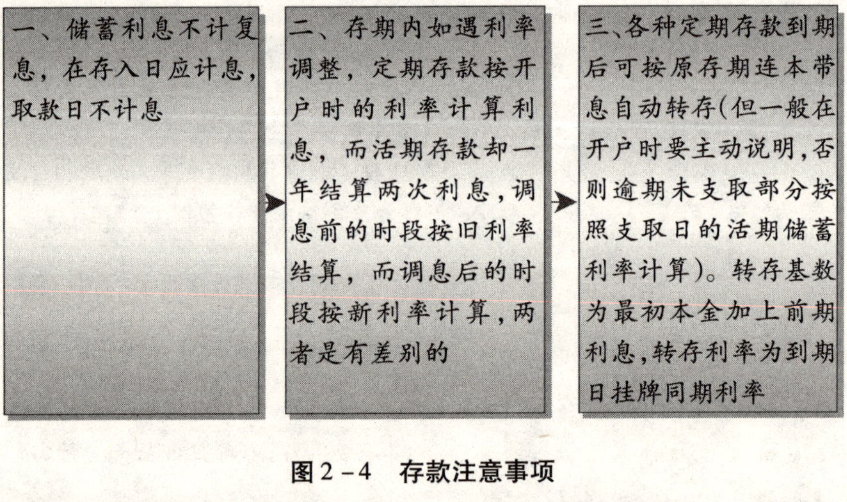

图 2－4　存款注意事项

此外，还有不少秘密，或说是一些小窍门或小陷阱，是储户们需要记住的。

■ 存款可能“越存越少”

比如，三年前存1000元（当时可买1000斤大米），三年定存。假如三年后取出来为1100元，但因为大米涨到2元/斤，因此只能够买550斤大米。这时，因为存款利息上升根本赶不上通货膨胀率上涨速度，所以存款可能“越存越少”。

■ 存钱不要只图方便

单位发的工资卡一般是按活期计息。以5万元为例，如存活期与三年定存比较，按2007年8月20日最新利率计算，前者税后（5%利息税）利息是1154.25元，而后者税后利息是7053.75元左右，竟相差约6000元。这对于有钱人当然不算什么，可对于工薪阶层还是很有诱惑力的，再说转为定期也是举手之劳的事。

如果嫌把活期转定期麻烦，也可以采用自动转存服务，也就是定活期存款账户自动互转，有些银行把这项业务加载在电话银行和网上银行上了。比如，每当工资卡里超过1万元时，超过的部分以2000元为单位自动转为三年期定期存款。这样做，就避免了超过部分不及时转存而只能按活期计息带来的损失。

■ 存期越长不一定越划算

不少人为了多得利息，盲目地把余钱全都存成长期，没有仔细考虑自己什么时候要用钱。如果急需用钱，办理提前支取（一般只能一次），就出现了“存期越长，利息越吃亏”的现象。而如果国家上调利息，那么损失就更惨重了。提前支取吧，按规定提前支取部分只能有活期利率；继续存吧，又眼看着吃亏。但如碰上降息情况就不一样了，如果是在降息前选择了长期定存，就能不受降息影响，从而可以长期享受高利率。

■ 充分了解自动转存和续存业务

如果定期存款到期时忘了去银行办理续存手续，那么接下来的日子就只能得到活期利息，这就有些亏了。值得注意的是，自动续存的存款以转存日的挂牌利率计息，同时，在办理自动续存时，因为整体经济可能会有变化，所以再续存同样长的期限可能就不太合算。比如：原来存的是五年定期，到期后赶上经济不景气，利率很低，这时再续存五年就不太合适了。

■“滚雪球”的存钱方法也不错

此外，如果不嫌麻烦的话，可以每月将家中余钱存成一年定期存款。一年下来，手中正好有12张存单。这样，不管哪个月急用钱都可取出当月到期的存款；如果不需用钱，可将到期的存款连同利息及手头的余钱接着转存一年定期。这一招，对于经常有意外收入和开支的家庭非常有效。

2. 存款万能组合

储蓄，图的就是一个安全稳妥，所以在选择储蓄品种时，就首先应该考虑它的方便性。在此基础上，再考虑如何获得更多利息。如表 2 - 1，采用组合储蓄方式能获得相对合理的利息收入，同时又不影响生活质量。

表 2 - 1　家庭的组合储蓄

<table>
<tr><th colspan="2">资金情况</th><th>储蓄种类</th><th>储蓄种类说明</th></tr>
<tr><td rowspan="2">日常开支</td><td>需随时支取的</td><td>活期</td><td rowspan="2">数额以维持半年左右的日常开支为佳</td></tr>
<tr><td>较有规律的，金额也基本确定</td><td>短期定存</td></tr>
<tr><td colspan="2">每月节余</td><td>零存整取</td><td>积少成多，强制存款，适合稳定的工薪族</td></tr>
<tr><td colspan="2">近期用钱，又确定不了日期</td><td>定活两便或通知存款</td><td>可随时支取，利息也高于活期</td></tr>
<tr><td colspan="2">长时间不动</td><td>整存整取</td><td>金额和未来所需支出匹配，否则提前支取会损失利息。</td></tr>
<tr><td colspan="2">子女教育</td><td>教育储蓄</td><td>实为零存整取，但免征利息税；利息也按同档次整存整取利率计息</td></tr>
<tr><td colspan="4">一般通用的存款组合：以定期为主，通知存款为辅，少量的活期储蓄和定活两便</td></tr>
</table>

3. 存款好习惯

花钱很痛快，而存钱有时是很痛苦的。以下是几种有效的强迫自己存钱的方法，可以帮助个人改掉爱花钱的小毛病。

➡ 写出你的目标。是想换一所大点儿的房子？买车？为孩子教育？或去投资？总之，把目标写下来，然后贴在冰箱上、厨房门上、餐桌上等你会经常看到的地方，提醒你时常想起你的目标，增加你存钱的动力。

➡ 强迫自己存定期储蓄。活期储蓄尤其是存在借记卡内的钱不经意间就会被花掉，因而不如把自己手中富余的现金存成定期，只留够基本生活需要的现金就可以。

➡ 尽早还清你的银行贷款，尽早投资。当然如果投资收益能高过贷款利息就另当别论了。总之，选择一种或几种适合你的投资方式是很重要的。

➡ 核查信用卡的对账单，看看你每月用信用卡支付了多少钱。如果有可能，减少你每月从信用卡中支取的金额，或者不到万不得已不用信用卡。

➡ 定期从你的工资账户（或钱包）中取出 10 元、20 元或是 50 元存入你新开立的存款账户中。2～3 个月之后，增加每次取出额。

4. 便捷的银行转账

相对而言，转账较为简单，主要关注的是费用和所需时间，如表 2－2 所示。

表 2－2　常见的转账方式

方式	说明
网上银行	方便快捷，手续费低
自动柜员机（ATM）	需知道对方卡号
电子汇兑	到银行网点汇入对方账户即可
跨行通存通兑	正逐步在全国开通

第三节

银行贷款：量力而行

一般银行贷款流程如图 2－5 所示。

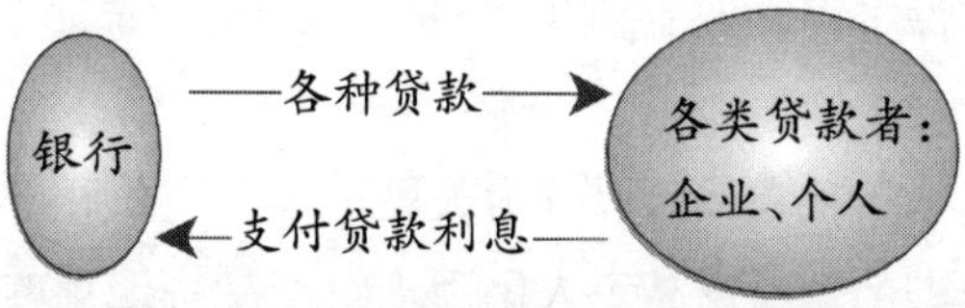

图 2－5　银行和贷款者之间关系

天下没有免费的午餐。从银行贷款，自然就得支付利息。因此，贷款需要量力而行，如果盲目求多，后果可就严重了，因为盲目借债就意味着被套牢。

以房贷为例，如果每月房贷占自己月收入（大部分人是工资收入）的30%以上，就很危险。目前，银行发放的中长期贷款，实行的是逐年甚至逐月调整利率的计息方式，万一贷款利率调整，贷款买房的人就要从下一年度开始按照新的贷款利率还贷。近年来，一般每次基准利率多采取的是上调27个基点，尽管只是一次次小幅调整，但积少成多，总体利息涨了不少。

还有一种是固定利率的房贷。固定利率一般情况下都会高于现行利率，这其中高出来的部分就作为贷款者规避利率风险（未来利率上调）的代价。对于借款人来说，当市场处于加息周期时，固定利率房贷对借款人有利；如果市场处于非加息周期甚至是处于降息周期，那么锁定住房贷款利率无疑对银行有利。借款人要综合分析各种情况，得出自己对利率走势的分析和判断，因为一旦签署固定利率住房贷款合同，想修改合同或者提前还贷，就要向银行付出一定数量的违约金。

除住房贷款外，还有汽车贷款、个人消费品贷款、国家助学贷款等。其思路和房贷大体相当，要量入而出，不可盲目求多，图一时痛快。

第四节

银行理财产品：乱花渐欲迷人眼

为了满足客户的需要，同时发展自己的中间业务，商业银行也开始发挥自己作为理财专家的作用，对外出售银行理财产品或理财计划。具体的银行理财产品可以分为四种：固定收益理财产品、最低收益理财产品、保本浮动收益理财产品和非保本浮动收益理财产品。不同的产品适合于不同类型的投资者。

银行理财产品按币种大体可以分为人民币理财产品和外币理财产品两种，另外还有一些混合型的理财产品。人民币理财产品将汇集的资金投资于国债、市政债、金融债、某类型股票等。一般投资于国内市场，以人民币为结算单位，大体上可以将其等同于基金对待。

而外汇理财产品较为复杂。外汇理财一般有三种主要方式：一是存款，二是自己炒卖外汇，三是购买外汇理财产品。具体如表 2－3 所示。

表 2－3　外汇理财

	特点或运作机理	方法或例子	针对人群
一、外汇存款	收益稳定但收益低，面临汇率风险	◆ 存期不宜太长，否则会面临转存的麻烦和造成汇兑损失。特别是在人民币升值的大背景下，更不宜存期过长 ◆ 分散化存款。原则是选择“汇率稳定、存款利率较高的货币”	图省事的投资者
二、个人双货币存款业务	即把外汇定期储蓄存款与存款货币看涨期权结合在一起的组合存款业务。银行作为买方，向客户支付期权费，同时获得相应的权利，可以在到期日按双方事先约定的价格把客户原来存入的货币转换成另一币种。在该项业务中，客户的收益一方面来自于银行支付的期权费，另一方面是定期存款的利率，总收益往往比普通存款高不少，但也需要承担相应的风险	比如，客户有 10 万美元的存款，选择了日元为挂钩货币，最初与银行的协定汇率为 1∶100，期权费为 0.7%，银行就将 700 美元的期权费付给客户，也就是说客户已经得了 700 美元的期权费了。假设一个月后，如果市场汇率为 1∶100 或 100 之下，银行放弃期权，此时银行归还客户 10 万美元和一个月的利息 33.33 美元；如果市场汇率为 1∶100 以上，银行则行使期权，银行归还给客户的本金就不再是美元，而是 1000 万日元加上 33.33 美元的税后利息	图省事的投资者
三、个人外汇期权业务	客户作为期权的买方，在向银行缴纳一定期权费后，按照与银行事先约定的日期、币种、金额和价格进行外汇买卖交易。这种业务操作灵活方便，可买涨也可买跌，获利空间更大；同时，如果事先判断错误，期权到期日的市场价格低于约定价格，客户还可以选择不进行交易从而避免损失	假设美元兑日元在 1∶122 附近，你如果预期 1 个月后这一比价将升至 1∶125 左右，那么你就可以买入一份看涨美元看跌日元的 1 个月期权。1 个月后，如果美元兑日元确实升到了 125 左右，你就可以仍按照 122 的价格买入美元卖出日元，从而赢利。反之，你可买入一份看跌美元看涨日元的期权，1 个月后如美元兑日元比价下跌了，你仍可按现在的价格卖出日元买入美元，以避免损失。当然，如果汇率和预想不一致，客户可以放弃期权，这时只会损失很少的期权费	有专业能力者

续表

	特点或运作机理	方法或例子	针对人群
四、直接买卖外汇	◆ 利用外币币种间汇率的差价，买卖不同外币的业务 ◆ 收益相对较高，但风险也大 ◆ 可24小时操作，及时知道盈亏	◆ 需判断各外币币种间汇率的差价走势 ◆ 在个人投资组合中加入“外汇”，也有助降低风险	有专业知识并且时间、精力充沛者
五、投资B股市场	用美元买卖国内B股市场上交易的股票		
六、银行外汇委托理财	银行拿这些外币分散投资于国际资本市场、外汇结构存款、汇率和利率期权交易等		
七、基金外汇理财	基金公司拿这些外币分散投资于国际资本市场等，即QDII		

因商业银行自身的资本、实力更强大，信誉更好，所以容易取得投资者的信赖。但是整体上来看，理财业务在我国仍属于新生事物，投资者在投资银行理财产品时仍需谨慎。

➡ 要合理安排资金，不能过多地投资于理财产品。一是因为理财产品的收益仍较低，财富较多的个人或家庭要合理分配资金的投向；二是理财产品往往封闭运行，不能够提前赎回。此外，理财产品的二级市场不发达或根本没有，如果需要用钱时，不便及时退出，投资者对此要有充分认识。

➡ 投资者应有自己的独立判断，不能盲目相信产品（尤其是收益率）的介绍。当前我国的理财产品销售人员和理财顾问经理中真正合格的不多，在推荐产品时夸大其词的事常有发生，一旦投资失败，投资者只有忍受而无良策。

第五节

银行卡：小心“卡”住自己

1. 银行卡之四种

目前，银行发行的各种卡林林总总，让人眼花缭乱，但归结起来，主要有以下四种卡：

◆ 借记卡：是指先存款（计利息），再消费（或取现），没有透支功能的信用卡。其按功能不同，又分为转账卡（含储蓄卡）、专用卡及储值卡。

◆ 准贷记卡：是指持卡人须先按发卡银行要求交存一定金额的备用金，当备用金账户余额不足支付时，可在发卡银行规定的信用额度内透支的信用卡。

◆ 贷记卡：是指发卡银行给予持卡人一定的信用额度，持卡人可在信用额度内先消费、后还款的信用卡。

◆ 信用卡：是银行或其他财务机构签发给那些资信状况良好的人士，用于在指定的商家购物和消费或在指定银行机构存取现金的特制卡片，是一种特殊的信用凭证。

以上四种卡中，借记卡和存折类似，需先存钱后消费，且利息一般按活期利率计算；信用卡和贷记卡大体类似，都可以透支，但需及时还款，否则罚的利息很重；至于准贷记卡，则介于借记卡和信用卡之间。

2. 信用卡：昂贵的“便利”

储蓄是今天存钱明天花，而信用卡则是“今天花明天的钱”，它可以透支，大大方便了人们的生活。对于银行而言，信用卡也很有利可图。如图 2－6 所示。

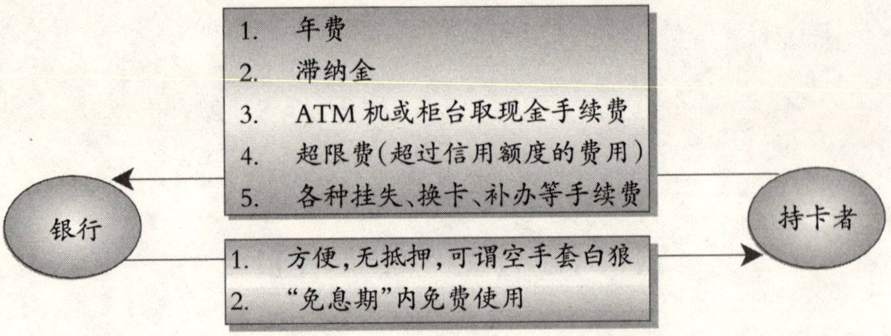

图2－6 信用卡各种费用

作为一项临时、短期、紧急、小额融资工具，信用卡有其好处。但是，如果你认为它是完全免费的那就大错特错了。它其实是一种昂贵的透支工具，它给我们的便利其实也是一种昂贵的“便利”。

根据规定，只有使用信用卡进行消费结账才能享受最长50天免息还款期，而用信用卡在自助银行或柜台取现则不能享受免息还款期，且自取款之日起计收万分之五的日息，而且还要收取现金手续费，如果不及时还清取现金额及由取现产生的手续费，不仅取现金额要收万分之五的日息，连同手续费也一并收取万分之五的日息。

很多人以为如果刷卡消费后就可以免费享受随后50天的免息还款期，以为这50天是免息的，这其实是错的。首先，并不是每一笔消费都是50天免息还款期，这与刷卡日期、当月天数、银行结账日等诸多因素有关；而这个免息还款期是指持卡人在这个期限内还款是免息的，一旦超出这个期限，就不是只按超过免息还款期外的日期计息，而是从刷卡消费记账日当天开始计息。

因此，消费者每次都应计算好免息还款期，因为免息还款期每次都可能不同。举例来说，银行的对账单日为每月5日，指定还款日期为每月23日。如果客户在当月4日透支消费了2000元，免息还款期就是当月4日到23日这段时间，为20天；如果是当月5日消费（一般商家账单截止到4日为止），则免息还款期就是当月5日到下月23日，那就高达49天。所以，消费时一定要注意两点：一是持卡人的消费日期，另一个就是银行对单日与还款日之间的天数。

此外，信用卡还得交年费。因为一般信用卡为促销，第一年多半会免掉年费，而第二年如果用户没有及时缴纳年费的话，银行就极有可能会在持卡人账户内自动扣款。银行所扣的款项将算作持卡人的透支提现，要计算贷款利息，而且还会计算复利，因此需要及时缴纳，否则可就麻烦了。

信用卡如正常使用，是很划算的，毕竟可以透支。但一旦有非常规情况出现，则费用多多。以下以光大银行某信用卡为例，列示各种需要缴纳的费用，见表2－4。

表2－4　使用信用卡需要缴纳的费用

<table>
<tr><th colspan="2">收费项目</th><th colspan="3">收费标准</th><th>备注</th></tr>
<tr><td colspan="2">透支利率</td><td colspan="3">日利率万分之五</td><td></td></tr>
<tr><td colspan="2" rowspan="6">年费</td><td rowspan="2">金卡</td><td>主卡</td><td>200元/卡</td><td rowspan="6">每年</td></tr>
<tr><td>副卡</td><td>80元/卡</td></tr>
<tr><td rowspan="2">普卡</td><td>主卡</td><td>80元/卡</td></tr>
<tr><td>副卡</td><td>40元/卡</td></tr>
<tr><td>足球卡</td><td colspan="2">150元/套</td></tr>
<tr><td>福卡/如意三宝卡</td><td colspan="2">200元/套</td></tr>
<tr><td colspan="2">挂失手续费</td><td colspan="3">50元</td><td>每卡</td></tr>
<tr><td colspan="2">取现按交易金额的1%收取</td><td colspan="3">支取人民币：最低收取3元，最高收取200元。
支取外币：银联网络最低收取人民币15元，其他网络最低收取3美元、最高收取30美元。</td><td>每笔</td></tr>
<tr><td colspan="2">滞纳金</td><td colspan="3">按最低还款额未还部分的5%收取</td><td></td></tr>
<tr><td colspan="2">超限费</td><td colspan="3">按超信用额度的5%收取</td><td></td></tr>
<tr><td colspan="2">补制对账单手续费</td><td colspan="3">5元（索取最近两个月账单免费）</td><td>份</td></tr>
<tr><td colspan="2">外汇兑换手续费</td><td colspan="3">约为交易金额的1%</td><td></td></tr>
<tr><td rowspan="2">全球紧急服务手续费</td><td>VISA卡</td><td colspan="3">紧急挂失：金卡免费，普卡35美元
紧急补卡/取现：金卡免费，普卡175美元/卡</td><td rowspan="2">持卡人在境外遗失信用卡后，向相应国际组织申请紧急取现或补发紧急替代卡等服务时，根据国际组织的收费标准收取</td></tr>
<tr><td>万事达卡</td><td colspan="3">紧急挂失：35美元
紧急补卡：148美元
紧急取现：95美元</td></tr>
</table>

续表

收费项目	收费标准	备注
重制密码函手续费	20 元	份
快递手续费	20 元	份
调阅签购单手续费	境内：6 元 境外：消费清单 25 美元，签购单 6 美元	份
MINI 卡自动分期（分 12 期）付款手续费	每期按消费金额的千分之五收取手续费，最低 1 元	

以上费用项目很多，投资者需认真研读，以免到时被动或者多缴费。毕竟在国外银行的收入构成中，很大比例的收入来自于信用卡。这也是在国外信用卡特别发达的原因。

此外，还需要注意的有：

➡ 不要将信用卡和身份证放在一起，这其实和不要与存折等放在一起的道理是一样的。

➡ 不要超额透支。因为持卡人超过发卡银行批准的信用额度用卡时，不享受免息期待遇，即从透支之日起支付透支利息。

➡ 透支款要及时还清。

这点还需要着重说明一下。持卡人在免息还款期内，全额偿还不需支付利息；若是部分偿还透支款项，符合银行规定的最低还款额的，目前有两种截然不同的计息方式。第一种是只要持卡人有一分钱在还款期内没有还，所有的钱都不能享有免息待遇，这是大多数银行的做法。如果您透支了 10001 元，由于没太在意，只在免息期内还了 10000 元，欠 1 元没有还。这种情况下，银行多半不会按照 1 元计息，而是按照 10001 元计息。第一种是只需支付欠款部分的利息，采取这种方式的银行很少。

3. 银行卡：打理学问大

理财不仅要管好手头的钱，更要打理好各种银行卡。需要注意以下几点。

（1）2～3 张为宜

手中持有的银行卡并不是越多越好，从管理难度和便利性权衡，以 2－3

张卡为宜。一般在信用卡外，还可办一张另一家大银行发行的借记卡，可以存钱进去，日常消费什么的都很方便，而且风险比信用卡要小。另外，因为卡是不同银行发行的，组合使用，划卡消费的范围大大扩大，能够给消费带来更多方便。

（2）透支消费，用足免息还款期

许多银行规定在刷卡消费后，客户最长可以拥有50多天的免息期。也就是说，只要你在免息期内把透支消费的钱补上，银行不会收取你一分钱的费用，相当于无息贷款。在免息期内，你完全可以将原本准备用于消费的这笔钱做一些短线投资，比如买点基金或股票，但一定要注意风险。

（3）巧避银行收费

如果你月平均存款不超过500元，首先要考虑整合过去的一些活期存款账户，把多余的和经常不用的活期账户进行组合，该注销的注销，该合并的合并，保留一个最需要的活期存款账户，用于基本的汇兑、结算、存款、取款，这样就会避免银行收费带来的损失。定期存款的大小额度并没有收费规定，如果把同样的小额资金存入定期三个月或六个月，就不仅可以避免收费和减少利息支出，还能大大增加储蓄的收益率。

（4）充分利用信用卡的分期付款功能

持卡人在进行一次性大额购物或服务消费时，可将付款总额分解成若干期数（月份），只要在每期（月）按时偿还当期款项，则不必承担任何利息或手续费用。采用分期付款功能可以解决装修、买电器等大额资金问题。

（5）出国办卡免去汇兑差

在不少国家和地区都可以直接刷卡消费，而无须支付现金。有了这种卡，就免去了不必要的兑换之苦。有子女在国外念书的，更需要办一张卡，父母持有主卡，子女持有附卡。这样一来，主卡在国内存款无须手续费，小孩的附卡在国外消费也无须支付手续费，免除了汇款环节，几年省下来的费用也是很可观的。

4. 银行卡犯罪手法揭秘

如今，围绕银行卡的犯罪很多。为此，我国公安部曾明确列示了以下5种常见的银行卡犯罪手法。

➡ 短信诈骗。此形式很普遍，几乎覆盖了全国所有的省份，上千万的手机用户收到过冒充银行及银联的虚假短信，数以万计的持卡人上当，损失金额超过千万元。

➡ 利用黑客软件、网络病毒盗取客户银行卡号、密码。

➡ “网络钓鱼”。即在互联网上设立假的金融机构网站，骗取银行卡号、密码。犯罪嫌疑人在互联网上向用户发送虚假电子邮件，诱骗银行卡客户登录与真银行网站页面完全一致的假网站，并要求受害人填写个人资料、账户号码及密码等内容。

➡ 一些使用高科技手段的案犯在ATM机上做起手脚。如在ATM机键盘上加装银行卡密码器的，该密码器表面类似另一个“键盘”，但其背面却是一个制作精细的电路板，可以自动记录银行卡客户输入的密码。

➡ 用假卡大宗购物行骗。即通过伪造的“VISA”、“MasterCard”国际信用卡，大肆骗购黄金、珠宝、名牌数码产品、名牌服饰等高档商品。

相应的，我们可以通过设置较复杂的秘码、登录正确网站、定期给电脑杀毒等方式来避免被盗骗。而针对ATM机的犯罪，以下是几种常用的防范招式。

➡ 当自助设备屏幕显示为“设备故障”或“暂停使用”时，不要插入银行卡。

➡ 设置安全级别较高的密码；在插入磁卡并输入密码时，注意一定不要让其他人看到；注意检查ATM机近旁是否有隐蔽的摄像头。

➡ 完成存取款或其他交易后，记得一定要取走银行卡和交易凭条，如不希望保留凭条，也应将凭条撕碎后投入废纸箱中。

➡ 如在存钞或取钞后发现账款不一致，或是银行卡在插入ATM机后被意外吞卡，应尽快找到所在银行营业网点的工作人员，或直接拨打该行求助电话。

第六节

银行是个大超市

许多人习惯动不动就跑银行一趟，比如办理自动转存，交电话费什么的，尽管可能距离很近，但永无止境的排队也够让人烦的；其实银行都有网上银行业务，可很多人总有些不太适应，因此，很多人都希望银行有一揽子服务。

目前，有很多银行推出了“个人理财账户”，几乎将我们此前介绍的各种银行业务一网打尽，它集存款账户、贷款账户和投资账户三种账户于一体。要存款呢，可以存多种币种，选择不同的存款种类；而贷款起来也方便得多；同时还可以轻松地买卖债券、基金和保险等。最重要的是，它能够全面反映你的资产构成和资金变动情况，并由此得到银行客户经理一对一的理财服务，包括分析资产状况，测量风险承受力，制定理财规划，更好地实现资产增值等。

可以说，银行就是一个大超市，正变得越来越方便。

知识问答

1. 升息后，定存如何提前支取再转存才划算？

一旦银行升息，很多人的第一想法就是将已有的定存提前取出来再转存。但是，不能盲目地提前支取后再存，以避免利息损失。具体要根据原有存款的金额大小、存期以及距离到期日的时间来决定。利用下面这个公式，可以帮助我们确定原有的存款存了多少天后提前支取转存才划算。

转存利息平衡分界点＝一年的天数×现存单的年期数×（新定期年息－现存单的定期年息）÷（新定期年息－活期年息）

根据这个公式可以确定不亏不赚的存款盈亏临界天数。若已存天数大于这个天数，就不要转存；若已存天数小于这个临界天数，就可转存赚取更多的利息。

如：一笔存款现年息是3.6%，存期一年。如果你想转存一年的定存，按新利率3.87%，活存年利率0.81%，一年天数360天计算，那么：360×1×（3.87% -3.6%）÷（3.87% -0.81%）=32天。也就是说，如果该笔存款未到31天，则转存是合适的，否则就不划算了。

2. 加息后，如何选择银行理财产品？

无论何时，都要根据自己的资金流动需求和风险偏好，来确定适合自己的产品期限和相应期限的理财产品，这是选择银行理财产品的前提。在加息时，一般可采取三种策略：

（1）选择浮动利率理财产品

部分商业银行推出的理财产品收益率与一年期存款利率挂钩，如果央行加息，理财产品的收益率也会相应提高。同理，凭证式国债中的浮息债应该是首选的国债投资品种。

（2）理财产品以短线为主

对人民币理财产品而言，期限长的产品锁定资金时间长，往往在人民币加息过程中会失去进一步提高收益率的机会。

（3）人民币应成为首选币种

在人民币进入加息周期的同时，美联储降息预期也日趋强烈，而港币的利率是与美元挂钩的，因此人民币的收益率在未来一段时间内将高于美元和港币。持有美元和港币的投资者可以考虑结汇成人民币后进行理财。

不过，有一点需要提醒。投资者在选择产品时，不能只看产品收益率的高低，而是要将产品的收益率、期限、结构和风险度做一个综合判断，仔细阅读产品说明书，弄清楚具体的产品结构、计息方式、利息税计税基础、手续费、提前终止权、是否可以质押等问题。

3. 为什么我国银行业要大力发展中间业务？

银行收入主要有三块：资产业务、负债业务和中间业务。目前国内银行主要靠利差收入，中间业务起步较晚，占比较低。

近年来，随着资本市场交易活跃，储蓄分流的效应进一步显现，导致储蓄存款减少，传统的利差收入受到威胁。此外，由于我国将加速推进利率市场化，而利率市场化不仅意味着利差缩小，还会使商业银行在定价、储蓄分流、债券资产缩水等方面面临多重风险。

中间业务是形成银行非利息收入的业务，不花银行钱而只靠中介服务赢得利润的业务，具有低成本、低风险、高收益的特点。它主要包括结算手续费、银行卡业务收入、代理业务手续费等。据统计，中间业务在银行总业务中每增加1个百分点，银行利润就会增长1.5个百分点。因此中间业务被诸多商业银行作为战略发展重点。在国外，商业银行的中间业务发展得相当成熟，美国、日本、英国的商业银行中间业务收入占全部收益比重均在40%左右，美国花旗银行收入的80%来源于中间业务。

与国外相比，中国四大国有商业银行中间业务的总体发展水平较低、效益差，非利差收入占总收入的比重仅为7.25%，因此未来发展空间很大。

第三章

债券

债券价格与市场利率成反比，利率降低，债券价格上升；利率上升，则债券价格下跌。因此，投资者在投资记账式国债的时候，可以根据利率的变化和预期作出判断。若预计利率将上升，可卖出手中债券；待利率上升导致债券价格下跌时，再买入债券，这时的债券实际收益率会高于票面利率。

——投资原则

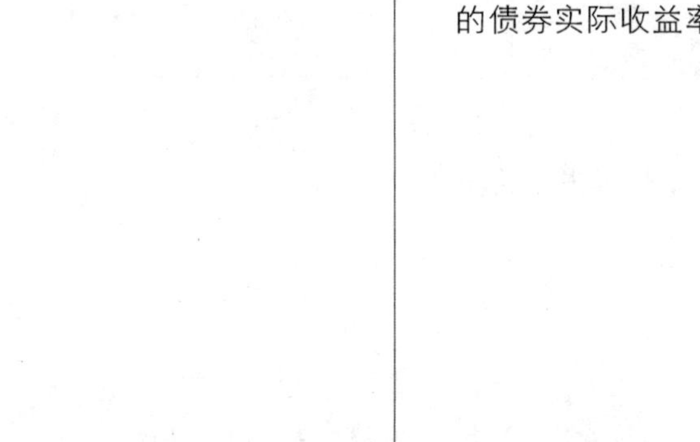

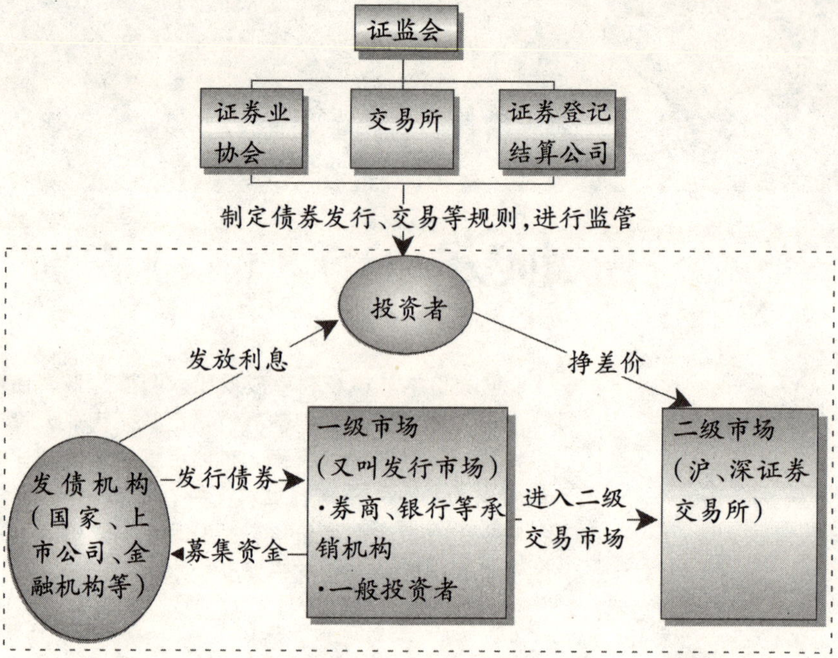

图 3－1　债券市场结构

本章导读

发债机构通过投资银行（证券公司）等中介机构，在一级市场将债券卖给那些机构投资者，随后投资者在二级市场交易债券。债券持有者可以获得发债机构发放的利息，还可以赚取价差。而为了保证交易的公平和公正，证监会、交易所和协会等都具有相应的规则制定和监管功能。如图 3－1 所示。

许多投资者对债券的了解始于多年前盛行的国库券（国债），远早于对股票、保险等的了解。对于债券，其实不需要太多介绍，因为对一般投资者而言，它的操作相对比较简单，买入并持有，将它作为理财组合的一部分就可以了。当然，如果一定要博取差价，还是很复杂的，一般的投资者恐怕难以做到。

不管如何，我们还是有必要对债券做个系统介绍。毕竟作为一种防御型的投资品种，它还是非常不错的。

第一节

债券：欠债还钱付息

1. 债券的核心要素

欠债还钱，天经地义；欠债得支付利息，这也是自古有之。债券，就是借钱方给出钱方写的欠条。更准确的说法是：债券是指依法定程序发行的、约定在一定期限还本付息的有价证券。其特点是收益固定，风险较小。

公司或企业缺钱发行债券很容易理解，可国家为什么要借钱呢？很简单，因为国家也可能缺钱，比如战争、修铁路等。多征税，社会大众不同意；多印钞又会引发通货膨胀；而向社会大众等借钱就没有这些问题了。由于债券定期“下蛋”，风险较低，一般情况下资本金不会遭受大的损失。因此，求稳的投资人和需要长期稳定资金回报的家庭，比如：为子女筹集教育经费者、为自身准备养老金者以及退休老人等，都可以选择债券。

一般债券具有几个要素，见表3－1。

表3－1　债券的几个要素

	说明
发行机构	国家、金融机构、企业等
面值	一般为100元
期限	起点是债券的发行日期，终点是债券上写明的本金偿还日期

续表

	说明
票面利率	写在票面上，其与面值的乘数就是一年的利息收入
付息方式	有到期一次性支付、按年支付、半年支付一次和按季付息等几种形式，票面上写明
价格	有两个价格：发行价格和转让价格。前者指发行时购买的价格，可以和面值不同；转让价格就是二级市场买卖价格，处于不断变化之中，从理论上讲其由面值、收益和供求等因素来共同决定。
投资收益率	收益率＝（债券价差＋所得利息）÷购买价格。需明确：如果投资收益不等于投资利息收入，利息率就不等于收益率

2. 按风险高低给债券排排队

债券的种类很多，而且随着融资和投资的需要，人们一直在创制新的债券形式，如图 3－2 所示。

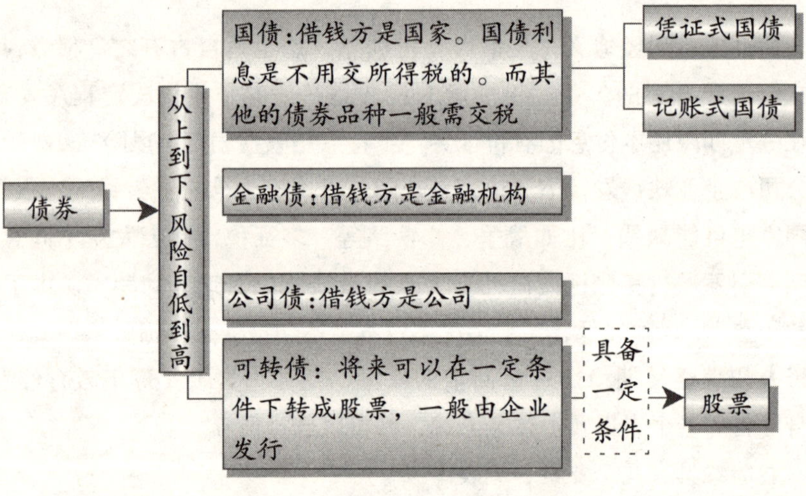

图 3－2　几种债券风险排序

假设你的两个朋友分别朝你借 2 万元，期限为 10 年，你怎么办？对还钱不及时并且有可能赖账的朋友，你就只好要求高一点的利率，时间越短越好；对还钱及时的朋友自然没那么多考虑了，且利率也可以低些。实际上，债券也是这样。国家赖账的可能性比金融机构小，而金融机构又比企业小，不同的企业赖账的可能性又有不同，因此把钱借给国家，利息自然就别指望比企业高。同样，借的时间越长，利息就越高；时间短，利率就低些。

在所有债券中，国债，我们见得最多。目前，国债主要分为两种，凭证式国债和记账式国债。两者的不同见表3－2。

表3－2　凭证式国债和记账式国债

	说明	不同点	结论
凭证式国债	有欠条凭证，利息从购买之日开始计算。	◆ 好是好，但要“一买定终身”；最大的缺点就是不能转卖给他人 ◆ 如果提前支取，就要损失很多利息。如有的国债持有不满半年兑付时，不但不计利息，相反还要扣除千分之一的手续费 ◆ 如果持有到期，比同期银行存款利息高，并且不用交税。但是，如果债券到期而没有不兑现的话，是没有额外利息的	记账式国债大大优于凭证式国债
记账式国债	没有实物凭证，多以电子形式记账。	一样安全，更灵活。可随时通过交易所或银行柜台买卖，持有期利息照拿不误，不用像凭证式国债那样只有持有到期才能保证利息不受损	

至于可转债，则更为复杂一些，其要素见表3－3。

表3－3　可转债的特点

风险	低
流动性	一般
收益	根据具体转债品种而有不同，有时候收益甚至能翻番
所属类型	保本和收益兼备的全能型投资
投资方法	股市低迷时突出其债券性质，持有到期或者在市场上交易；股市处于上升期，转债价格往往和股价联动，符合条件后可转股。
获益方式	● 持有到期获得票面利率 ● 直接在交易所买卖可转债获差价 ● 通过转股实现套利

可转债是一种可以转换的债券，它首先是一种债券，因此可转债有固定收益债券的一般性质，具有确定的债券期限以及定期息率，能够为投资者提

供稳定的利息收入和还本保证。有些可转债还附加了利息补偿条款，如果赶上加息，其收益率也会做相应调整。

可转债的另一个特别的性质就是“股票期权”，具体分为自愿转股、有条件强制性转股和到期无条件强制性转股。总体而言，投资者在转股期内有选择权——继续保留可转债等待到期日，或者将其转换为股票，也可以在交易所将可转债抛售。换句话说，可转债包含了股票买入期权的特征，投资者通过持有可转债可以获得股票上涨的收益。投资可转债的收益其实主要来源于它的这种特殊的性质。

和普通债券不同的是，可转债交易价格常常波动幅度巨大，且波动方向往往和其股价保持一致，如果股票被市场看好，可转债价格也能水涨船高。因此，如果投资者能够把握恰当时机，投资可转债亦能带来巨大收益。

目前，国内公司发行可转债需要满足相当严格的条件，这就决定了发行可转债的上市公司均为银行、公用事业（诸如水电、能源、交通运输）、冶金、化工、纺织等优势行业中的优秀企业，它们具备良好的盈利能力和偿债能力，从而基本保证这些企业发行的可转债一般具备良好的投资价值。

3. 一级批发，二级零售

我国债券市场分为一级市场和二级市场。一级市场是指发行市场，就像是大批发市场；而二级市场就是债券投资者互相买卖的市场，由银行间债券市场和交易所债券市场组成，且两者处于分割状态。银行间债券市场比较受限制，一开始只有国有商业银行才能参与，后来保险公司、证券公司、证券投资基金、财务公司、外资银行也可加入了，但一般社会大众还是不能加入。而交易所债券市场进入门槛较低，除国家明令禁止的银行资金外，各方机构与一般社会大众都可以加入这个市场。在这个市场里，一般社会大众可以像买卖股票那样买卖记账式国债。

第二节

债券：收益与风险结伴而行

1. 收益与风险结伴而行

除了债券的票面利率外，债券还有两个收益率：一个是到期收益率，一个是实际收益率。

到期收益率是指投资者在二级市场上买入已经发行的债券并持有到期满为止的这个期限内的年平均收益率。其计算比较简单，用收益除以购买价格就可以了。收益公式为：

收益＝到期后的面值＋利息收入（持有阶段的）－购买价格

实际收益率计算就复杂些。如：某期国债，面值100元，十年到期，利率是3.2%。就是说国家现在向你借100元，10年后还给你，10年内每年支付利息3.2元。但是，100元只是标价，可以允许买主有讨价还价的余地，有时你可以按打折价买，有时按标价买，但有时你还得溢价买，这就引出实际价格和实际收益率这两个概念。比如说你购买的实际价格是90元，实际收益率就是用利息（3.2元）除以实际价格（90元），也就是3.6%。当然，这是假设到时候你依然以90元的价格卖出去的实际收益率。如果卖出价格有变的话，还得加上此差价才能算出真正的实际收益率。一般来说，类型相同、到期日相近的债券，实际收益率相差不大。

一般而言，债券的收益率和期限成正比，这和存贷款是一样的道理。债券还有其特殊之处，因为债券毕竟是有风险的，到期本金不是百分百能收回，因此需要一定的补偿。但是，补偿并不是随着时间越长，补偿越高，原因在于债券受国家宏观经济走势影响巨大，而宏观经济走势是有周期的。在一个债券的生命期内，可能经历几次大小不同的经济周期，两者的走势如图3－3所示。

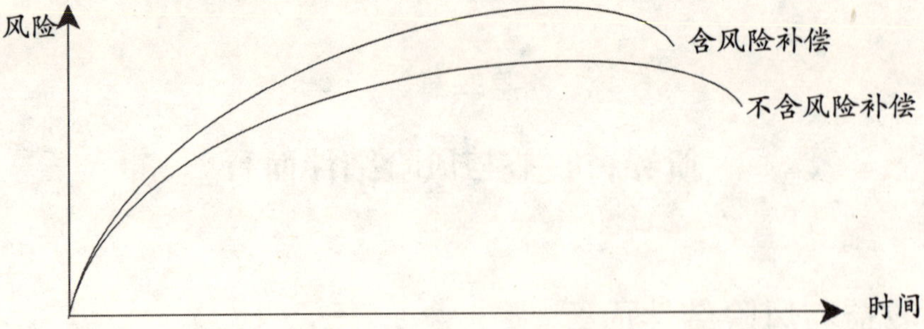

图3-3 债券风险和时间关系

对于债券而言，风险不可不防，其风险主要来自这几个方面，见表3-4。

表3-4 债券的风险

发行机构	是否一直具备还债能力？
偿还期限	在期限内，通货膨胀变化情况如何？
票面利率	是否能高过通货膨胀和央行的基准利率？
对利率的敏感性	市场利率变动，如何影响到自身的利率？

比如，你花100元买了十年到期、利率3.2%的新国债。过了一年，市场利率上升到5%。根据价格和利率反作用的原理，债券价格可能降到了96元，这样排除利息所得（实际上利息也是很少的），你的投资就亏了4元。此外，如果债券的利率不如通货膨胀高，那么实际上你的投资极有可能就是亏的，因为你得到的钱的购买力下降了。以前，我国就面临过这种情况，1995年前后，我国通货膨胀率高达10%以上，为了恢复投资者对国债的信心，我国就曾经对国债进行过贴息，使之高过通货膨胀率。

2. 来给债券评评级

到市场买大白菜容易辨认好坏，要区分债券的好坏则需要一定的专业知识和充分的信息。要判断某债券是优还是劣，违约可能性有多大，必须对发行该债券的企业进行系统、专业的分析。企业的资本状况、资产质量、管理效率、盈利能力、流动性水平，甚至企业管理者的素质、宏观经济未来走势等，都会影响企业最终还本付息的能力。所以，要区分债券好坏，需要专业人员和专业的评级机构。

目前，一般都是参照美国标准普尔和穆迪两家权威评级机构的做法，把债券信用划分为九个等级：

◆ AAA 最高级：保证偿还本息；

◆ AA 高级：还本付息能力高；

◆ A 中上级；具备较高的还本付息能力，但与上面两者相比，易受经济变化的影响；

◆ BBB 中级：具备一定还本付息能力，但需要一定的保护措施，一旦有变，偿还能力减弱；

◆ BB 中下级：有投机性，不能认为将来有保证，对本息的保证是有限的；

◆ B 下级：不具备理想投资条件 ，还本付息可能性小，有投机因素；

◆ CCC ：信誉不好，可能违约，危及本息安全；

◆ CC：高度投机性，经常违约，有明显缺点；

◆ C：等级最低，经常违约，根本不能做真正的投资。

有了债券评级机构，投资者就可以对不同等级的债券支付不同的价格：等级高的债券，价格高，而等级低的债券，价格低。对于发行债券的公司而言，如果自身信用良好，利率就可以低些，发行成本也低；而如果自身信用不好，自然给出的利率就高，因此债券发行的成本也就高了。作为投资者，需要自己权衡好风险和收益。

第三节

债券的两副跷跷板

1. 市场利率和债券价格

资本市场的实际利率总是在变，这决定了债券市场的利率也在不断变化。资本市场的实际利率主要受通货膨胀率和各种存贷款利率的影响，它像龙王的定海神针一样，决定着债券市场上各种债券价格的高低。如图 3 - 4 所示。

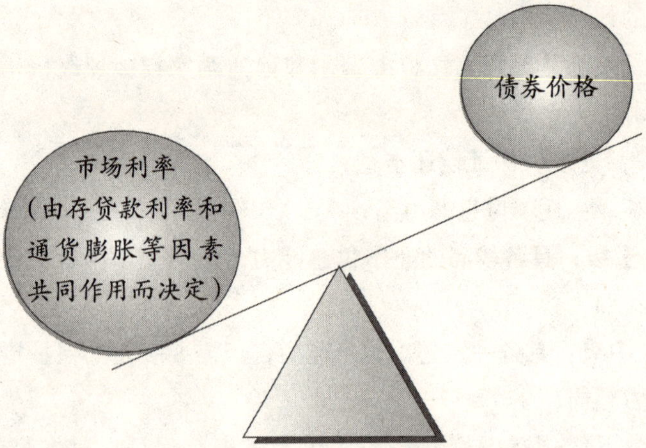

图3－4　债券价格和市场利率的跷跷板效应

一般来说，这两者是呈反作用变化的。市场利率高，债券价格就低；市场利率低，债券价格就高。可以说，两者玩起了"跷跷板"。比如说你按票面价值100元买了某十年期的国债，利率是3.2%。如果市场利率上升，所有新发行的十年期国债利率都以5%的利率发行，5%表明你每年都可以得到5元利息。那么，如果由你选择，是抛掉手中的债券买新的，还是保持不动？如果价格是一样的话，你当然会抛掉手中的债券。这样抛的人多了，该债券价格自然就要下跌了，低于100元；而利率5%的新国债因买的人多就不止100元了。而如果市场利率下跌，新发行的国债利率是2%，那么，新的国债如以100元的价格就卖不出去了，大家都会去抢原来利率为3.2%的国债了，有可能把它的价格抬升到100元以上。所以，作为普通投资者，在国家可能涨息的情况下，应该静观其变，不要盲目地去抢新发的债券，因为利息真涨了的话，按照跷跷板原理，你买的债券价格就会跌下来。

如何判断市场利率的高低走势呢？首先我们要看国家的货币政策。当中央银行判断经济过热时，可能会公开向商业银行等金融机构卖出债券（主要是短期国债），这就是央行的公开市场业务，这时市场上的债券增多，债券价格就会下降；而当中央银行判断经济萎缩时，中央银行就会买入债券等，这时债券价格就会上涨。如图3－5所示。

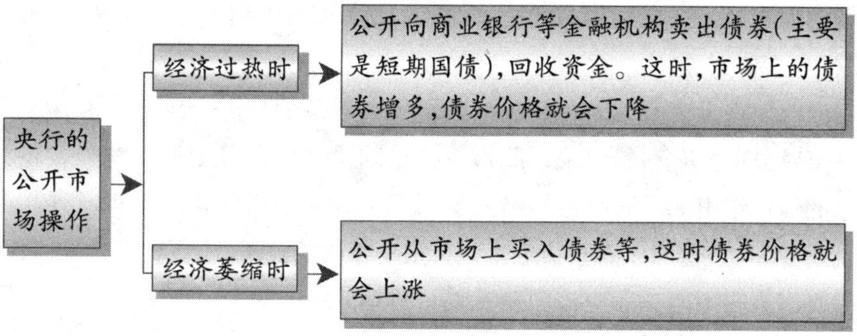

图3-5　经济过热与经济萎缩时的央行公开市场操作

同样，物价的涨跌也会引起债券价格的变动。当物价上涨速度较快时，人们出于保值的考虑，往往会将资金投资于相对能够保值的房地产、黄金或其他可以保值的物品，这时债券就会受冷落，价格自然下跌。

总之，关于债券价格和市场利率的关系，需要记住两者变动方向是相反的：利率上升，价格下跌；利率下跌，价格上升。

此外，债券价格变化的程度还和债券的剩余期限有一定关系。一般来说，假设利率变动幅度相同，剩余期限越长的债券价格变化越大。实际上，很多投资者投资债券希望赚差价而非持有到到期日，这就需要投资者密切跟踪行情，精心计算，对利率走势进行判断和分析。

2. 债市与股市

债市和股市也总在玩跷跷板，你高我低，你低我高。因为债市与股市对经济发展的反应恰好相反。对于股市是好消息，对债市可能就是坏消息。因为不管股市也好，还是债市也好，都是企业等筹钱的地方，两者在一定程度上是竞争关系，如果股市筹钱成本低，大家都跑到股市上去了，债市就冷清了。反之亦然。如图3-6所示。

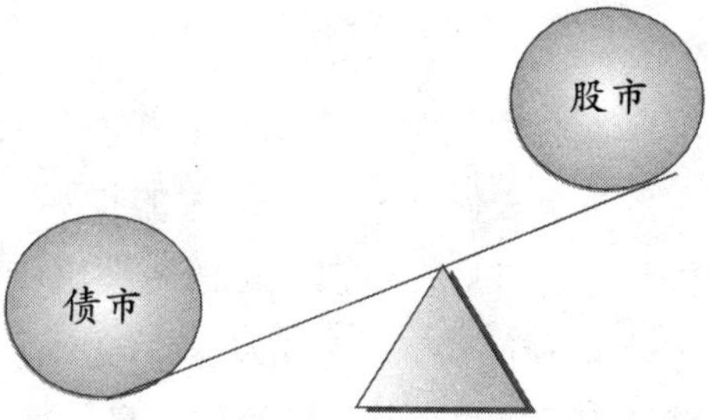

图3-6　股市和债市的跷跷板效应

当然，债市和股市有时也会同涨同跌，这往往是由于整个资本市场的发展受到重大影响，比如：国家出台了一项重大的政策，鼓舞了投资者对资本市场的信心等，这样两者同涨；如果新政策使大家信心不足，就可能两者同跌。

因此，在投资债券的时候应该密切关心股市的情况。比如我国曾经出台了一个对股市很有利的政策，股市一夜之间出现了疯狂上涨的井喷行情。在股市的催化作用下，债市猛然陷入了为期一天的短暂暴跌，有些债券甚至一天就跌了2%，这对于有些债券来说可是一年的收益了。所以，债券投资者不能对股市不闻不问，而应该眼观六路，耳听八方，密切注视市场利率、股市等，方能如鱼得水。

第四节 债券买卖

1. 买卖方式之四种

债券交易方式很多，可以分为现货交易、回购交易、期货交易和期权交易，其交易过程也各不相同。

(1) 债券现货交易

相对比较简单，先按市价买入债券，过一段时间再卖出，主要赚取差价。

(2) 债券回购交易

◆ 回购交易（先卖出后买回）：你和买方签订协议，卖给他债券，拿对方的资金去做其他收益更大的投资。期间你只需按商量好的利率支付给对方利息，日后在协议规定的时期以协议约定的价格将债券再买回来。

◆ 逆回购交易（先买入后卖出）：你和卖方签订协议买入他的债券，卖方按商量好的利率支付给你利息，日后你在协议规定的时期以协议约定的价格将债券再卖回给对方。

一般来说，回购交易是卖现货买期货，逆回购交易是买现货卖期货。实际上，这种有条件的债券交易是一种短期的资金借贷，是一种融资手段。回购和逆回购协议的利率是你和对方根据回购期限、货币市场行情以及回购债券的质量等因素议定的，与债券本身的利率没有直接的关系。

(3) 债券期货交易

当你估计手头的债券价格有下跌的趋势时，为规避风险，你和某买方签订成交契约（标准化的期货合约），按照契约规定的价格，约定在一段时间后再交割易主；当你估计某种非自己持有的债券价格将要上涨时，你可以你和某卖方签订成交契约（标准化的期货合约），按照契约规定的价格，约定在一段时间后再交割期货。

当然，如果情况和你估计的相反时，你就不能等到交割的那一时刻了，可以在期货到期前的任一时间内做笔金额大致相等、方向相反的交易来对冲了结。

(4) 债券期权交易

期权交易是一种选择权的交易，双方买卖的是一种权利，即双方按约定的价格，在约定的某一时间内或某一天，就是否购买或出售某种债券而预先达成契约的一种交易。

关于期货、期权原理和操作手法，具体可参见本书第五章。需要指出的是，期货、期权的实际交易操作比理论要复杂得多，风险也很大，普通投资者需要非常慎重对待。

2. 因地、因人而异的投资之道

债券投资也是有一定技巧的，以下分别进行介绍。

(1) 在一、二级市场的不同投资方法

投资者在一、二级市场可以采取不同的投资方法，见表3－5。

表 3-5 债券投资方法

	投资方法	说明
在一级市场持有到期	在债券发行期买入债券，而后在到期日拿回本金和利息。	◆ 首先，由于持有到期时间比较长，故需考虑偿还风险。国债最为可靠，但这同时也意味着回报率不可能太高。 ◆ 其次，如果选择持有到期，还必须考虑利率风险的问题，尤其是在因通货膨胀引起的加息周期中。这意味着，长期债的风险非常高。因此建议投资者尽量买中短期债券，其中以 2 年期到 5 年期最为合适
在二级市场买卖	利用债券价格本身的波动，低吸高抛，赚取差价。	从两个方面密切关注市场形势： ◆ 宏观层面。未来经济、物价走势是决定债券投资策略的首要因素，或者说，主要是考虑加、减息的可能性。 ◆ 市场层面。重点考察市场中各券种收益率的变化情况，分析各期限品种的收益率差距，买入收益率优势较大的品种。此外，还必须考虑到对市场的"预期"因素，这在长期债券上表现尤其明显，当预期收益率水平下降时，债券价格就会相应上升

(2) 两种组合投资法

对于普通投资者来说，有两种组合投资法较为常用：梯子型投资组合法和杠铃型投资组合法。

◆ 梯子型投资组合法

假定有从 1 年期到 5 年期的债券共 5 种，你这时有 50000 元，那么就每种都买 10000 元。当有债券到期收回本金 10000 元后，再用它买进一种 5 年期的债券。

如此反复，这个投资者每年都有 10000 元的债券到期。这种方法的原则就是尽量不要在债券到期前卖出债券，这样就能不断地用到期的资金灵活地享受最新的高利率。即使利率下降，因为投资期限错开了，风险也不大。如图 3-7 所示。

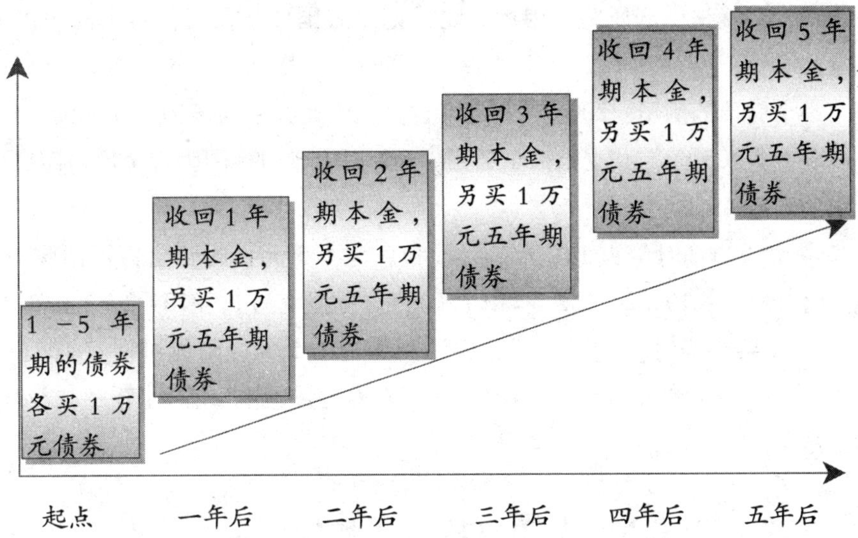

图3－7　债券梯子型投资组合法

◆ 杠铃型投资组合

这种投资模型两头大、中间细，集中将资金投资于短期和长期债券上，不买入中期债券。买短期债券是为了保证债券的流动性，而持有长期债券是为了获得高利息。投资者也可以根据市场利率水平的变化而变更长、短期债券的持有比例。当市场利率水平上升时，可提高长期债券的持有比率；利率水平下降时，可降低长期债券的持有比例。

总之，具体采取什么样的投资策略，取决于自己的专业水准和其他条件。对于以保值为目的、又不太熟悉国债交易的投资者来说，采取冷炒法较为稳妥，就是指在合适的价位买入国债后，不去管它，一直拿到底。而对于那些熟悉市场并且希望获取较大收益的人来说，可以采用热炒法，即根据国债价格走势，低价买进、高价卖出，赚取买卖差价。

知识问答

1. 记账式国债的盈亏率计算?

记账式国债在到期兑付日之前，市场价格并不一定等于面值，存在一定的波动，这就是市场风险。因此，购买记账式国债，在兑付日之前卖出就可能有盈有亏。

举个简单的例子：2006 年 1 月 1 日以 104 元买入面值为 100 元的国债 A，应计利息为 0.2 元，共支出 104.2 元。到 6 月 1 日时你因为现金周转需要而将手中的国债 A 出售套现：

◇ 如果市场时价为 101 元，应计利息为 1.5 元，此时出售可回收 102.5 元。将会亏损：104.2 - 102.5 = 1.7（元），亏损率为 1.7/104.2 = 1.63%。

◇ 如果市场时价为 104 元，应计利息为 1.5 元，则你可回收 105.5 元，每 100 元国债可实现 105.5 - 104.2 = 1.3（元）盈利，盈利率为 1.3/104.2 = 1.25%。

2. 记账式国债的买卖和交易方式如何？

可以通过券商和银行交易两种方式。通过券商最好找实力较大、信誉好的券商。银行中交易的品种比较少，收益也会略低于交易所；相对更加安全；价格变化要滞后一些，不如交易所国债敏感，一天就一个价。所以，如不考虑券商挪用的风险（很小），还是在券商处买交易所国债更为方便快捷。

至于上交所和深交所在买卖记账式国债方面也有差别。上交所机构参与者多，整体利率可能相对低些；深交所机构参与者少，交易量比较小，但国债收益率高些。

购买记账式国债的最低单位是 1 手（10 张）。由于记账式国债的价格可能出现上下浮动，有可能是 99 元/张，也有可能是 101 元/张，所以：

◇ 在证券公司买国债的最低金额是：10 ×（某国债含利息的交易价格 + 交易佣金）。

◇ 在银行买国债的最低金额是：10 ×（银行对该国债的卖出报价）。

3. 记账式国债价格为什么会产生波动？

市场的实际利率决定债券价格。当市场实际利率发生变动时，就会导致国债价格的涨跌。因为国债是锁定利率的产品，国债的涨跌目的就是调节该国债的实际收益率。此外，因为供需发生变化，也会导致债券（或某一具体债券）价格的变化。

第四章

股票

"作为投资者，你不需要了解 β 值、有效市场理论、现代投组合理论、期权定价或是新兴市场。事实上，你最好对此一无所知。当然，这不是大多数商学院的观点。我认为投资专业的学生只需要学习两门讲授得当的课——如何评估一家公司，以及如何考虑市场价格。"

"在别人贪婪的时候恐惧，在别人恐惧的时候贪婪！"

——巴菲特

踏空的，都是看K线的；站岗的，都是玩波段的；
抄底的，都是最有钱的；割肉的，都是借贷款的；
新基民，都是算净值的；老基民，都是算增率的；
老油条，都是听广播的；生瓜蛋，都是捂大盘的；
唱多的，都是上贼船的；唱空的，都是受过骗的；
赔钱的，都是勤算账的；盈利的，都是非常懒和傻傻地长期坚持价值投资的。

——投资顺口溜

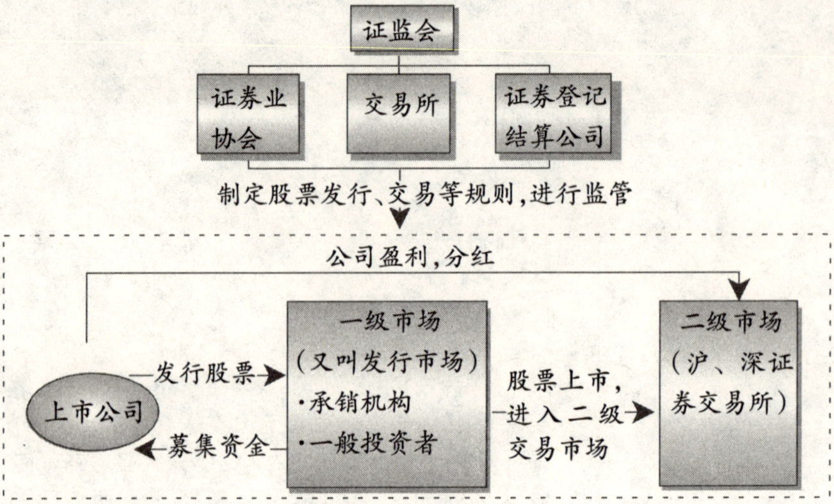

图 4－1　股市全景图

本章导读

股市历来就是一个名利场。简单的股市全景图如图 4－1 所示。

上市公司为了生产经营活动筹集资金，于是开始发行股票，以便募集资金。因为发行股票要求较高，上市公司自己难以做好，因此需要借助投资银行。目前可以承担投资银行功能的主要是证券公司，证券公司帮助上市公司发行股票给那些感兴趣的投资者。在一级市场“圈”到钱后，上市公司在付给证券公司一定的手续费后，就拿着这些钱投入到生产经营（当然如果监管不严也可能被挪用）中去了。至此，上市公司的角色暂告一段落。而股票就在二级市场不断被投资者买卖。

当然，为了保证证券发行、交易、结算等各个环节的公平性，维护规则的有效性，保护投资者的合法权益，自然就需要一些监管者，这就是权力非常大的中国证监会。此外，起辅助监管、服务作用的还有中国证券业协会、登记结算机构等。

第一节
股票的前世今生

1. 企业融资的四种模式

公司缺钱是常有的事，要扩大生产，加强研发，开拓新市场，总少不了大量资金支持。只靠企业自我积累资金，要不杯水车薪，解不了渴；要不时间太长，远水解不了近渴。所以，企业需要到外部去找资金来源，这就是我们经常说的融资。目前，企业主要有四种融资方式，如图 4 –2 所示。

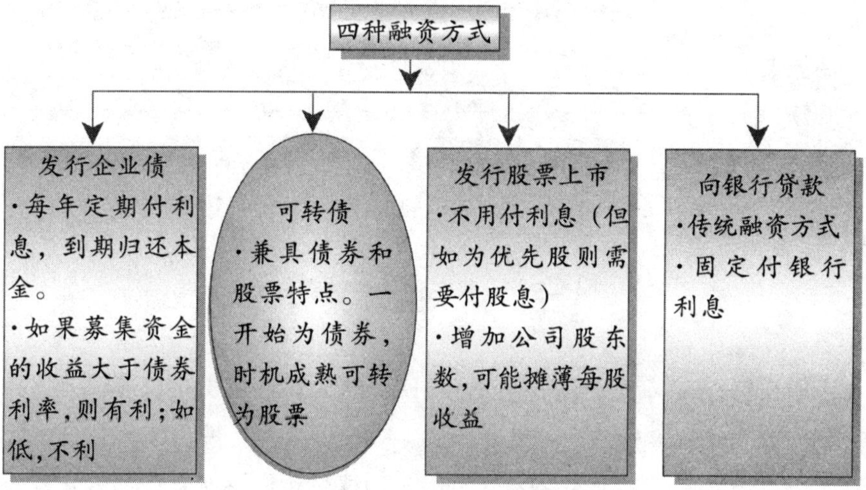

图 4 –2　企业的四种融资方式

这几种筹资方式各有优缺点，并且需要一定的条件。比如：企业向银行贷款就需要被银行审查其还款能力，很多时候需要抵押；而发行股票对股本总额和盈利情况有一定要求，比如我国曾规定：发行股票的公司股本总额不少于人民币 5000 万元，且公司成立时间须在 3 年以上，最近 3 年连续盈利。此外，募集的资金不能超过公司自有资产的 2 倍。这样做的目的，当然都是为了维护投资者的利益，防范未来风险。毕竟，如果谁都能上市圈钱，天下岂不大乱？试想，一个月挣 1000 元且家产不过 1 万的普通人，凭什么向人一次借 100 万？至于企业发行企业债或可转债，也都不是企业可以随心所欲地。

融资方式的选择颇费心思，需要上市公司权衡各种利弊后方能决定。此时，企业主要考虑的就是融资成本和融资效率。融资成本是指怎样以最低的成本筹得最多的钱，融资效率是时间长短。很多时候，企业融资还要考虑当时的市场情况和国家各种政策，不少企业会根据市场情况临时改变融资方式。不过，企业往往可能四种方式都会采取，只不过比例不同，目的就是通过分散融资，化解单一融资风险。

在首次融资（发行股票募集钱）后，上市公司可以再融资，具体方式有定向增发、公开增发、配股和发行可分离债券等多种形式。如图 4－3 所示。

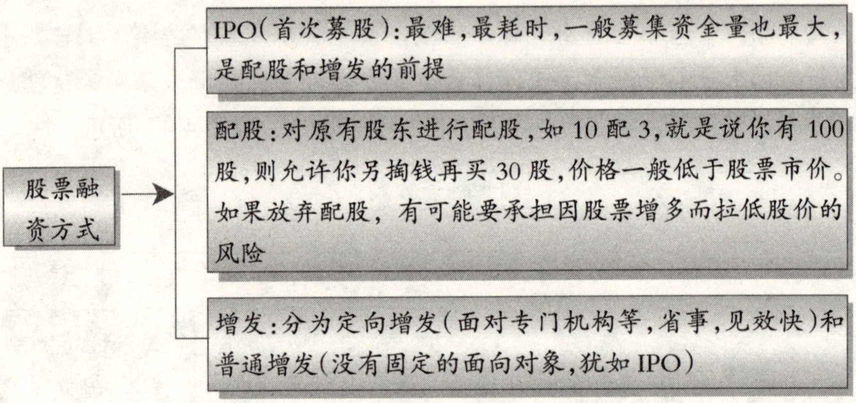

图 4－3　股票三种具体融资方式

按照投资主体或资金来源不同，在同一家公司的股份中，可以分为国有股、法人股和社会公众股。

◆ 国有股：指有权代表国家投资的部门或机构以国有资产向公司投资形成的股份，包括以公司现有国有资产折算成的股份。

◆ 法人股：指企业法人或具有法人资格的事业单位和社会团体以其依法可经营的资产向公司非上市流通股权部分投资所形成的股份。

◆ 社会公众股：是指我国境内个人和机构，以其合法财产向公司可上市流通股权部分投资所形成的股份。

股改前，我国国有股和法人股不能正常上市交易。国有股东和法人股东要转让股权，需在法律许可的范围内，经证券主管部门批准，与合格的机构投资者签订转让协议，一次性完成大宗股权的转移。由于国家股和法人股占总股本的比重平均超过 70%，在大多数情况下，要取得一家上市公司的控股权，收购方需要从原国家股东和法人股东手中协议受让大宗股权。

股改后，按照逐步实行全流通的原则，国有股和法人股逐步可以分批进入交易所进行公开买卖了，这也就是大家所说的国有股减持。

2. 股票发行及上市流程

经过多方权衡后，具备一定条件（证监会等相关部门规定）的公司可以发行股票进行融资。公司可以委托中介机构来帮助完成这个工作。在股票发行上市的过程中，参与的中介机构有证券公司（券商）、会计师及律师事务所等。

这其中起重要作用的是证券公司。证券公司是发行上市工作的总设计师，设计总体方案，安排工作进度，协调会计师和律师工作，协助企业处理与政府机关或其他机构之间有关上市的问题，帮助确定股票发行的价格、规模、时机等，最后帮助公司销售股票。因此，上市工作的开展，以证券公司的先期进入为第一步，它通过对拟上市企业的审慎调查，可以尽早发现上市过程中可能遇到的障碍，并通过总体方案的设计达到解决问题的目的。

此外，总体方案的实施离不开会计师和律师的配合。会计师事务所对上市公司的会计报表出具法律意见，而律师事务所则需要对涉及的法律事项进行把关。

因为这种股市上的供需关系，很大程度上决定着股市的表现，因此监管部门就需要严格把关，特别是当股市形势不太好时，更需如此。一般证监会按照“总量控制，限定家数”的办法进行“限闸”，以保证一个合理的股票供需平衡，当然总体趋势是股票发行会越来越市场化的。如图 4 – 4 所示。

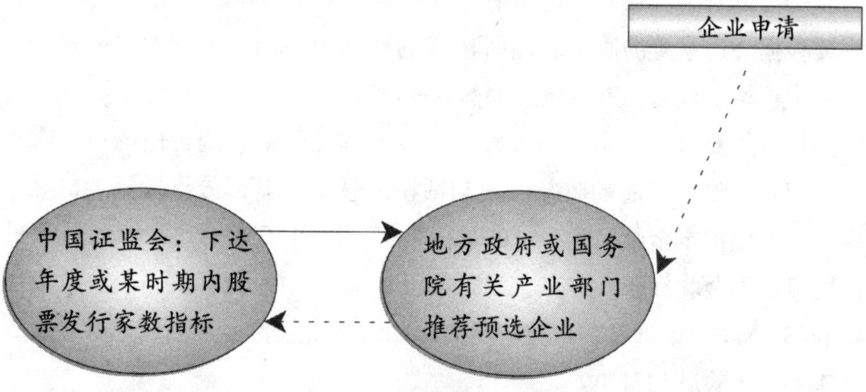

图 4 – 4　股票发行闸门

一个企业在申请上市时，需要考虑两个主要问题，一是确定大体的融资额度，即希望总共筹集多少钱；二是发行时机。由此推出第三个问题：即具体的每股定价。这三个问题其实是纠缠在一起的，如图4－5所示。

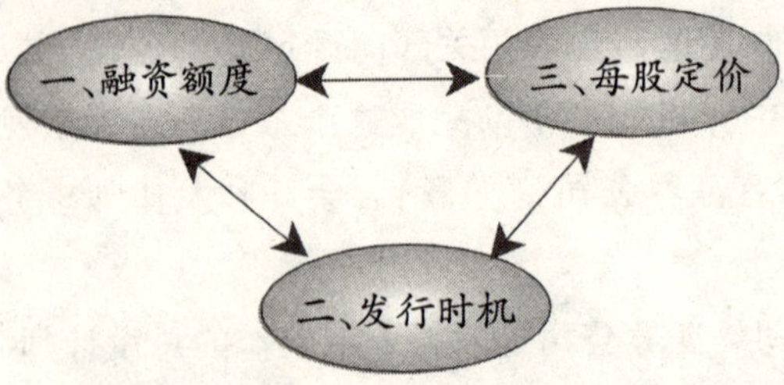

图4－5　股票发行前重点考虑的三要素

作为上市公司，首先需要根据自己的经营状况和项目进展情况来测算出大体需要多少钱，出让多少比例的股权。但是钱并不是多多益善的，因为钱多了一旦花不出去，或者花出去了没有合理回报，是无法向股东交代的。

在确定了筹多少钱的大前提下，公司开始选择具体上市时机。公司的原则自然是希望以尽可能少的股票卖出尽可能多的钱来。因此，公司一般选在行情好，最有把握多卖些钱的时候出手。

新宝电器拟发行6800万股，占发行后总股本的比例为16.97%。广东新宝由广发证券担任保荐机构，截至2006年底，其发行前每股净资产1.43元，募资投向其蒸汽压力型咖啡机、压铸型厨房电器等技改项目。该公司主要从事蒸汽熨斗、搅拌机、咖啡壶、开水器、面包机等厨房小家电系列产品的研发、生产和销售，是我国小家电制造行业的龙头企业。目前主要经营模式是为其他品牌才厂商设计和制造产品，并由其贴牌销售。

我们可以看出，该招股说明书没有明确多少钱一股。因此，接下来的事，就需要根据公司本身的质地和当时市场的畅销程度确定一个大体的初始的价格。这个价格由很多因素决定，如图4－6所示。

这里有必要对市盈率作一下解释。市盈率是衡量股票价值的一个重要指标，是用股价除以每股的收益。换句话说，假设收益都分给投资者的话，需要多少年可以把本金收回来，它的单位是倍。比如40倍的市盈率就是说要40年才可以把本金收回来（这其实只是假设，实际上没有哪家公司会40年中每年盈利都一样的）。通常，市盈率越高，相对来说股价也越高，风险就大；而市盈率低，风险就相对小。

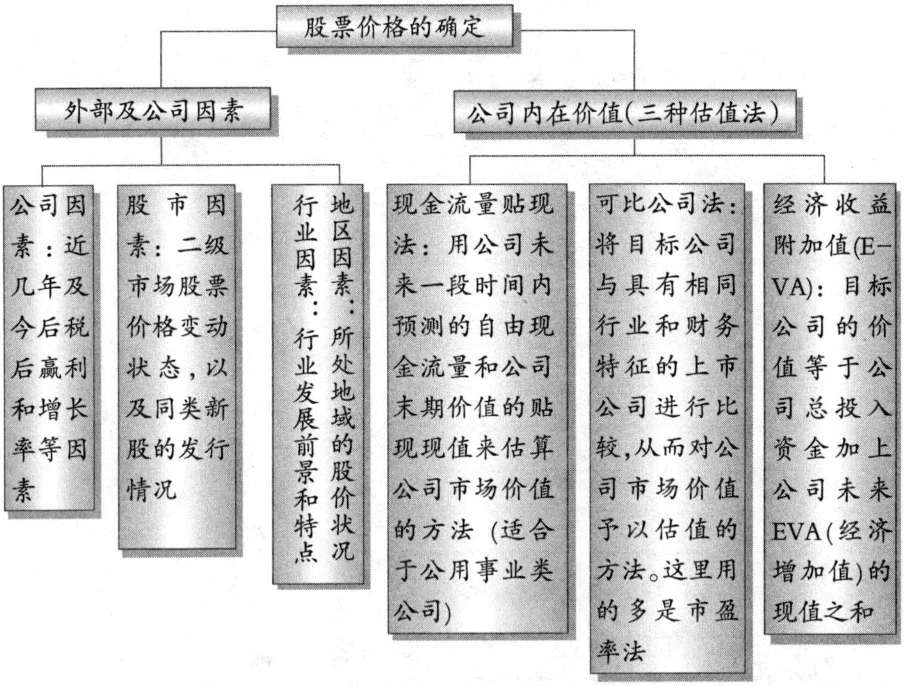

图4－6　决定股票价格的因素

不同板块股票的市盈率是不一样的。成长型的高些，而收入型和蓝筹类的股票市盈率就要低些。此外，市场状况也会影响市盈率：市场情况越好，市盈率越高，公司将获得较高的发行价格；而市场低迷时，因为它们担心股票不好卖，所以市盈率就要低些。

公司及其产品所处的生命周期也很重要，处于“蒸蒸日上”时当然能卖个好价钱。如果公司处于高速增长期，投资者对公司的未来发展和高回报充满信心，公司股票将可以获得较高的发行市盈率；但如果增长缓慢，自然难卖个好价钱。

最后一点和整体市场的股票供求有关，这和任何商品都是一样的，多则便宜，少则贵。

一般而言，股票发行的程序大体如下，此程序一般会根据具体情况适时调整变化。如图4－7所示。

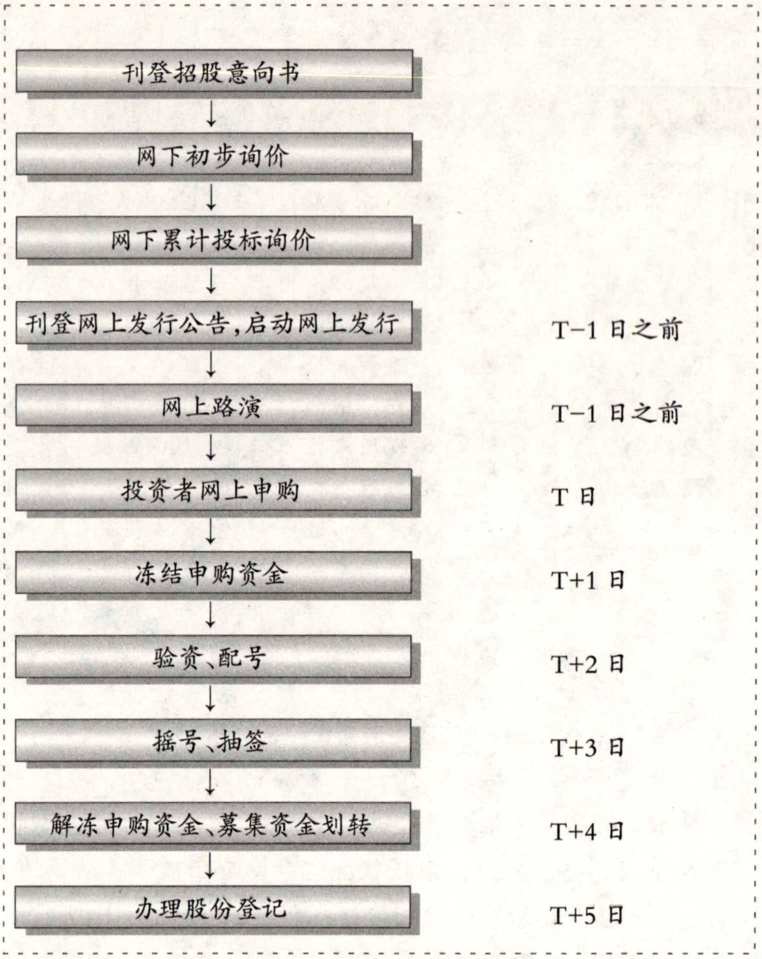

图 4－7　股票发行的程序

图中的“网上”“网下”中的“网”指的是“交易系统网”。路演的目的主要有两个：一是传播发行信息，吸引投资者；二是收集证券出售的价格、可募集规模等信息。在路演过程中，与有购买该股票意向的投资者与承销商（券商）进行广泛商谈。券商就可以根据反馈的信息估算、修正拟发行股票的价格和数量。所有这些步骤其实都是图 4－8 中的一级市场部分。

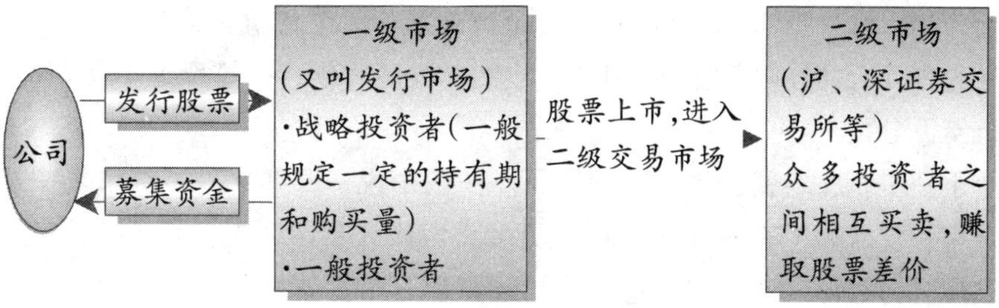

图4-8 股票一、二级市场

首先承销商会在一级市场卖出股票，一级市场又叫发行市场。为了省事和提高效率，一般证券公司会先向那些大投资者配售。也就是说，一般情况下，证券公司是将机构投资者和散户分开处理的，因为对于上市公司而言，两者各有利弊。

机构投资者中有一部分是战略投资者，但并不是任何机构都可以成为战略投资者。它一般是与上市公司有关系的公司，比如：是其供货商或者是兄弟单位等。其投资的目的也多种多样，有的是为了保证对上市公司具有一定的影响力，以利于自身业务发展；有的就是看好这家公司的成长性，为了日后分红或者增值。

机构投资者和普通投资者的比重，一般由证券公司事先确定好，通常分别采取“网下和网上申购相结合”的发行方式。有时，事先规定的比例也有可能临时变动，这就是“回拨”机制。也就是说，机构投资者认购不踊跃，买的不多，还剩下一些股票，于是就拿去卖给一般投资者。赶上市场不好的时候，事先确定的股票卖不出去，作为承销股票的证券公司日子就难过了。

证券承销的具体方法主要有包销和代销两种。此外，向社会公开发行证券的票面总值超过5000万元的，应当由承销团共同承销。一般情况下，证券公司求着上市公司，因此上市公司一般会要求证券公司要承销一定量的股票，如果卖不完，就可能需要包销。包销就是证券公司从股票发行公司以较低的价格购买股票，然后以高的价格卖给公众，从而赚取差价。包销的方式对证券公司而言，收益高、风险也大。一旦股票卖不出去时，证券公司只有打落牙往里吞，自己掏钱认购股票了事，可谓得不偿失。

更多的情况是，市场资金多而股票少，大家的需求不能都得到满足，因此就需要按比例配售，比如总共有1万亿资金去买100亿元的股票，这时的“中签率”就是1%。换句话说，假如你花了100万（需要冻结一段时间，比如几天）去购买新股，你只能购买到1万元的股票。这时，如果一个月后股票上市当天涨了100%，这样，以资金被冻结几天为代价，你就挣了1万元，也就是说几天内你的收益率是1%。当然，很多时候，中签率远不到1%，甚至低至万分之一。

下一步，股票就进入上市程序了。一般来说，股票拿到二级市场去交易都会有一定涨幅，有时甚至翻番或更多。为什么会这样呢？为了确保新股好销，同时为避免一开始定价过高而导致日后上市后下跌的不良局面，所以新股申购价都不高。也就是说，申购新股风险不大。“炒新族”从一级市场拿到“便宜货”，在股票上市当天就卖掉，往往在一周左右的时间里，就能有不少的收入。这样操作，风险很小，所以很多怕风险的资金就靠此招盈利，几乎屡试不爽。但是由于新股的价格由发行商和上市公司协商制定，同样有跌破发行价的可能，因此不能认为炒新股就绝对没有风险。同时，在认购新股之际，需及时观察发行方式可能出现的变化，及时调整策略。

公司用募集的大笔资金去引进技术、扩大生产。事实上，公司卖出股票得到钱后，股票的任何市场交易都不会给公司带来一分钱，除非公司再增发股票。但股价的高低却取决于股份公司怎么用这笔钱，如果用的得当，公司效益提高，自然股价也上涨。这对公司有四种好处，一是形象好；二是给日后公司再次募集资金带来方便；三是公司会在日后的企业并购中因为股票总市值高而得到好处；四是如果管理者和员工拥有一定股权，则自然可以从股价上升中获利。

3. 股票大家族

按照不同的标准，股票也分为很多类型。

(1) 按收益和股价的稳定性分

大体有三种，其特点见表4-1。

表4-1 股票的类型

股票类型	特点	适合人群
成长型股票	公司成长快，股价不断上升，分红较少	如青少年，敢于冒险
蓝筹型股票	公司成熟、实力强，有长期稳定的收入和分红记录	如中年人，稳中冒点险
收入型股票	公司业绩比较稳定，分红更高更稳定	如老年人，追求稳定收入

当然，股票还可以有另外的分类法。比如周期性股票和防卫性股票。周期性股票一般随着经济或行业的周期性波动而变动；而防卫性股票是指业绩不会大起大落的股票，即使在经济衰退时投资者也不会遭受很大的亏损，一般是和日常消费密切相关的，比如煤、电和食品行业股票等。

（2）按业绩分

◆ 绩优股就是业绩优良公司的股票，但对于绩优股的定义，国内外却有所不同。在我国，投资者衡量绩优股的主要指标是每股税后利润和净资产收益率。一般而言，每股税后利润在全体上市公司中处于中上地位，公司上市后净资产收益率连续三年显著超过 10% 的股票当属绩优股之列。绩优股具有较高的投资回报和投资价值。

◆ 垃圾股指的是业绩较差的公司股票。这类上市公司行业前景不好，或经营不善，有的甚至进入亏损行列。投资者在考虑选择这些股票时，要有较高的风险意识，切忌盲目跟风投机。我们可以把垃圾股大体等同目前股市中的 ST 股，其股票报价日涨跌幅限制为 5%，可在一定程度上抑制庄家的刻意炒作。投资者对于 ST 股要区别对待，具体问题具体分析。有些 ST 股主要是经营性亏损，那么在短期内很难通过加强管理扭亏为盈；有些 ST 股是由于特殊原因造成的亏损，或者有些 ST 股正在进行资产重组，则这些股票往往有很大的潜力。

（3）按场地与出身分类

◆ 蓝筹股——在股票市场上，投资者把那些在其所属行业内占有重要支配性地位、业绩优良、成交活跃、红利优厚的大公司股票称为蓝筹股。“蓝筹”一词源于西方赌场。在西方赌场中，有两种颜色的筹码，其中蓝色筹码最为值钱，红色筹码次之，白色筹码最差。

◆ 红筹股——此概念诞生于上世纪九十年代初期的香港股票市场。中国在国际上有时被称为红色中国，相应的，香港和国际投资者把在境外注册、在香港上市的那些带有中国大陆概念的股票称为红筹股。

此外，有些股票前面会加一些字母，它们的意思也不可不知，分别如下：

◆ ST：沪深证券交易所在 1998 年 4 月 22 日宣布，根据 1998 年实施的股票上市规则，将对财务状况或其他状况出现异常的上市公司的股票交易进行特别处理，由于“特别处理”的英文是 Special treatment（缩写是“ST”），因此这些股票就简称为 ST 股。

◆ *ST 股票：指股票存在终止上市风险的公司，对其股票交易实行“警示存在终止上市风险的特别处理”（以下简称“退市风险警示”），以充分揭示其股票可能被终止上市的风险，所以在 ST 股票前面加个“*”。

◆ S：表示未完成股改的股票。

◆ S*ST：表示未完成股改的*ST 公司。

◆ N：表示第一天上市交易的新股。字母 N 是英语 New 的缩写。该类股票当日在市场上是不受涨跌幅限制的，涨幅可以高于 10%，跌幅也可高于 10%。

◆ XD：表示当日是这只股票的除息日，XD 是英语 Exclude Dividend 的简写。在除息日的当天，股价的基准价比前一个交易日的收盘价要低，因为从中扣除了利息部分的差价。

◆ XR：表明当日是这只股票的除权日。XR 是英语 Exclude Right 的简写。在除权日当天，股价也比前一交易日的收盘价要低，原因在于股数的扩大，股价被摊低了。

◆ DR：表示当天是这只股票的除息、除权日。D 是 Dividend 的缩写，R 是 Right 的缩写。有些上市公司分配时不仅派息，而且送转红股或配股，所以出现同时除息又除权的现象。

4. 世界各大股市

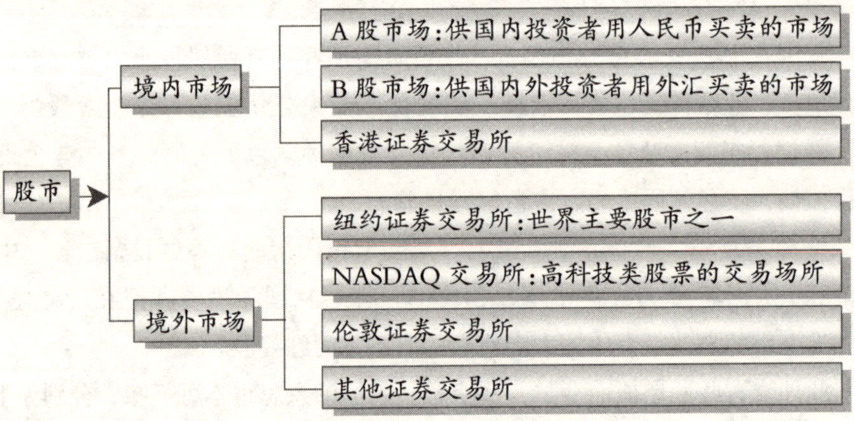

图 4-9 世界各大股市

目前，世界上有很多股市，如图4－9所示。在这些不同的市场上，交易着不同的股票，而有些股票会同时在几个市场上交易。由于全球资本的逐利本性和便利流通性，诸多股市会相互影响。

一般我们都是用市盈率来判断各个股市的相对冷热情况。因为各个国家经济情况不一，股市发展阶段不同，投资者构成不同，资金进出障碍不一，因此平均市盈率也不同。

国内许多公司往往同时在几个市场上市，不同市场的市盈率不一样。比如：工行在A股、H股和纽约交易所三地同时上市，其市盈率就有高有低。

目前，我国投资者可以投资A、B股，自2007年8月又宣布进行投资香港H股市场的试点。考虑到此前H股和A股市场的较大的折价现象（市盈率不一），这对许多H股股票都会起到很好的提升作用。但是，因为香港市场与A股市场是两个完全不同的市场，其股票的价格体系也是不同的。此外，香港市场是一个开放的、国际化的市场，受世界因素的影响很大，如美国次级房贷危机就曾导致港股大跌。所以，投资港股，可能也得“痛并快乐着”。

第二节 股市各参与者的盈利之道

1. 优化资金配置的股市之手

筹集资金是股市的主要功能。企业通过在股票一级市场发行股票，把分散在社会上的闲置资金集中起来，形成巨额的、可供长期使用的资本，用于大规模生产与经营。股市所能达到的筹资规模与速度是企业依靠自身积累或银行贷款所不能比的。如图4－10所示。

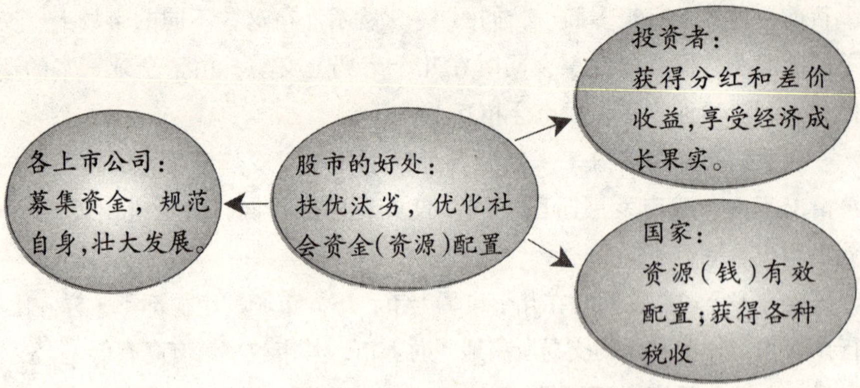

图 4－10　股市实现三赢

截至2007年8月，累计有1500多家国内企业通过境内资本市场发行上市，累计筹资超过1.5万亿元。

2. 投资者：付出及所求

图4－11中可以看出投资者的收入来源和所需缴纳的各种交易费用。

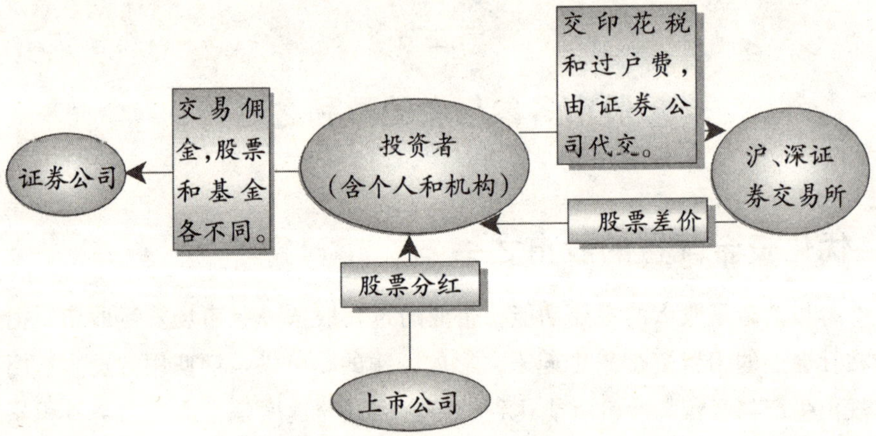

图 4－11　股市参与者的收入来源

投资者需要付出的是，开户费目前两市共为90元，交易佣金起点为5元，一般在1‰到3‰，印花税最新调整后为双向各3‰，过户费目前为1‰。所有费用日后都可能有变动。

作为投资者，买卖股票一般有两个目的：一是希望股票有利润，能分红；

二是希望股票价格上涨获得买卖的差价。

分红和每股收益不同。一般来说，公司不会把所有的利润都分掉，因为要考虑到以后的发展。如果都分掉了，以后公司需要资金时，又得花一定的成本到市场上去筹，这样不划算。但分多少，每类、每家公司又会不一样。一般而言，成长类的公司分红少，因为要把钱投入到再生产中去；而收入型和蓝筹股相对分红比例要高些。不过，现在股市上还有许多公司，明明钱多得没处花，可就是不肯分红，这就另当别论了。

买股票有两种赚钱方法，一种是投资（或者说是共赢方式），另一种是投机（博弈）。前者侧重资产（如上市公司）本身的价值；而后者更关注股价本身，利用股价涨跌不断买卖挣钱。投机并不一定就是坏事，实际上，适度的投机可以调节市场，让市场更活跃；但过度投机往往会引发市场泡沫，甚至产生灾难性的后果。股市泡沫其实就是股票连续、急速上涨，大大偏离其基础价值。只要人们预期股价还要涨，就会有更多的买主加入到狂热的投机大军，股市进入真正的“博傻”时期，往往最后接手的投机者就成了可怜人。

交易中的各种费用（买卖加起来）大概是0.8% ~1%（各券商收费不同）。券商佣金上文已介绍，这里对交易印花税解释一下。我国交易印花税曾从1‰到5‰变化，一般是双边（买卖）都收，也曾单边征收。2007年5月30日，我国将交易印花税从双边各收1‰提高到双边各收3‰，从而提高了投资者的交易成本，导致股价大跌，但在一定程度上减少了股市投机，降低了股票换手率。

3. 券商如何赚钱

股票需要交易，相互买卖。而如果买者自己去找卖者，就像去菜市场一样，这样效率就极为低下。因此，就产生了专门从事代理股票买卖的中间商，这就是券商（证券公司）。如图4-12所示。券商主要起到两种作用：一是作为投资银行，帮助公司打理股票发行、上市等事宜；二是作为证券买卖的通道，投资者只有通过券商的交易席位（通道）才能进行证券买卖。

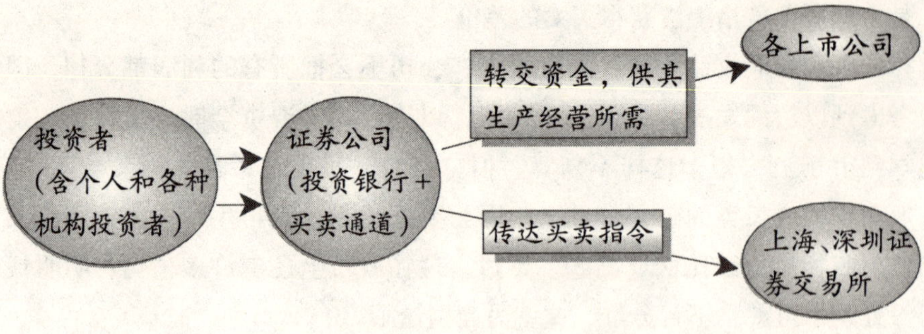

图 4－12　证券公司的功能

券商因为具有发行和买卖股票的功能，专为别人提供金融服务，所以有时又叫“投资银行”。但它并不是真正的银行，它不能像银行那样，吸收公众存款与发放贷款。

具体而言，证券公司的收入来源如图 4－13 所示。

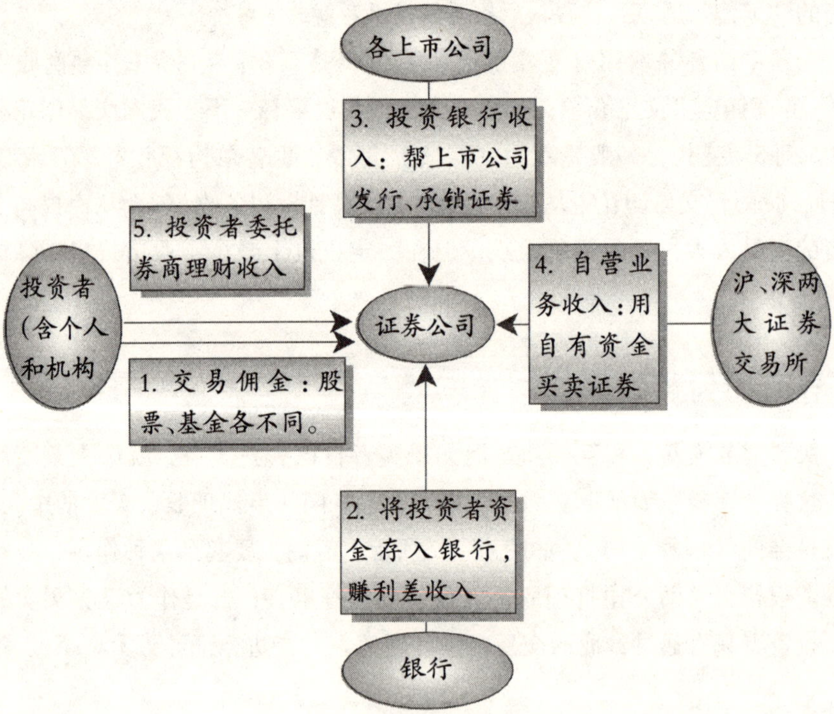

图 4－13　证券公司收入来源

在目前阶段，券商最重要的收入来源是交易佣金，这也就是券商的经纪业务，通常能达到总收入的80%以上，甚至更多。因为交易佣金受交易的活跃程度影响，因此，牛市时券商日子就非常好过，财源滚滚；而熊市时，大家买卖股票少，交易佣金自然就少，这时，券商就需要想办法增加交易量，具体的办法有荐股、提供各种增值服务等。

券商的佣金率不是固定不变的。随着网上交易的盛行与证券公司竞争的加剧，佣金费用整体是呈下降趋势的，目前一般在1‰到3‰之间。当然，通过电话等交易，其佣金相对要比网上交易高些。佣金率高，对股票的买卖会起到一定的抑制作用，因此券商需要在提高佣金率与提高总体交易量之间进行平衡。

券商的这种收入模式其实风险很大，因为它过多地依赖于市场行情的好坏。为了规避这种风险，券商还需要加大对投行、财务顾问、代销基金、自行投资和委托投资等业务的投入，以使其收入比例比较均衡。

2006年业内主要的50家券商总收入构成比例如图4－14所示。

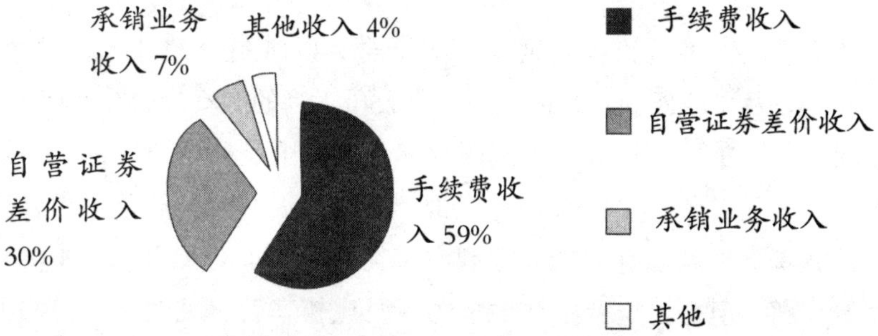

图4－14　券商收入构成

2006年的牛市使证券行业进入历史上最好的时期之一。以上海证券交易所为例，沪综指全年上涨130.43%，A股全年成交金额同比增加200.32%，股票筹资总额同比增加471.91%。股指的上涨、融资额的增加和成交量的放大使券商的自营、经纪、投行等传统业务齐头并进，全面开花，全行业迎来2001年以来的首度盈利。如图4－15所示。

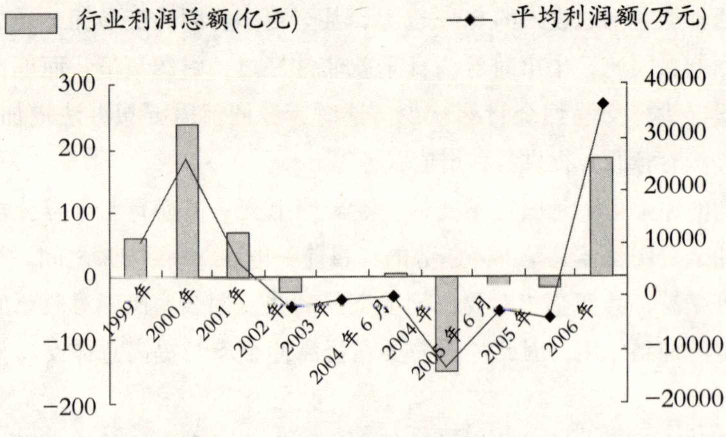

图 4－15　证券行业利润分析

4. 上市公司：融资及圈钱

从本质上讲，各上市公司通过募集资金，以求更好地壮大、发展自己，投资者也可以从中不断获益，因此，上市公司正当的融资行为并非坏事。

上市后，上市公司经营者都有两个利益。一个是公司通过正常市场经营赚利润；二是通过各种手段来提升股价。一般来说，两种利益正当合理的关系是，经营者通过赚取真实的商业利润来支持公司股价上升，资本溢价，反之，受到惩罚。但是，这种中规中矩的手段比较辛苦，见效慢。一些公司为了提升股价，除了把公司经营好外，还通过与机构的合谋，提前泄露信息，甚至财务造假，在二级市场操纵股价，进而获得巨额暴利。如果此现象得不到有效根治，股市泡沫可能越吹越大，而公司实际价值却因经营越来越浮躁而每况愈下，当两者的背离大到无法掩盖时，则股灾有可能瞬间降临。

20 世纪 90 年代，为了解决一批国有企业经营不善的困境，管理层将它们推向资本市场，让其有资格可以筹资（所以上市的名额是很宝贵的，直至今天，壳资源依然十分珍贵）。虽然这一政策的出发点是好的，但由于当时国企预算软约束没有得到彻底改进，再加上我国传统的官本位及地方保护主义的影响，加上金融资本市场存在法律法规不健全、监管不到位等问题，国企“圈钱饥渴症”时有发生，出现了一大批浑水摸鱼的企业。因为成本低，这些企业就张开血盆大口，从资本市场上大肆圈钱，严重损害了投资人的利益。

圈钱行为会降低市场资源的质量，损害市场根基，助长投机行为，不利于市场稳定。最重要的是，圈钱行为将影响投资者对证券市场的信心，最终影响市场的长期健康发展。具体而言，圈钱的表现多种多样，主要有三种，如图 4－16 所示。

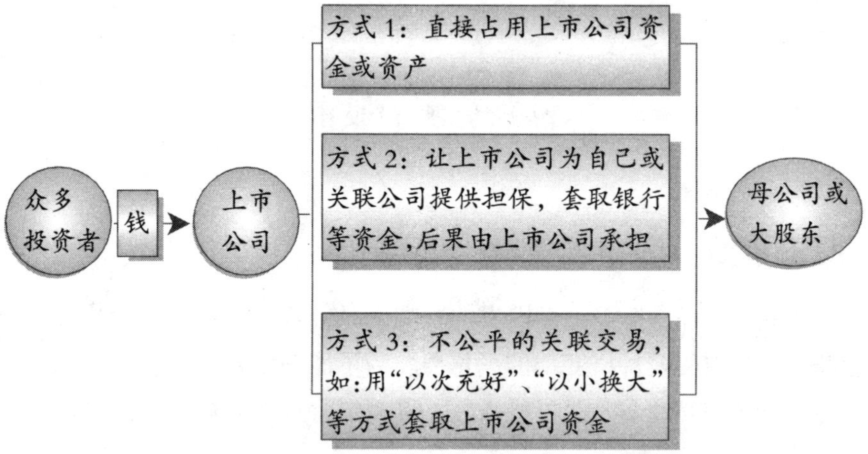

图 4－16　上市公司圈钱的三种主要模式

直接占用上市公司资金或资产，其实相当于赤裸裸的明抢，在监管日益严厉、投资者权益意识不断增强的今天，这种现象将越来越少见。至于担保，是指母公司或者大股东逼使上市公司为关联公司提供错综复杂的担保，从上市公司融资、资产变卖、银行借贷等各个环节套骗巨额资金。由于担保资金往往得不到及时偿还，最终还是由投资者和银行来承担损失。更高明的圈钱者则实施不公平的关联交易，进而损害投资者利益。由于这种方式表面上正常合法，因此投资者和监管部门很难察觉，这类圈钱行为更接近于诈骗。

随着相关部门监管力度的加强，投资者法律意识的不断提高，这三种圈钱方式已经逐步为市场所熟悉，因此，圈钱者也在逐步调整其策略，开发新的圈钱方式，其行为表现出明显的隐蔽化趋势。

第三节

涨跌莫测的股市

1. 股市指数：股市温度计

由于政治、经济等多方面因素的影响，股价处于经常变动的状态。股票价格指数是反映股票价格变动的平均数。为了能够综合反映这些变化，世界各大金融市场都要编制股票价格指数，将一定时点上的众多股票价格用综合指标表现出来。

股价指数的编制与商品物价指数的编制方法基本相同，即先选定若干有代表性的股票做样本，再选某一合适的年份作基期，并以基期的样本股价为100，然后用报告期样本股票的价格与基期价格作比较，就形成报告期股价指数。

其中主要考虑三个因素：一是抽样，即在众多股票中抽取少数具有代表性的成分股；二是加权，按单价或总值加权平均，或不加权平均；三是计算，计算算术平均数、几何平均数，或兼顾价格与总值。不同方法得出的股票指数对投资的指导作用各有不同。

温度计有刻度，股市指数的刻度就是“点”。比如，现在的道琼斯股票价格平均指数就是以1928年10月1日为基数，因为这一天收盘时的道琼斯价格平均指数恰好为100美元。现在的股票指数普遍用点来做单位，股票指数每一点的涨跌就是相对于基准日的涨跌百分数。

我国上交所的股票指数是由上交所编制的，基期是1990年12月19日，其样本为所有在上交所挂牌上市的股票；而深圳综合股票指数由深圳交易所编制，以1991年4月3日为基期，样本为所有在深交所挂牌交易的股票。沪深统一300指数是我国首次编制的综合反映中国证券市场全面运行状况的股票指数，其基期是2004年12月31日，基点定为1000点，股票样本总数为300只，分别在沪深两市选择，其标准是规模大、流动性好及运行平稳的优良股票，另有一些如上市时间、运行状态、波动特征等具体方面的标准要求。

股价指数作为一个综合性指标，可以反映整个股市价格总水平的变化及其程度。它不仅是显示政治、经济、社会及其他各种因素变化状况的“晴雨表”，也是政府、企业、个人等观察、分析和研究市场动态，进行金融决策和从事金融活动的重要参考数据。

2. 谁来决定股市走势

预测股市是很难的事。经济学家、股评家做不到，一般散户就更别说了。如果有谁说他总能做到，那么他不是疯子，就是狂人。影响股市走势的因素如图 4 – 17 所示。

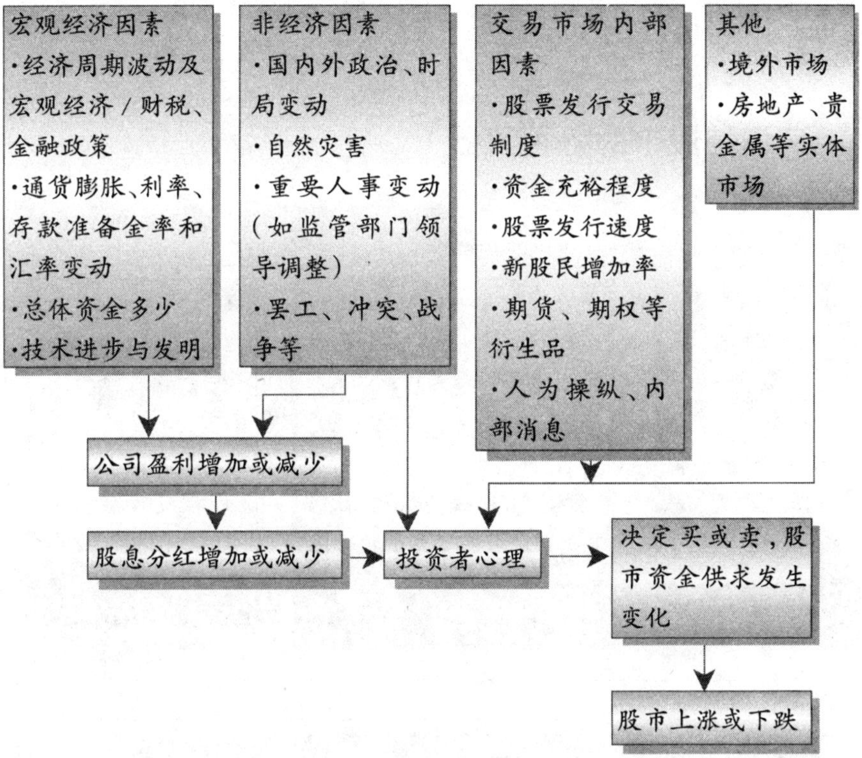

图 4 – 17　股市走势影响因素

股票价格与经济周期之间存在着密切联系。一是证券市场的波动对经济周期异常敏感，经济危机的来临往往以证券市场的下跌为征兆。二是对经济周期的波动，证券市场总是以极端的姿态作出反应，危机到来，证券市场就一落千丈；经济复苏，证券市场又大幅攀升。由此可见，证券市场对加剧经济周期的波动幅度起着推波助澜的作用。

资金的充裕和股票估值是紧密相连，相辅相成的。正是因为资本的流动性泛滥，从而导致了估值体系的重建。在价值投资的理念下，用市盈率、市净率等指标来构建估值体系是国际上通行的做法，但在本币升值的条件下，充足的货币供应表现为各种资产价格的上涨，于是估值体系也需要重新建立。同时，与资产价格密切相关的行业，如股市、银行、地产等，都将受益于资产价格的重新评估，从而获得更高的上涨空间。

技术进步与科技发明常常会在很大程度上影响股市走势。自股市产生以来，历史上的每一次技术革命都会引起股市狂热。19 世纪后半叶兴起的铁路，20 世纪初兴起的钢铁、电力、汽车，以及 1980 年底兴起的生物制药，以及最近的信息产业，几乎每一次重大的技术进步都能引发股市热潮。

3. 政府调控股市的各种武器

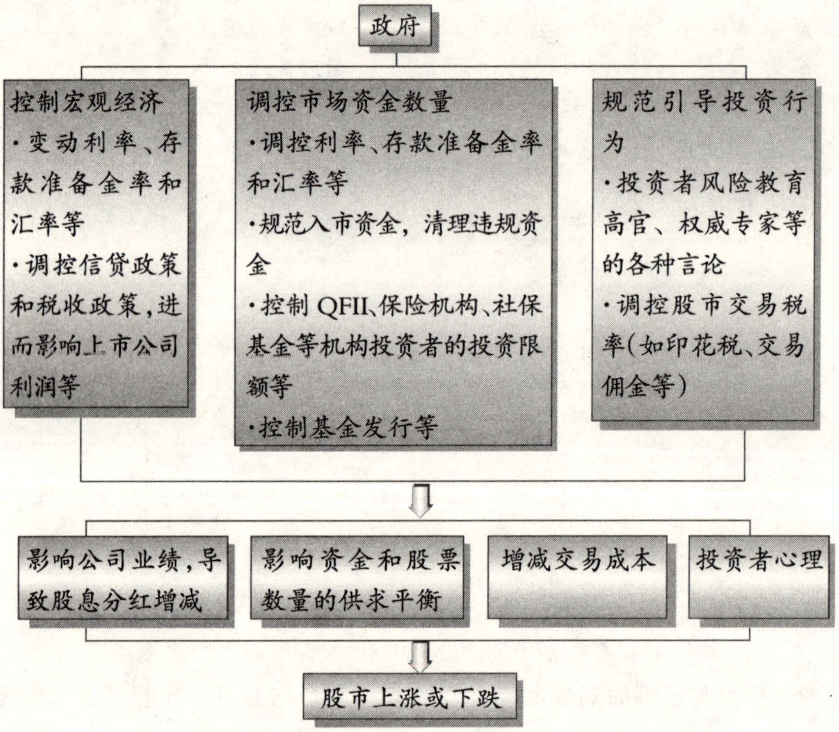

图 4－18　政府调控股市的各种武器

针对股市的冷热，政府可以大有作为，如图 4－18 所示。譬如 2007 年 5 月 30 日我国财政部提高股票交易印花税到 3‰，便引起了股市的惨跌。

但是，市场有它自身的规律，政府的过分干预是不可取的。干预小了不起作用；大了造成震荡，结果往往适得其反，因此只能适当引导和干预。

4. 2006 年以来我国股市走势分析

自 2005 年 6 月以来，我国股市不断上涨，股指在两年多的时间里已经上涨 4 倍多；2006 年末 2007 年初以来，进入加速上扬阶段，直至 5 月底才开始进行调整和消化。即使考虑到市场元气恢复和股权分置改革的因素，市场在这样短时期内的巨幅上升，放在世界证券史的大平台上来看，也是罕见的行情。影响股市行情因素很多，如图 4－19 所示。

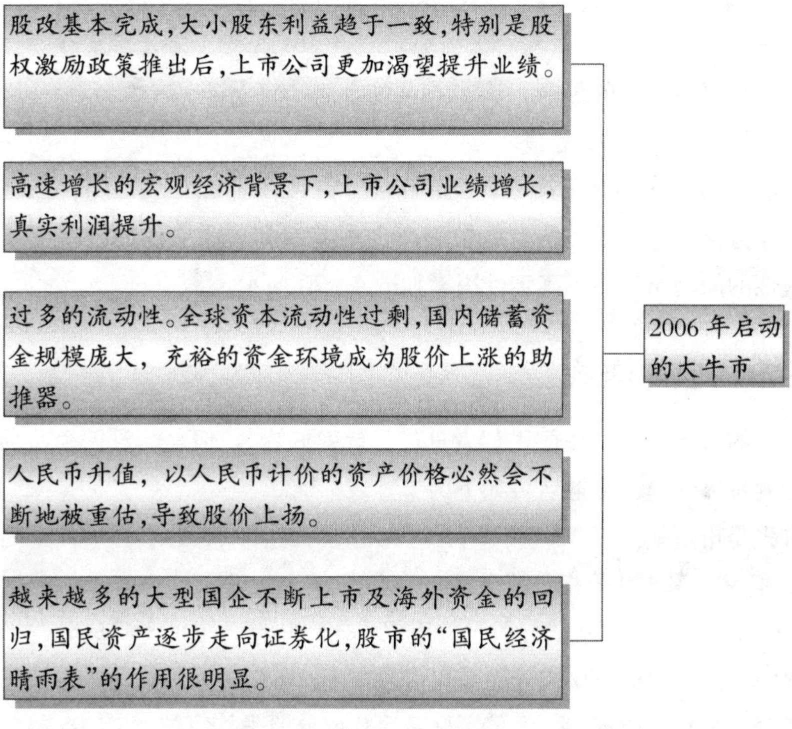

图 4－19　2006 年启动大牛市的内在推动力

进而，又可以归纳为两种推动力量，一种是业绩推动，另一种是资金推动。业绩的大幅增长，无疑极大地推高了指数。如果上市公司未来业绩的增长趋势不出现转折性的改变，也就是说我国宏观经济增长不发生改变，此力量还将继续成为支撑 A 股市场的重要因素。而市场对于人民币升值的预期，可谓高度统一，国际投资大师罗杰斯也曾发表惊人观点，认为未来 20 年内人民币升值有望达到 500%。

从宏观经济角度来说，利率偏低，真实利率为负，导致储蓄大量向股市移动，更导致股指不断攀高。原因在于，许多投资者之所以买股票，实在是因为国内投资渠道不多、投资品种太少所致。

分析 2007 年后的情况，各种因素基本上都不会改变，牛市行情将得到进一步延续。但同样，股市还面临很多不确定性。宏观层面最不确定的因素来自美国、欧盟等经济的发展，以及政治、军事冲突导致的各种不利影响。此外，在股权分置改革完成以后，股市依然面临着整体上市的规范化改造、单一所有者控制产生的垄断和关联交易的制度变革等纵深挑战性的问题。其他不确定性因素如图 4－20 所示。

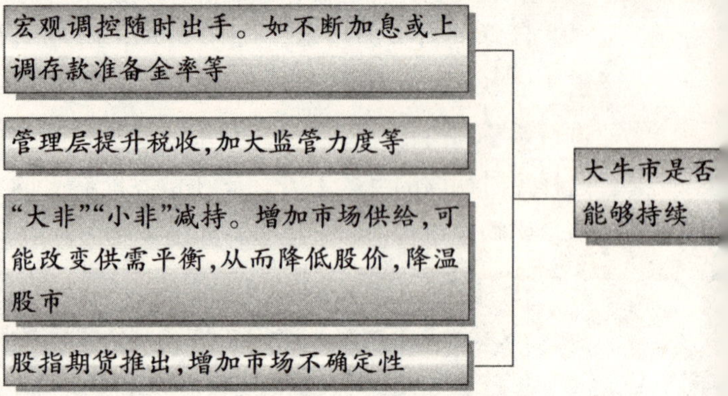

图 4－20　未来股市的不确定因素

5. 股市估值与泡沫

股票的市场估值，往往“仁者见仁，智者见智”。但是，对一个市场在一定阶段的总体估值，普遍认可如下两个客观标准。

首先是市盈率。以 2007 年 6 月 5 日为例，虽然 A 股的平均市盈率超过了 40 倍，但是沪深 300 等指数成分股的市盈率却大大低于这一水平。数据统计显示，6 月 5 日沪深 300 成分股平均市盈率 32. 90 倍，上证 180 成分股平均市盈率 30. 93 倍，深证 100 成分股平均市盈率 37. 61 倍。而据最新数据统计，道琼斯成分股平均市盈率 18. 25 倍，标普 500 成分股平均市盈率 18. 08 倍，香港市场平均市盈率 16 倍，印度市场平均市盈率 22. 88 倍。与国际主要证券市场和类似新兴市场的情况比较，我国 A 股的市盈率水平仍然高出很多。这只是静态比较，但考虑到上市公司业绩增长的预期以及资产注入对基本面的改善，众多公司的市盈率还属可投资范围。

其次是看市净率。从国外证券市场来看，股市的市值对账面净资产的比率，即市净率一般保持在 2 ~2. 5 倍左右。不同行业的情况有所不同，有些资产溢价大一些，有些如房地产业还经常会有折价，即市净率低于 1。2006 年度我国上市公司加权平均每股净资产为 2. 28 元人民币，而加权平均的股价早已突破 10 元，市净率已到 5 倍左右，2007 年则更是进一步攀升。

此外，中国资本市场目前不少上市公司的“收益”是“投资收益”，它们通过相互持股推高股价，这种建筑在资金堆砌之上的“收益”有很大的泡沫成分。短期股市被推得越高，风险积累越大，泡沫破裂造成的跌幅也越大。最危险的是，股市泡沫破裂可能成为经济危机的导火线。

所以，投资者需要密切关注市盈率和市净率的变化，不可盲目乐观，以谨防股市泡沫破裂。

6. 后股改时代的寻宝游戏

前些年，政府为了帮助国企解困，因此创造条件鼓励国企上市募集资金，而民营企业等却很难有此机会上市。因此，大多数上市公司是由国有企业改制或由国家和国家授权投资的机构变身而来，加上当时《证券法》中关于企业改制过程中其国有净资产的折股比例不得低于 65% 的规定，使得上市公司的股权结构中表现为国有股一股独大。

但经历股改后，其情况发生了很大变化，具体如图 4－21 所示。

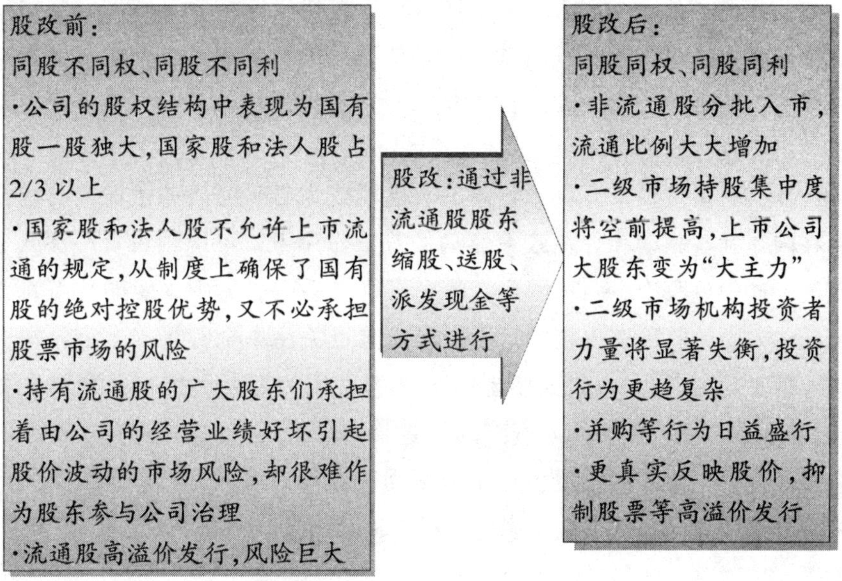

图 4－21　股改前后股市对比

受股改的正面效应影响，今后股市里的宝藏可能出自以下几个方面，如图 4－22 所示。

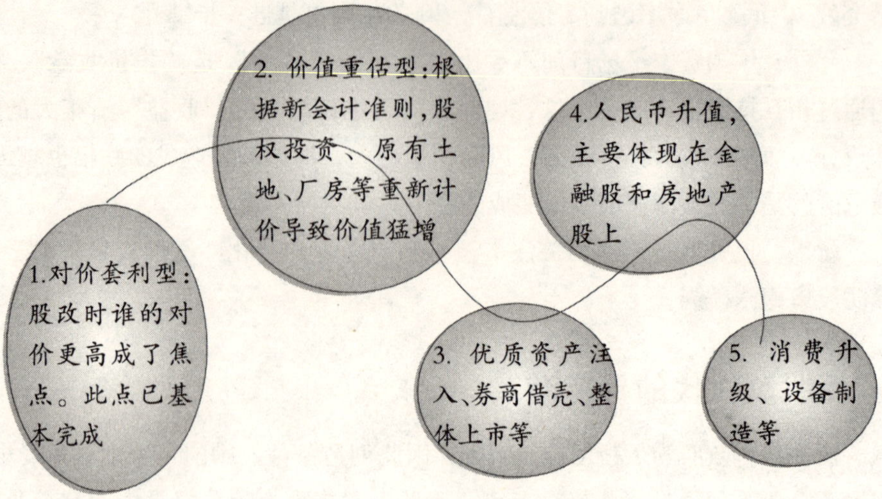

图4－22 未来几年股市寻宝图

以资产注入为例，资产注入是牛市行情里面最具有想象力的投资主题。由于股权分置问题的彻底解决，彻底改变了大股东的思维，由掏空（上市公司）改为注入（优质资产），两类股东的共同利益最终通过做大市值得以体现。而做大市值的唯一有效而持久的办法就是上市公司业绩的提升，因此在内涵式增长缺乏动力时，通过注入优质资产提升业绩，是非常快速、有效的办法。

此外，对很多央企而言，整体上市已经成为必须完成的使命。对它们而言，在内在利益驱动和外在政策驱动的双重作用下，可以预料资产注入会成为潮流，如中色股份、西飞国际、沪东重机（后改名为中国船舶）等都曾因为资产注入而使股价表现精彩。投资者应重点关注央企背景的上市公司（因为有政策驱动因素）、大集团小上市公司的（因为有做大上市公司的利益驱动）、集团或控股公司有优质资产的（这样容易把资产注入做实）。至于其他没有多大背景、集团或控股公司实力不强或者没有多大优质资产的，则应进行筛除，即使注入，也很难呈现外延式增长。

第四节

利率、汇率和股市

利率和汇率变动已成常态。对此，股市是否会作出相应的反应？利率、汇率究竟与股市有何关系？本节简单论述此三者的关系，供大家参考。但是，因为影响因素众多，还得具体情况具体分析。此外，我们还将对资金在储蓄、房市和股市之间的流动做些阐述。

1. 股市和利率的反向运动

一般来说，证券市场随利率变化而反向运动。也就是说，加息会使证券市场下跌；减息则会刺激证券市场上扬。这一机理大体上是通过三渠道来运行的。下面以利息上涨来分析其运作原理，如图 4－23 所示。

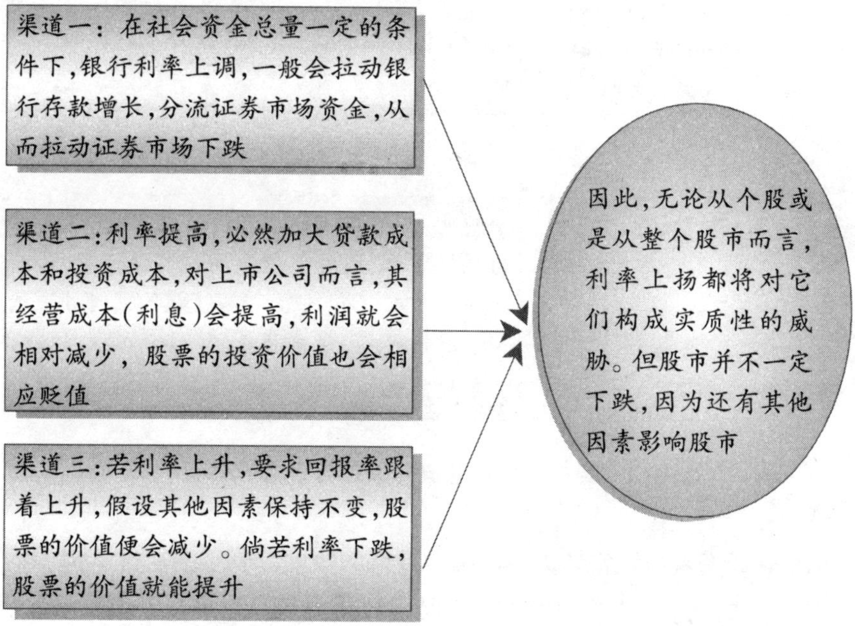

图 4－23　利率上升对股市的影响

从上图可以看出，利率上扬将对股市构成实质性的威胁。但是，事实上，股票在加息前后期可能表现相反。加息的初期，股价往往会继续上升，因为只有在经济增长强劲，对资金需求增加的时候才会加息。在理想的经济环境下，企业大多会有良好的盈利表现，支持股价上升。当股票收益回报率远高于银行存款利息时，资金仍会流入股市，因此在加息初期股市仍会走好。不过加息期过后，加息滞后效应开始真正显现，股市就极有可能走坏。当然，利率上调的幅度起到至关重要的作用，一开始的微调可能无济于事，但是利率不断提升，效应逐步积累，极有可能在某一天就把股市压垮了。

2. 汇率和股市的正向运动

进一步，我们看看汇率与证券市场的关系。一般的，汇率对证券市场的影响可以区分为对个股和对整个股市的影响。如图 4 – 24 所示。

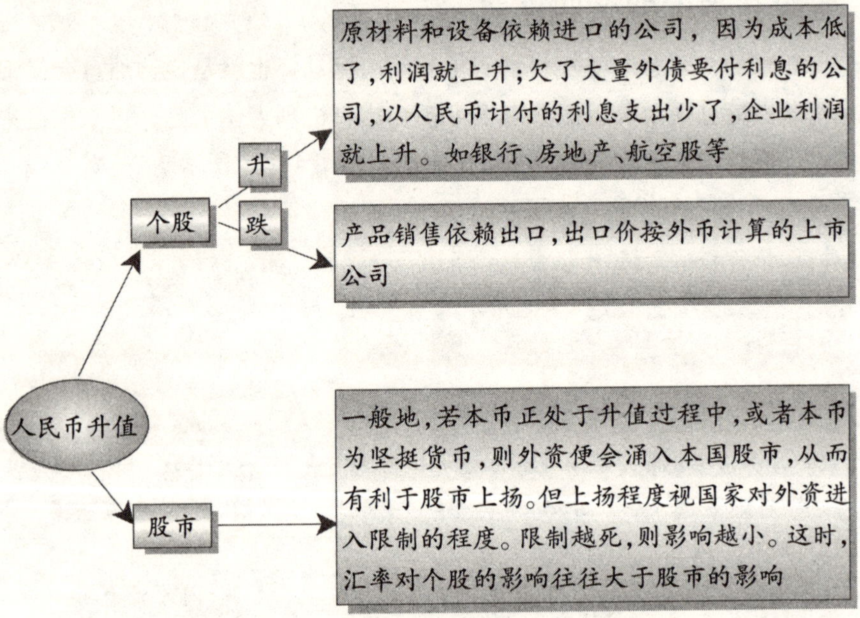

图 4 – 24　人民币升值对股市与个股的影响

因此，投资者应该密切关注人民币升值的幅度。事实上，自 2006 年开始的股市大牛市的内在的推动力之一就是人民币升值。人民币升值，导致以人民币计价的各种资产价值都得以重估。

具体来说，外资进入中国股市、房市等可以享受双重好处。如图 4 – 25 所示。

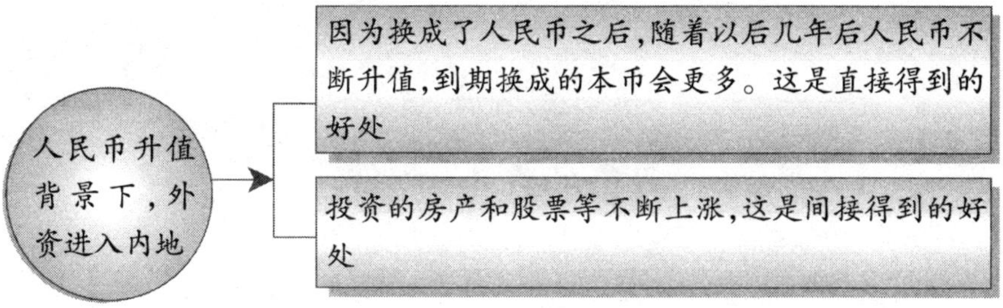

图 4－25　外资进入内地投资的双重好处

这样，我们也就可以理解为什么国外各种基金要争先恐后地进入中国了。

3. 储蓄与股市、房市间的逐利运动

这三者的关系主要由资金连接而起，社会资金在存款、股市和房市三者之间流动，具体的决定因素是各市场收益率的高低，这充分体现了资金的逐利性：哪个市场收益率高，资金就流向哪个市场。如图 4－26 所示。

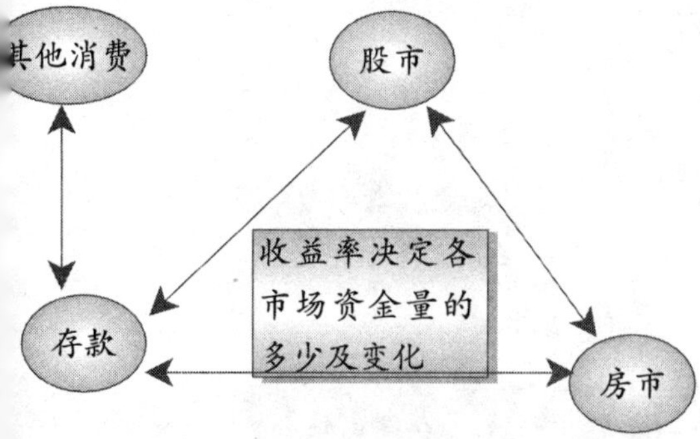

图 4－26　资金在各个市场流动

总体上，储蓄存款增长与实际存款利率成正比，与消费增长、商品房销售、股票投资成反比。一般而言，储蓄分流最为主要的去向是股票市场，而储蓄存款分流又与股票市场价格上涨显著相关。如果储蓄存款分流加快，则表明投资者预期未来股价将持续上涨，如 2006 年开始的大牛市就是如此。至于 1999 年－2001 年行情，储蓄存款增长变化对行情波动也具有明显的领先关系。

储蓄分流总体上利大于弊。有利的方面在于可推动直接融资发展，适当减轻商业银行负债过高的压力，促进银行转变经营机制，并在一定程度上促进消费增长；弊端有可能加大中小银行流动性管理压力，减少其相应利息收入。

至于房市，也是资金分流的一大去向，虽然目前房价很高。但是，比较房市和股市的收益率，资金也会在两者之间来回转换，并取得一个大体的平衡。

第五节

股价的真正主宰者

1. 股价：不是一“人”说了算

影响股价的因素很多，如图 4－27 所示。

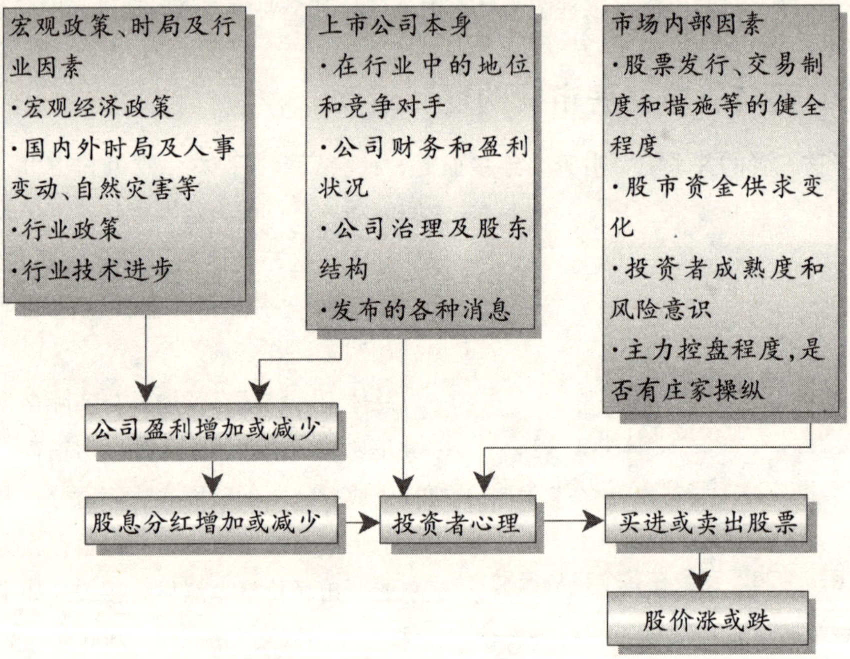

图 4－27　股价影响因素

在不同时期，起主要作用的因素也可能有所不同，更多的时候则是诸多因素共同作用。

2. 市盈率：因为简单所以通行

股票投资与储蓄存款及债券投资有所不同，储蓄存款或购买债券都是直接给出利率，其投资价值一目了然。而投资于股票的收入有两部分，一是股票的股息红利，二是炒作的价差。股票的红利来源于上市公司的税后利润，每股红利的最大值就是每股税后利润。即使不分红，税后利润也都留存在上市公司再投入生产，增加了净资产数额，实现了净资产的增值，所以上市公司的税后利润实际上就是股民的总收益。分红，股民得到了实惠；不分红，股民拥有的权益增加了。所以在计算股票收益时，通常都是将上市公司的税后利润作为股民的总收益来计算。

在股市上，常用的指标是市盈率，其计算公式为：

市盈率 = 股价 ÷ 每股税后利润

如某股票今年的每股税后利润为 0.50 元，股价为 10 元，其市盈率就是 20 倍。

根据市盈率的高低，大致可以判断出某只个股是否具有投资价值。为了控制风险，如果是质地差不多的股票，则尽量买市盈率低的；对同一只股票，如果基本面没变，则尽量在市盈率低时买。其实，银行存款的市盈率也就是其利率的倒数，比如说利率是 2%，那么它的市盈率就是 50 倍。人们总会把股票市盈率和银行存款的市盈率相比较。一般来说，前者不应高过后者，如果高过则说明股市风险很大。

行业其实也有行业的市盈率。在某种程度上，某个具体行业的整体市盈率，往往反映了投资者通过分析该行业目前情况、未来发展前景等众多因素而得出的估值水平。比如，如果某个行业的景气度发生了重大提升，或者由于新技术、新的管理方式直接提高了公司运营的效率，机构投资者们往往会率先做出反应，提高这些行业的估值，也就是其市盈率提高。

但市盈率不能简单地静态（“静态市盈率”是用目前的股价除以上一年的“每股收益”）计算，很多时候人们会运用动态市盈率，即采用目前或者预计的每股收益。动态市盈率更能反映股票的真实投资价值，尤其是在相对特殊的市场状态之中，有的个股股价上涨迅速，正是由于公司业绩有了“翻天覆地”改变的正常反应。此时，用“静态”的眼光看待投资，往往并不能取得很好的效果。

尽管个股市盈率低，一般而言风险要小，但收益却不一定比得过高市盈率的股票。原因在于股票的预期。炒股票其实就是在炒预期，是对上市公司未来高成长性、业绩增长的预期，而预期反过来又会使股价不断变化。当然，股票价格之所以会涨跌，最根本的原因还是在于公司本身，公司总体业绩上涨了，自然每股收益就也跟着上涨了。

用市盈率来衡量个股的投资价值会出现一定的偏差，但用来衡量整个股市的投资价值仍不失为一种简明的指标。上市公司的业绩虽然参差不齐，有些股票的市盈率特别高，另一些比较低，但通过平均的方法，可以将这些异常因素予以综合和抵消，从而较为准确地反映一个股市的投资价值。

计算股市平均市盈率的常用方法有三种：

其一为算术平均法，其计算公式为：

股市平均市盈率＝所有股票市盈率之和÷股票只数

其二是加权平均法，其计算公式为：

平均市盈率＝（所有股票市盈率分别乘以各自的总股本）之和÷所有股票的总股本之和

以上两种方法都用的是简单平均法，虽然计算出的市盈率会有一些偏差，但由于证券类的报刊每天都公布各种股票的市盈率，采集数据比较方便，所以在实际中应用得非常广泛。

其三是汇总平均法，计算公式为：

股市平均市盈率＝流通股的总市值÷流通股的税后利润之和

第六节

两种分析方法

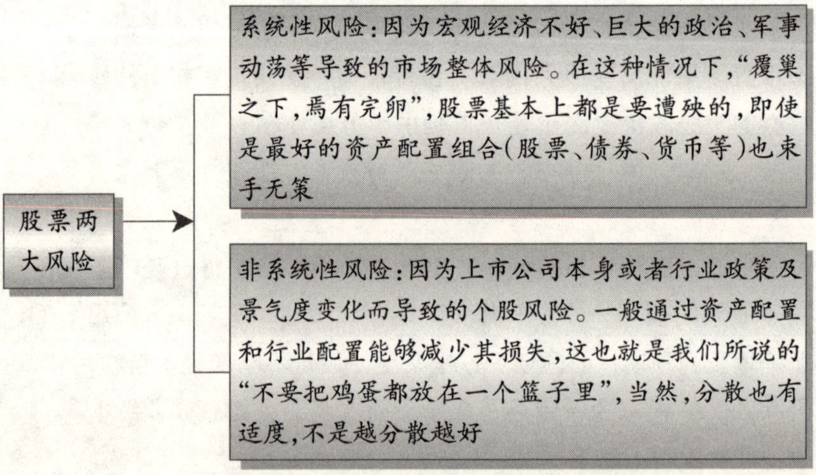

图4－28　股票系统风险和非系统风险

投资股票是有风险的，一般有两种风险，如图4－28所示。

对这两种风险的预测，决定了我们的资产配置和股票配置。只有明确了这个前提，我们才能对个股进行具体的分析和选择。

下面介绍一下股票的两种分析方法，这两种分析方法一般是交替使用，互为补充。其中，基本面分析是股票分析的主流，一般投资者应以基本面分析为主，辅之以技术分析。

1. 基本面分析法

基本面分析法，即立足于宏观经济、行业和企业基本面的分析方法。其中，对于基金管理公司等机构来说，一般又有两种选股策略："自上而下"和"自下而上"。先对"自上而下"进行说明，如图 4－29 所示。

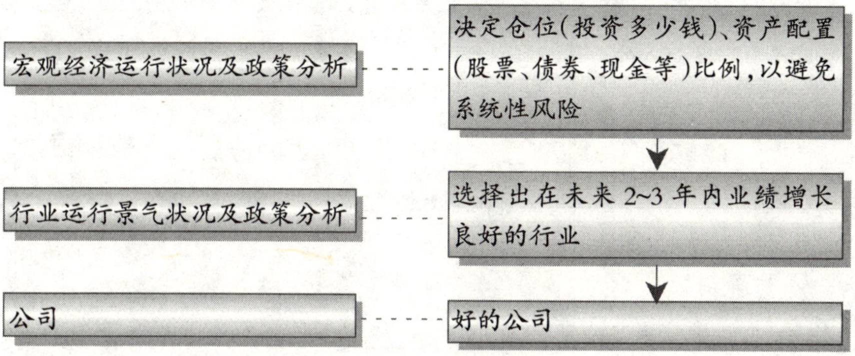

图 4－29　自上而下投资法

"自下而上"选股策略和"自上而下"的策略相反，如图 4－30 所示。

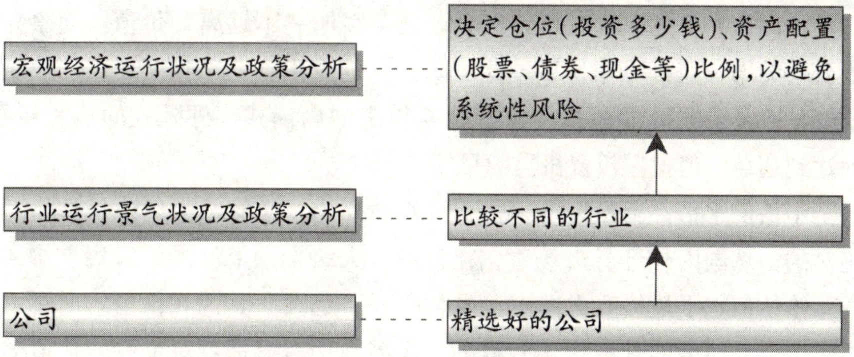

图 4－30　自下而上投资法

以上两种方法，都需要根据细致的财务分析和深入的上市公司调研，精选出业绩增长前景良好且被市场相对低估的个股进行投资。考虑到我国股票市场的波动性，基金还在资产配置层面辅以风险管理策略，即根据对宏观经济、政策形势和证券市场走势的综合分析，监控基金资产在股票、债券和现金上的配置比例，以避免市场系统性风险，保证基金所承担的风险水平合理。

以上分析，需要建立在经济学、金融学、财务管理学的基本理论上。对于没有这方面知识的投资者而言，一个比较省事的办法是多去看一些证券公司的研究报告，省时省力，效果也不错。

下面以上投摩根基金管理公司某基金的股票投资流程为例，来看看其大体的投资流程。如图 4－31 所示。

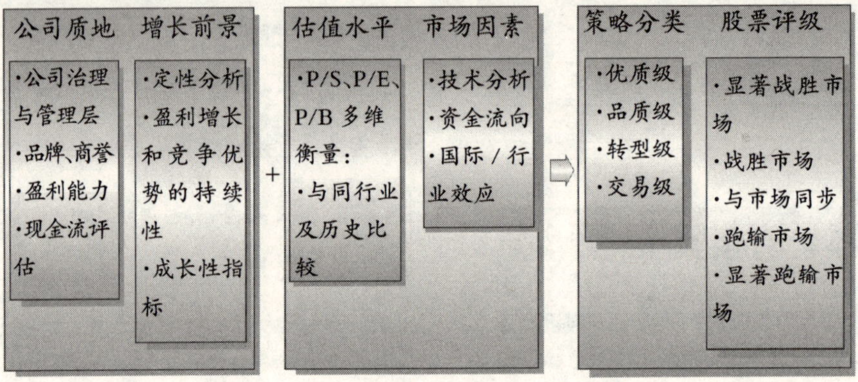

图 4－31　某基金股票投资流程图

公司的质地（即股票的价值）决定了其价格，价格总是围绕股票价值上下波动，但这并不意味着股票价格会老老实实地“不远离”价值。而事先要判断公司的增长前景更非易事，这需要深入挖掘由产业结构变迁、产业组织模式变化以及公司商业模式创新等因素带来的内涵式、外延式的成长机会，从而达到超越估值把握投资机会的目的。

至于估值水平，更是标准多多，且不断变化。任何估值理论都是相对而非绝对的。从国内外证券市场看，在每一波大级别的上涨或下跌周期中，市场的总体估值水平最终要么向上、要么向下“远离”其内在价值。而在不同的市场中，对估值的理解是不一样的。在牛市中，投资者对个股的估值会不断调高；而在熊市中，投资者对个股的估值会不断地调低。因此在牛市中，就会出现某公司市盈率 35 倍，但还被研究机构认为价值被低估，建议买进；而在熊市，同样一家公司市盈率 15 倍，价值却可能被认为高估，建议卖出。

在市场因素中，股市资金是否泛滥影响甚至决定了股市总体估值水平的高低。摩根斯坦利全球首席经济师史蒂芬·罗奇曾表示，资产泡沫何时将会破裂，这几乎不可能去预测。“资本市场的极端情况支撑的时间总能比我们预期的要长，特别是在流动资金过剩的年代。”

经过对公司质地、增长前景、估值水平、市场因素的分析判断，再对股票进行策略分级，最后进行投资。

但是，基本面分析同样存在许多不确定因素，这些因素体现在国际关系、国民经济状况、政策变化、行业制约、公司决策层变化、市场竞争等因素，即使最好的行业研究员也难以把握未来的公司经营状况。

但是，这并不影响巴菲特成为一个彻头彻尾地坚持基本面分析法的投资大师。他认为，应该以合理的低价去购买有远景的公司，知道企业的优势、强项所在，其业务必须简单明了，没有晦涩难解的复杂技术，并能预期在10到20年内有稳定增长的市场需求。他解释道：“你并不需要是一个对所有公司都了解的专家，也不需要了解那么多公司，专业知识是宽是窄并不重要，关键在于清楚自己的限度在哪里。”

巴菲特几乎完全不依赖于电脑系统的分析去做判断。更为有趣的是，他也从不理会政府的经济政策，他认为美国联邦储备委员会的货币利率措施不会影响他的投资决策，甚至相信这些政策的存在与否归根结底与企业的内在价值是无关的，所以没有必要去预测和理会它们。这种特立独行的看法和做法，使他成为最著名的同时也是最彻底的基本面分析家。巴菲特本人也从不讳言这点，并且一有机会就鼓吹他的投资哲学。

2. 技术分析法

技术分析法根本不管基本面的那一套，单纯地从买卖的一些指标数据上着手分析。比如说，什么时候、什么价位买卖的人是多少，各种人比例如何，并为此推导出一些模型来预测股价走势。当然，技术分析带有很大的主观性，毕竟历史不会简单地重演，而是会有一些变异和演化。

技术分析法认为，在很长时间里股票和股票市场都会在一定区间内运行。在某个时候，股价可能上升到某个价位。一超过这个价格，卖的远比买的多，这样股价就难以继续突破了，这个价格就叫阻力线。而在某个时候，股价可能下跌到某个价位。一旦低过这个价格，买的远比卖的多，导致股价跌不破这个价格，这个就叫支撑线。阻力线和支撑线构成了股票的运行区间。如果股价突破阻力线，买卖量放大，一般来说，股价会继续上升，投资者可以买入；而如果跌到支撑线以下，买卖量放大的话，一般股价会继续下跌，投资者应该卖出。

最常见的技术分析，是通过对K线图的分析而获得的。K线图最早是日本德川幕府时代大阪的米商用来记录当时一天、一周或者一个月中米价涨跌行情的图示法，后被引入股市。K线图有直观、立体感强、携带信息量大的特点，能充分地显示股价趋势的强弱、买卖双方力量平衡的变化，预测后市走向较准确，是各类传播媒介、电脑实时分析系统应用较多的技术分析手段。其记录方法如图4-32所示。

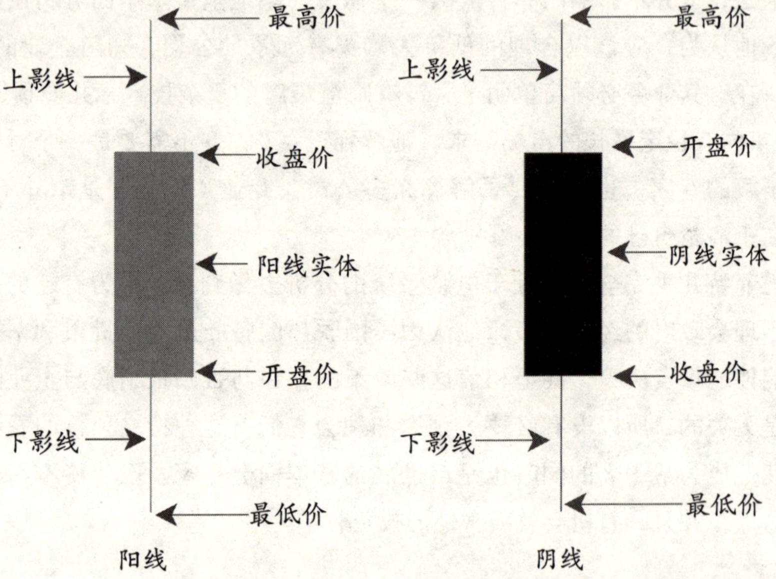

图4-32　K线图

日K线是根据股价（指数）一天的走势中形成的四个价位，即：开盘价、收盘价、最高价、最低价绘制而成的。收盘价高于开盘价时，则开盘价在下收盘价在上，二者之间的长方柱用红色或空心绘出，称之为阳线。其上影线的最高点为最高价，下影线的最低点为最低价；收盘价低于开盘价时，则开盘价在上收盘价在下，二者之间的长方柱用黑色或实心绘出，称之为阴线，其上影线的最高点为最高价，下影线的最低点为最低价。

根据K线的计算周期可将其分为日K线、周K线、月K线和年K线。周K线是指以周一的开盘价，周五的收盘价，全周最高价和全周最低价来画的K线图；月K线则以一个月的第一个交易日的开盘价，最后一个交易日的收盘价和全月最高价与全月最低价来画的K线图。同理可以推得年K线定义。周K线，月K线常用于研判中期行情。对于短线操作者来说，众多分析软件提供的5分钟K线、15分钟K线、30分钟K线和60分钟K线也具有重要的参考价值。

根据开盘价与收盘价的波动范围，可将K线分为极阴、极阳，小阴、小阳，中阴、中阳和大阴、大阳等线型。如图4－33所示。一般情况下，极阴线和极阳线的波动范围在0.5%左右；小阴线和小阳线的波动范围一般在0.6～1.5%，中阴线和中阳线的波动范围一般在1.6～3.5%，大阴线和大阳线的波动范围在3.6%以上。

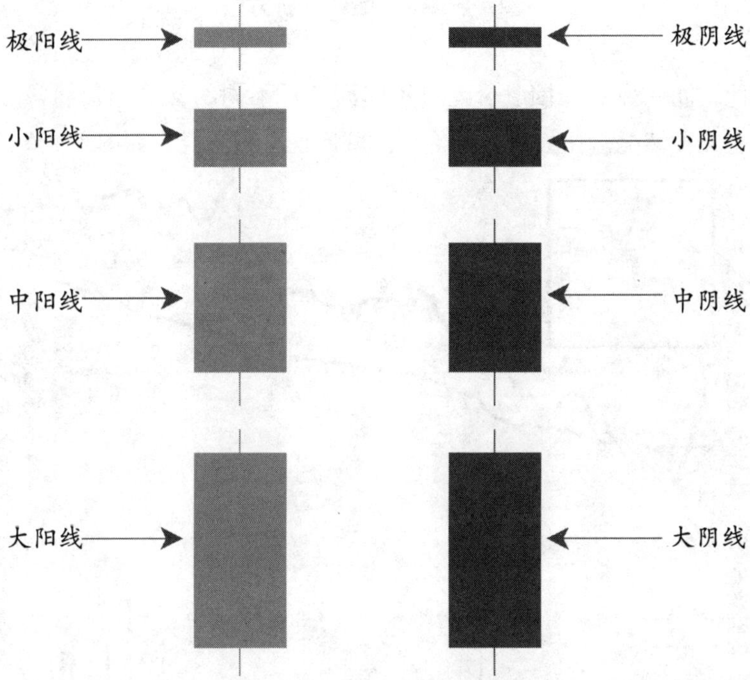

图4－33　K线的线型

当然，在实际分析K线图形时，需要长期图和短期图结合，K线图和成交量以及K线图和均线结合起来看。如图4－34所示。

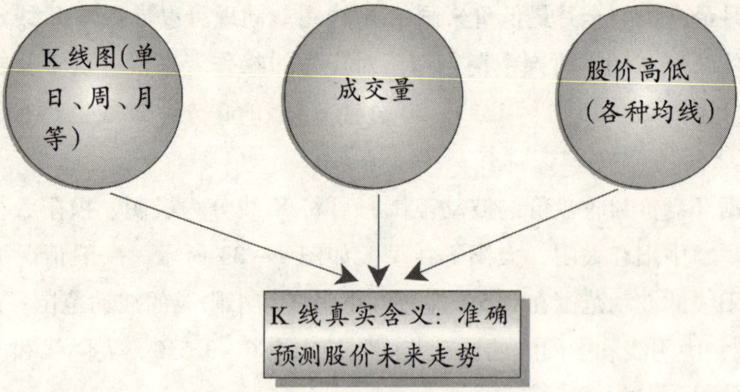

图4-34　K线的分析方法

因此，同一种K线因股价走势不同而各具不同的含义，我们常见的上吊阳线就有几种情况。比如：在低价位区域出现上吊阳线，如图4-35所示。

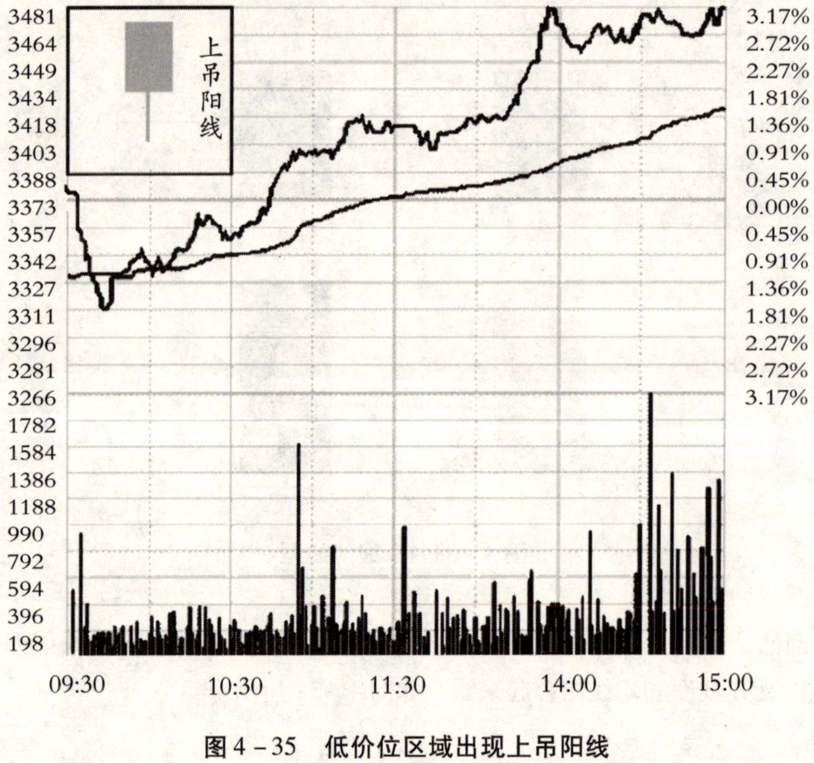

图4-35　低价位区域出现上吊阳线

但是，如果在高价位区域出现上吊阳线，股价走出如图4-36所示的形态，则有可能是主力在拉高出货，需要留心。

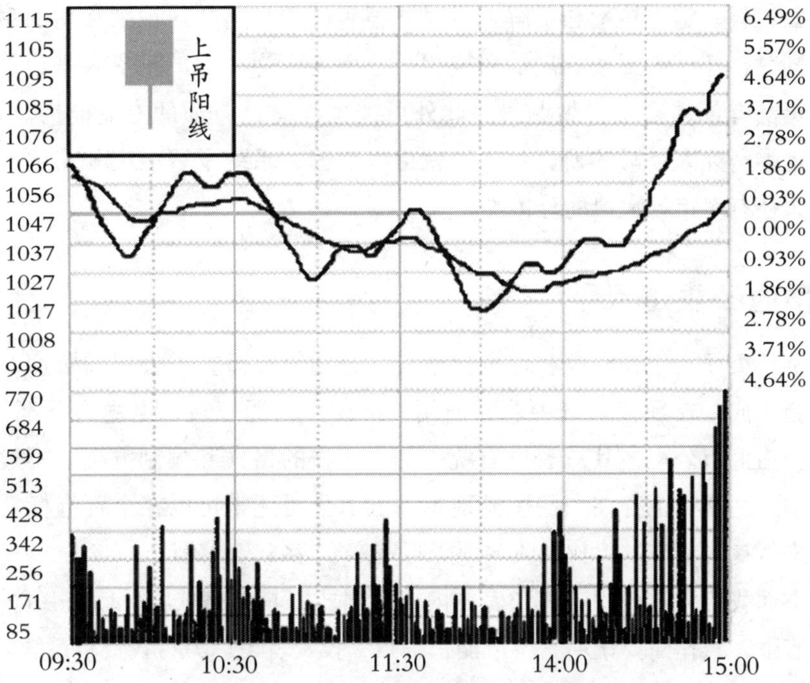

图 4－36　高价位区域出现上吊阳线

总之，技术分析是件非常复杂的事，没有常规和必然。同样一个图形，不同的人可以得出不同甚至相反的结论。

一般情况下，基本面分析法和技术分析法要配合使用。经济发展和股票就像大河小河的关系，“大河有水小河满，大河没水小河干”，但是很多时候可能两者的发展不同步，如果单纯用基本面的分析就可能会误导。实际上，许多投资者在选股时会用基本面分析法来分析企业的实际价值，确保企业有一定的投资价值；而在具体买卖时，会用技术分析法来选择合适的价位进行交易。

第七节

慧眼看财务报表和研究报告

研究和分析上市公司的经营态势和发展前景，对经营业绩和财务状况作出判断，就一定要熟悉和了解三张财务报表，并知道如何识别常用的财务指标。同时，还应该阅读相应的研究报告，因为作为一般的投资者来说，自己不太可能有条件去亲自做调研，此外可能也没有这方面的专业能力。因此，借助证券研究人员写的研究报告，就可以快速、系统了解上市公司生产经营情况，还有对市场大势的分析等。

1. 精通三表走天下

资产负债表、利润表和现金流量表，分别简要概括了公司的资产、盈亏和现金流向，在现代财务中非常通用，可谓“精通三表，走遍天下都不怕”了。作为上市公司，其三表也有统一的、严格的格式和编制方法。不过，因为其中一些指标也存在一些模糊地带，上市公司还是可以在个别指标上做文章，进行自我调节的，比如收入、无形资产、存货等的确认。

下面我们大体介绍这三张表的内容和格式，具体格式参见附4－4。因为篇幅有限，只作简要说明，不可能很细致，投资者可以另行找资料系统学习。

(1) 资产负债表

资产负债表分左、右两部分，左边列示资产项目，右边列示负债与股东权益项目。依据“资产＝负债＋股东权益”的会计等式，左右两方的合计数相等。资产负债表是静态报表，各项目的数额主要是根据有关账户的期末余额填制。

(2) 多步式利润表

利润表是上市公司上一年度经营成果的反映，是有关收益和损耗情况的财务报表。多步式利润表分步将收入与费用进行配比，计算各类损益。收益表能够反映企业在某一段时间内的获利情况。它与资产负债表的一个显著区别是当新的会计年度开始时，收益表上的各账户都会被结平，其余额为零。

(3) 现金流量表

现金流量表是以现金和现金等价物的流入和流出来汇总说明上市公司上一年度经营活动、投资活动和筹资活动的会计报表。现金流量表的最后结果是计算出本期新增加的净现金流量。

2. 财务指标和比率分析

财务比率分析法所用的比率种类很多。作为投资者，需要掌握和运用以下四类比率来进行财务分析：

(1) 偿债能力

这一类比率根据期限又可分为如下两类：

➡ 短期偿债能力分析

企业短期偿债能力的衡量指标主要有流动比率、速动比率和现金流动负债比率。

◇ 流动比率

流动比率＝流动资产÷流动负债×100%

一般情况下，流动比率越高，说明企业短期偿债能力越强。国际上通常认为，流动比率的下限为100%，而流动比率等于200%时较为适当。

◇ 速动比率

速动比率＝速动资产÷流动负债×100%

一般情况下，速动比率越高，表明企业偿还流动负债的能力越强。国际上通常认为，速动比率等于100%时较为适当。

◇ 现金流动负债比率

现金流动负债比率＝年经营现金净流量÷年末流动负债×100%

该指标越大表明企业经营活动产生的现金净流量越多，越能保障企业按期偿还到期债务。

➡ 长期偿债能力分析

企业长期偿债能力的衡量指标主要有资产负债率、产权比率和已获利息倍数三项。

◇ 资产负债率

资产负债率（又称负债比率）＝负债总额÷资产总额×100%

一般情况下，资产负债率越小，表明企业长期偿债能力越强。保守的观点认为资产负债率不应高于50%，而国际上通常认为资产负债率等于60%时较为适当。

◇ 产权比率

产权比率＝负债总额÷所有者权益总额×100%

产权比率与资产负债率对评价偿债能力的作用基本相同，两者的主要区别是：资产负债率侧重于分析债务偿付安全性的物质保障程度，产权比率则侧重于揭示财务结构的稳健程度以及自有资金对偿债风险的承受能力。

◇ 已获利息倍数

已获利息倍数＝税前利润总额÷利息支出

一般情况下，已获利息倍数越高，企业长期偿债能力越强。国际上通常认为，该指标为3时较为适当，从长期来看至少应大于1。

（2）营运能力

资产营运能力的强弱关键取决于资产的周转速度，通常用周转率和周转期来表示。周转率是企业在一定时期内资产的周转额与平均余额的比率，它反映企业资产在一定时期的周转次数；周转期是周转次数的倒数与计算期天数的乘积，反映资产周转一次所需要的天数。其计算公式为：

周转率（周转次数）＝周转额÷资产平均余额

周转期（周转天数）＝计算期天数÷周转次数

＝资产平均余额×计算期天数÷周转额

具体地说，营运能力分析可以从以下几个方面进行。

➡ 流动资产周转情况分析

反映流动资产周转情况的指标主要有应收账款周转率、存货周转率和流动资产周转率。

◇ 应收账款周转率

应收账款周转率（周转次数）＝主营业务收入净额÷平均应收账款余额

主营业务收入净额＝主营业务收入－销售折扣与折让

平均应收账款余额＝（应收账款余额年初数＋应收账款余额年末数）÷2

一般情况下，应收账款周转率越高越好。应收账款周转率高，表明收账迅速，账龄较短；资产流动性强，短期偿债能力强；可以减少收账费用和坏账损失。

◇ 存货周转率

存货周转率（周转次数）＝主营业务成本÷平均存货余额

一般情况下，存货周转率高，表明存货变现速度快，周转额较大，资金占用水平较低。

◇ 流动资产周转率

流动资产周转率（周转次数）=主营业务收入净额÷平均流动资产总额

一般情况下，流动资产周转率越高越好，表明以相同的流动资产完成的周转额越多，流动资产利用效果越好。

➡ 固定资产周转情况分析

反映固定资产周转情况的主要指标是固定资产周转率。

固定资产周转率（周转次数）=主营业务收入净额÷平均固定资产净值

一般情况下，固定资产周转率高，表明企业固定资产利用充分，固定资产投资得当，固定资产结构合理，能够充分发挥效率。

➡ 总资产周转情况分析

反映总资产周转情况的主要指标是总资产周转率。

总资产周转率（周转次数）=主营业务收入净额÷平均资产总额

一般情况下，总资产周转率越高，表明企业全部资产的使用效率越高。

（3）盈利能力

➡ 主营业务利润率

主营业务利润率=主营业务利润÷主营业务收入净额×100%

该指标越高，表明企业主营业务市场竞争力越强，发展潜力越大，盈利能力越强。

➡ 成本费用利润率

成本费用利润率=利润总额÷成本费用总额×100%

成本费用总额=主营业务成本+营业费用+管理费用+财务费用

该指标越高，表明企业为取得利润而付出的代价越小，成本费用控制得越好，盈利能力越强。

➡ 盈余现金保障倍数

盈余现金保障倍数=经营现金净流量/净利润

一般来说，当企业当期净利润大于零时，盈余现金保障倍数应大于1。该指标越大，表明企业经营活动产生的净利润对现金的贡献越大。

➡ 总资产报酬率

总资产报酬率=息税前利润总额÷平均资产总额×100%

该指标越高，表明企业的资产利用效益越好，整个企业盈利能力越强。

➡ 净资产收益率

净资产收益率=净利润÷平均净资产×100%

一般认为，净资产收益率越高，企业自有资本获取收益的能力越强，运营效益越好，对企业投资人、债权人的保证程度越高。

➡ 资本保值增值率

资本保值增值率＝扣除客观因素后的年末所有者权益总额/年初所有者权益总额×100%

一般认为，资本保值增值率越高，表明企业的资本保全状况越好，所有者权益增长越快，债权人的债务越有保障，该指标通常应大于100%。

➡ 每股收益

每股收益，也称每股利润或每股盈余，指上市公司本年净利润与年末普通股总数的比值，反映普通股的获利水平。其计算公式为：

每股收益＝净利润÷年末普通股总数

上式中的分母也可以用普通股平均股数表示，按平均数计算的每股收益指标可按下列公式进行分解：

每股收益＝主营业务收入净利率×总资产周转率×权益乘数×平均每股净资产

每股收益也可以用净利润扣除优先股股利后的余额，除以发行在外的普通股平均股数来计算。其计算公式为：

每股收益＝（净利润－优先股股利）÷发行在外的普通股平均股数

每股收益越高，说明公司的获利能力越强。

➡ 每股股利

每股股利指上市公司本年发放的普通股现金股利总额与年末普通股总数的比值。其计算公式为：

每股股利＝普通股现金股利总额÷年末普通股总额

➡ 市盈率

市盈率是上市公司普通股每股市价相当于每股收益的倍数，反映投资者对上市公司每元净利润愿意支付的价格，可以用来估计股票的投资报酬和风险。其计算公式为：

市盈率＝普通股每股市价÷普通股每股收益

➡ 每股净资产

每股净资产是上市公司年末净资产（即股东权益）与年末普通股总数的比值。其计算公式为：

每股净资产＝年末股东权益÷年末普通股总数

（4）成长能力

➡ 销售（营业）增长率

销售（营业）增长率=本年主营业务收入增长额÷上年主营业务收入总额×100%

销售（营业）增长率若大于零，表示企业本年主营业务收入有所增长，指标值越高表明增长速度越快，企业市场前景越好。

➡ 资本积累率

资本积累率=本年所有者权益增长额÷年初所有者权益×100%

资本积累率若大于零，则指标值越高表明企业的资本积累越多，应付风险、持续发展的能力越强。

➡ 总资产增长率

总资产增长率=本年总资产增长额÷年初资产总额×100%

➡ 三年销售平均增长率

一般认为，该指标越高，表明企业主营业务持续增长势头越好，市场扩张能力越强。

➡ 三年资本平均增长率

一般认为，该指标越高，表明企业所有者权益得到保障的程度越大，应对风险和持续发展的能力越强。

总之，要注意将各种比率有机地联系起来进行全面分析，不可孤立地看某种或某类比率，同时要结合其他分析方法，或者与行业平均水平进行比较，也可以考察比率在各时期的变化。要在分析的基础上得出企业整体财务运行的状况及效果。这样，才能对企业的历史、现状和将来有一个详尽的了解，达到财务分析的目的。

此外，我们还可以进行综合财务分析。综合财务分析，就是将营运能力、偿债能力、盈利能力和成长能力分析等诸方面纳入一个有机的整体之中，全面地对企业经营状况、财务状况进行解剖与分析。主要有杜邦财务分析体系和沃尔比重评分法。

（1）杜邦财务分析体系（The Du Pont System）

如图4－37所示。这是一种比较实用和常用的财务比率分析体系。

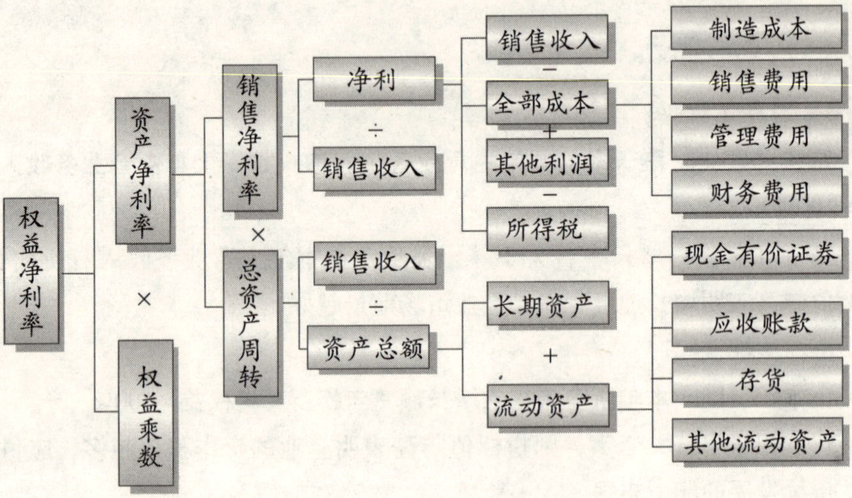

图 4－37　杜邦财务分析体系

杜邦体系关系式：

净资产收益率＝销售净利率×资产周转率×权益乘数

1. 总资产利润率＝销售利润率×总资产周转率
2. 净资产收益率＝总资产利润率×权益乘数

　＝销售利润率×总资产周转率×权益乘数

3. 销售利润率＝税后利润÷主营业务净收入

从公式中看，决定净资产收益率高低的因素有三个方面：销售净利率、资产周转率和权益乘数。这样分解之后，可以把净资产收益率这样一项综合性指标发生升、降变化的原因具体化，比只用一项综合性指标更能说明问题。

这种财务分析方法从评价企业绩效最具综合性和代表性的指标——净资产收益率和总资产报酬率出发，层层分解至企业最基本生产要素的使用——成本与费用的构成，从而满足经营者通过财务分析进行绩效监控需要，在经营目标发生异动时能及时查明原因并加以修正。

（2）沃尔比重评分法

沃尔比重评分法是指将选定的财务比率用线性关系结合起来，并分别给定各自的分数比重，然后通过与标准比率进行比较，确定各项指标的得分及总体指标的累计分数，从而对企业的信用水平作出评价的方法。

沃尔比重评分法的基本步骤包括：

◇ 选择评价指标并分配指标权重；

◇ 确定各项评价指标的标准值；

◇ 对各项评价指标计分并计算综合分数；

◇ 形成评价结果。

3. 提纲挈领速看财务报表

对上市公司的财务报表进行综合分析，全面研究上市公司的基本面，对于选对股票是非常重要的。但财务报表篇幅很长，而且充满术语，通篇读下来要花很长时间。好在上市公司年报的格式和各部分组成按法律规定都是固定的，这给投资者阅读分析带来了很大方便。下面对财务报表进行整体扫描，看看哪些数据需要特别注意。

报表第二部分“会计数据摘要”。要从会计数据和业务数据中分析出公司的总体经营状况，首先，也是最基本的，是要了解每股收益、每股净资产、净资产收益率等数据所表达的基本含义。而其中“每股经营活动所产生的现金流量净额”这一指标，投资者应高度重视，因为它可以体现出公司在经营过程中是否真的赚到了利润。常有很多绩优公司不但不给投资者分红反而每每提出融资方案，可能的原因就是这种公司的该项指标往往和每股收益相距甚远，也就是说公司只是纸上富贵，利润的水分很大。

如果我们连一些基本的知识都没有，要用这些数据来分析上市公司的总体经营状况是不可能的。其后，要运用一定的方法对这些数据进行处理和分析。最常用的分析方法包括比较分析法（不同时期比、计划和实际比和行业同类公司比）、比率分析法（各种财务比率体现公司的不同方面）和因素分析法（某一要素变动对整体的影响分析）。

第三部分“股东情况”中“报告期末股东总人数”。可以用流通股数量除以股东人数，看看每一个股东的平均持股量，也可以觉察到是否存在主力活动。

第五部分“公司财务状况”中包括若干小项，有三项必须要看。

■“公司财务状况”可以看到主营业务利润、净利润总额的同比增长率，从中可以看出公司的发展趋势。

■“公司投资情况”。特别是一些新股、次新股，要注意其投资项目的进展状况。

■“新年度的发展计划”，寻找公司的发展计划中是否存在与市场热点吻合的地方。

第八部分“财务会计报告”，主要包括三张报表：利润表、资产负债表和现金流量表。其中的利润表中会列出营业费用、管理费用、财务费用（即通常所说的三费）。通过三费可以考察公司的内部管理能力，可以把三费的同比变化与第五部分中的净利润增长率加以对比，如三费的增幅高于净利润的增幅则说明公司的管理尚待加强。

在阅读财务报表的过程中，要做好两个“三结合”。

第一个是：将财务数据的分析与上市公司所处行业的发展趋势相结合，将财务数据的分析与上市公司所生产商品的竞争能力、供求状况相结合，将财务数据的分析与个股的市场资金流向相结合。

第二个是：在分析财务报表时要做到把趋势分析法、结构分析法、比率分析法相结合，将总量变动与比率变动相结合，把分析的量比指标与所分析问题的性质结合起来。

这两个“三结合”的实质就是要求我们不能仅仅关注上市公司的过去和目前经营结果，而是更要善于通过有关数据的变化来预测公司未来的发展趋势。

4. 看研究报告留一份清醒

券商研究员的主要工作就是对宏观经济、各行业及个股进行跟踪分析，其成果就体现为研究报告。好的研究报告对于我们选股、持股非常有帮助。

报告结论固然重要，但是“授人以鱼，不如授人以渔”，我们更要学会其方法和思路。同时，要特别注意报告是否“专业”，比如其资料、信息是否客观，推论合理不合理，有无明显的破绽。

此外，我们还要明白研究报告不可能十分客观，一是信息资料来源、个人能力等所限，调研员可能精通某个企业，但是对于宏观经济的把握不是非常到位。二是研究员受公司和岗位影响，研究员充当上市公司和庄家喉舌的事也是时有发生的。有时，一些研究员会根据股价走势而推出应景的报告，这类报告往往推出时涨幅已经较大，而且已经脱离了底部，一旦买入则很危险。

第八节
散户PK机构

1. 散户PK机构

散户是一些资金实力较小的投资者，人数众多，基本由工薪阶层组成。目前散户约占股民总数的95%以上。由于资金有限、人数众多，在股市交易中散户的行为带有明显的不规则性和非理性，其情绪极易受市场行情和气氛的左右。此外，由于散户基本都是业余投资者，其力量单薄，时间和精力没有保证，其专业知识和投资技能相对较差，所以散户在股市投资中往往都成为机构大户宰割的对象，其亏损的比例要远远高于大户。

机构投资者数量十分有限，其比例不到总投资者的5%左右。其操作很容易引起个股甚至整个股市的大幅振荡。特别是当机构联手操作时，股价的变动表现出明显的机构特征，如机构砸盘或托市。由于我国股市的规模相对较小，机构机构的联手造市行为对股市的影响尤为突出。

两者相比，各自优势见表4－2。

对于许多股民来说，总盼望着能跟大庄做超牛，但事实上非常难。要逮住“超牛股”，在这个市场里只有三种情况，第一种，做老鼠仓，能清楚地知道主力的所有意图和操作手法；第二种，做行业分析，能够精确地预计后续业绩；第三种，实战经验非常丰富，能识破主力的各种手法和伎俩。

表4－2　散户及机构的对比

	优势（一方优势就是另一方的劣势）
散户	◆ 资金量小，灵活机动，可以随时进出股市而不为他人觉察 ◆ 资金个人所有，灵活机动，投资期限比较自由 ◆ 主要以获取市场差价为主
机构	◆ 信息上的优势。他们往往能通过各种渠道获得大量的内幕消息，甚至本身就是信息源头 ◆ 资金实力雄厚。股价的运动主要取决于资金和股票的供求关系，只要有相当的资金，就能控制股价的运动趋势。此外，资金多，可以更好地分散投资，进而分散风险 ◆ 交易手段快速便捷，投资技巧丰富多样

2. 特征各异的机构投资者

目前，市场上存在形形色色的机构投资者，如图 4－38 所示。

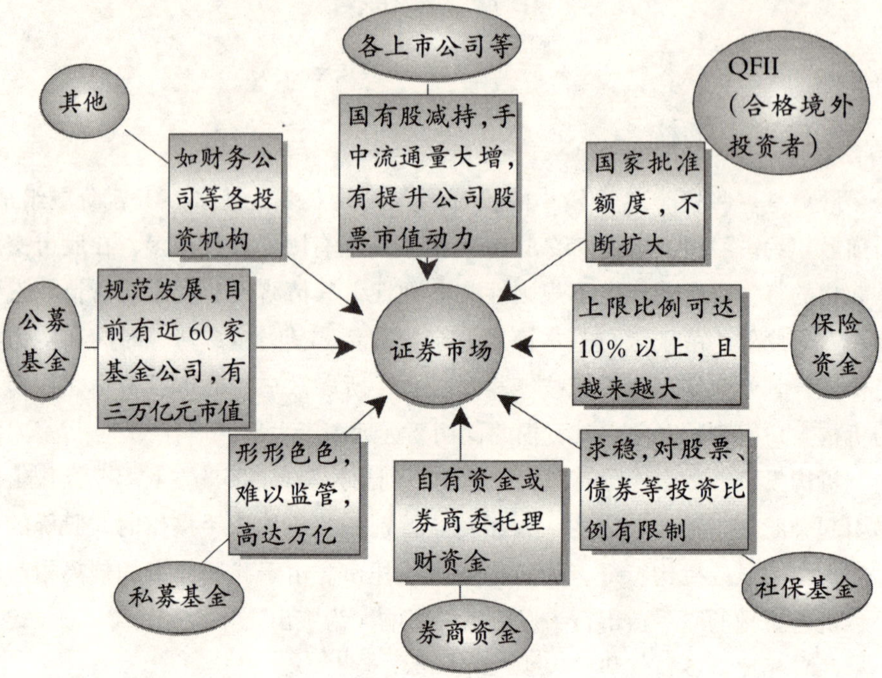

图 4－38　机构投资者

对各种机构投资者的分析见表 4－3。

表 4－3　各机构投资者的行为特征

机构	投资行为特征
基金公司	资金量大，研究和投资实力强，拥有较严密的投资决策体系，崇尚价值投资
QFII	对中国经济长期发展看好而介入中国证券市场，目前规模有限，崇尚价值投资和长远投资
券商	依托自有资金和委托理财品种，研究实力强，但投资体系偏弱
私募基金（含少数投资公司）	投资灵活性较大，敢作敢为，嗅觉敏锐，目前处于较为隐蔽的状态
保险资金	规模巨大，股票投资比例不断扩大，投资风格稳健，重安全
社保资金	规模巨大，股票投资比例不断扩大，投资风格稳健，重安全

3. 庄家和市场传闻：相伴相生

在整个股市里，主要有两种势力，即机构投资者和个人投资者。个人投资者势单力薄，明显处于不利地位；而机构投资者资金雄厚，信息全，专业人员多，比如证券公司、基金公司及私募基金等，此外还有国外的机构投资者。在机构投资者中间，有一部分可以称之为庄家。事实上对庄家的定义也不好界定，并且股市中是消灭不了庄家的。

现在，大家都喜欢看K线图等来炒股，事实上，不能全信。因为许多庄家凭借自己的雄厚资金实力，通过许多不同的投资账户，可以人为地划出一条满是陷阱的K线图来，这也从一个侧面说明了技术分析方法并不可靠。

当然，庄家的最终目的是要获利。所以，为了拉高股价，自然需要选一些"托"来帮忙，制造出一种虚假繁荣。有时，庄家甚至铤而走险，自己对倒，制造一定的成交量，从而诱使外人进场。尽管这是违法的，但"重赏之下，必有勇夫"，总有人铤而走险。

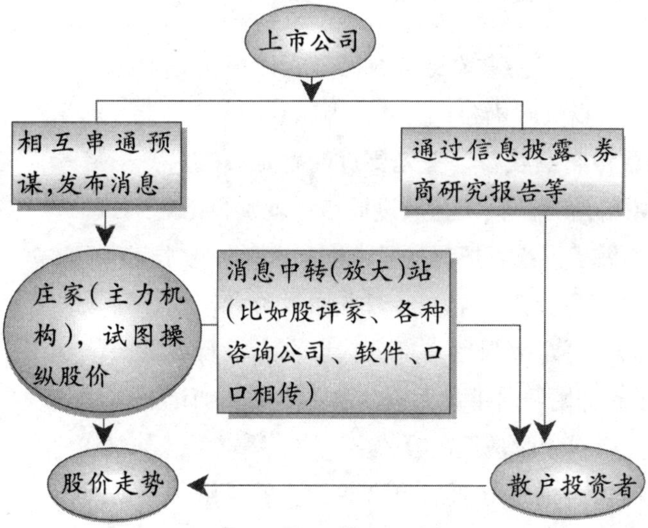

图4－39　股市消息传播途径

看股票是否有庄家，可参看一只股票的股东人数，这可以通过股票的中报和年报了解。相对来说，股东人数越少，庄家的色彩就越重，这可以通过分析股东人数变化的趋势来分析判断。

有时庄家还会通过散布一些消息，来诱导普通投资者，如图4－39所示。

2007年6月，深交所公司管理部专家透露，2007年以来深市发布的针对股价异动的澄清公告约有102份，而经上市公司承认市场传言为属实的仅20份，所占比例不到两成。可见，市场传言的真实性极低，有些消息甚至成为庄家用以欺骗散户、操纵股价的工具。因此，投资者应把上市公司公告作为主要的信息来源，仔细阅读和分析，切莫根据传言进行逆向推理和任意猜测。

事实上，可能连庄家自己也不知道最后要做多高。庄家初期制订了计划后，在实际操作中也要根据变化适时做出各种调整。所以，不要去猜谁是股票的庄家，你自己也可以是真庄家。因此，投资者应该只买有价值、自己研究比较透的股票，一旦手中股票估值过高，便换成更低估的品种。股市里的钱，你永远也赚不完。作为投资者，你只能赚属于你的钱。所以，股票的操作，最容易的就是中长线，而这对心态的要求很高，需要确认这个股票的中期目标在哪里，转趋势关键点在哪里。只有具备了这些能力和条件，才有可能获得好的投资业绩。

第九节

股票买卖

1. 投资前的热身运动

如果你将投身股市，一定要热身，在事前检查自己是否已经做好了应有的准备，如：心态、资金、知识、投资时机和投资方式等。

心态准备。要想在市场中获得超额收益，首先要过的就是心态关，一定要平和。别把股市当作是发大财的地方。钱一旦放进股市，就别再把它当钱，它就是数字而已。除非你哪天不做了，或者把钱从股市里拿出来，它才是钱。

资金准备。资金当然是炒股的前提。对于大多数普通投资者来说，投入股市的钱务必是自己闲置不用的，一定要保留一部分钱以存入银行或购买债券（风险较低），这样才不至于紧急用钱时手足无措，拿不出来。切记，孤注一掷地将资金全部投入股票甚至借钱炒股是很危险的。

知识和资料的准备。进入股市之前最好对股市有些初步的了解。可以阅读一些书，浏览一些网站，学习使用相应的股票软件，掌握一些基本知识及用语，学会基本操作等。

时机选择。首先分辨牛市还是熊市。牛市有牛市的特征，熊市有熊市的特征，这些特征较为持久，多学习，多实践，可以比较容易把握。实在不行，可以参考一些口碑较好的研究员、分析师的判断文章等。牛市的时候多数股票上涨，傻瓜也能赚钱，因此牛市可加大仓位操作；熊市很容易遇到急流旋涡，也许有几次成功，但是一次失败就足以使你元气大伤，所以一定要控制仓位，甚至休息。每次熊市总会使一些风云人物或机构消失，比如早年有万国证券、君安证券，随后有中经开，不久前有德隆等。这些机构都是盛极一时的庞然大物，曾经左右市场，翻手为云，覆手为雨，但最终都从舞台上消失了。

确定投资方式，恪守一种赢利模式。要清楚自己是什么样的人，是激进、赌博心态重，还是不能冒险、凡事优柔寡断。不同的性格和经历会有不同的交易策略，只有适合自己的策略才能帮助自己成功。每个投资人都会有自己的投资方法。没有一种方法放之四海而皆准，你要经常地总结并不断完善，还要时刻记住，尽量不让本金亏损。一个原则是，一定首先考虑风险，然后才是收益。

2. 股票交易方式之三种

股票交易主要有三种方式，如图 4－40 所示。其中网上交易因其便捷、快速而日益盛行。

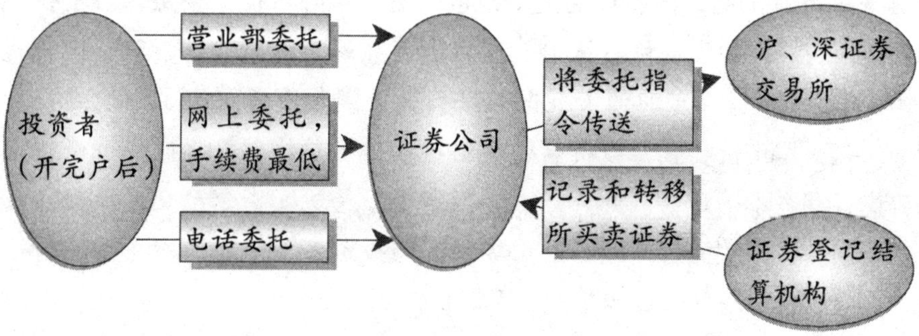

图 4－40　股票交易流程

目前证券账户分为四种，一种用于 A 股、债券和封闭式基金交易，第二种用于开放式基金投资，第三种用于 B 股交易；第四种用于三板交易（少有人参与）。

3. 投资人的下单报价

首先我们说说股票的开盘价是如何产生的。它是采用集合竞价的方式产生的，每天早上 9：15 开始竞价，9：25 公布竞价结果，9：30 正式开盘。

竞价的方式为：电脑对所有输入的有效卖出价、有效买入价进行撮合计算（公式很复杂），找出一个中间价。对于这个中间价而言，所有大于它的买进价都能成交，所有小于它的卖出价都能成交，且两者的量相等，对于等于这个中间价的委托，根据时间优先原则来确定。这样一个中间价就是股票的开盘价。

若集合竞价未成功，则可在9：25继续委托；集合竞价期间不准撤单，否则资金将冻结一天。因为非新股有10%的涨跌限制，因此上下限好确定；至于新股首日买单填多少，可参考当时市况和研究文章而定。判断准确的话能以当日的低价买入，因此集合竞价不失为一种好策略，尤其是在市场追捧新股的牛市阶段。

如果在9点半以后，则有两种选择：一是限价委托，证交所撮合交易时，采取时间优先、价格优先，即先输入委托单者先成交，若同时输入，则市价优先于限价。二是市价委托，则只需申报委托数量而不用像以往那样指定价格申报，交易系统会对“买入或卖出五档之内”以最优的价格自动进行撮合。在这种情况下，成交价格多少纯粹看当时的行情走势。不过，由于中国股市有10%的涨跌限制，因此买卖上下限可确定，风险可控。但是，对于权证或者新股而言，因为没有涨跌限制，就可能存在一定的风险了，曾有投资者以0.001元的价格买到了时值1元的权证，就是因为卖者采取了市价委托。因此，一旦采用市价委托，投资者将无法控制成交价格，最终成交价格将由市场确定，存在不确定性。此外，由于投资者下达买卖指令至交易申报存在一定的时间差，导致撮合处理时的市场状况与投资者下单时所参考的即时行情通常存在差异，可能导致申报无法及时成交。

4. 投资的四大法宝

散户有先天劣势，一方面专业知识有限，钱少；另一方面信息又不全。因此，对于散户投资者来说，最主要的是控制风险，去除赌徒心态。具体而言，就是要严格遵守操作纪律，这样能大大降低投资的风险。

（1）自主投资

在股票投资中，股民必须理智，要克服自己的情绪冲动，避免受市场气氛和他人的干扰，切忌跟随他人追涨杀跌。股市上挂牌的股票繁多，每只股票各自有其自己的特点，且易受各方面因素的影响，股价也总是处在不断的变化之中。一些投资者看到股票涨涨跌跌，就心猿意马，今天炒这个概念，明天追那个板块，其投资目标总是跟着市场变化，投资毫无理智和原则。盲目跟风炒作，一味地模仿他人，最终难以逃脱亏损的命运。所以，股民在投资股票时，应保持三分冷静、七分慎重，勤于独立思考，坚持自己的投资原则，该选择什么股票，在什么点位买进、抛出，都要有所计划。

（2）价值投资

沃伦·巴菲特说："评估投资价值，不是看某个行业是否有利可图，而是看具体公司的竞争优势，及看其能保持这个优势有多久，从而给投资者带来足够的回报。"投资者的真正任务就是发现这种机会，买入并且持有，自然会"守得天开云淡时"。

但是，价值投资也很需要精明的判断和勇气，需要为自己的判断付出一定的代价。你的判断是否准确，行情是否会按照你的预期发展，这些都是不确定的事。但是，不能因为这个，就否定价值投资的作用。没有人能比市场聪明。如果一个人总能预测准，那他早已经成为世界首富。盲目操作，自然风险很大，并且耗费大量的手续费。

（3）分散组合投资

一个明智的做法是"不要把所有鸡蛋放在一个篮子里"。当你不太清楚某一只股票到底如何，或者说没有信心和勇气去持有某只股票时，那么，多买几只是个不错的做法，这也是许多机构投资者的习惯。因为，你不是投资大师，你的看法也许会有错误，而你的宝贵资金又冒不了太大风险。

分散投资，第一个层面是选择不同行业的股票，第二个层面是在一个行业内选择不同的股票。因为，"三十年河东，三十年河西"，谁都很难预料哪只或哪类股票只涨不跌。股市中有许多股票天生就像仇家似的，你涨我就得跌，你跌我就得涨。所以，分散一下，可以"堤内损失堤外补"。比如，你可以投资煤电类股票，也可以投资一些水电类的，这样，当煤炭价格上涨时，煤电类股票不利，而水电类就有利了。

至于选择什么样的公司，其实根本不需要什么投资大师，你本身就具有这种潜在的智慧。你可以运用你的智慧，投资你所熟悉的公司或行业。

此外，分散投资还有一层意思，就是分阶段（最好是每月，因为很多股票行情不会持续太长）分批买入股票，建议每次用同样数量的资金。这样，在高价位的时候买的股数少些，而低位时就可以多些，整体而言就能摊低成本，同时又不用担心错过牛市。

（4）长期投资

投资大师沃伦·巴菲特说：“如果你没有做好持有一种股票10年的准备，那么最好不要持有这种股票。”他严格遵守此理念，平均持股时间长达17年，并获得了惊人的300亿美元的财富。时间长了，是金子总会闪光的。而如果只追逐热点股票，希望在股市里做个冲浪高手，今天买这只，明天买那只，结果极有可能是“拣了芝麻，丢了西瓜”。

长期投资是好，但是有时还需要相时而动，不是买了就一劳永逸，高枕无忧。从长期来看，世界上还没有哪一个股市的年均涨幅超过20%。如：香港股市，近30年年均增幅为16%；日本东京股市，第二次世界大战后的50年里平均每年也就涨10%；美国纽约股市，其近70年来年均涨幅仅为6%。

如果股民在投资股票时不注意时机的选择，不慎在高价区域套牢，少则三五年，多达几十年，可能都难找到解套的机会。从国外股市的运行来看，如果股市连续几年的年均涨幅均超过20%，那么回档调整将势在必行。如纽约股市在20年代末期涨幅惊人，但在1929年崩溃后，道琼斯指数直到上世纪50年代才回升到1929年的水平；东京股市上世纪80年代末期平均每年涨30%，从1986年的近14000多点涨到1989年的近4万点，随后出现回调整理，10年后日经指数还在2万点左右徘徊。

即使能成功解套，股民也会丧失许多投资机会。如香港股市1994年初的12000点套牢，直到1996年的下半年才刚刚解套，虽然投入的资金没有损失，但若将资金存入银行，三年下来也能获得10%的收益，并且不需承受套牢所带来的心理压力。所以在股市投资中，股民还是应该讲究机会的选择，注意在股市的低价区选择绩优股投资，这样才能获得相对较高和稳定的投资收益。

5. 简单计算证券收益率

和债券一样，股票投资收益有两种，一是名义收益率，二是真实收益率。其中，名义收益率是指

持有期间收益率＝持有期收益总额÷买价＝∑（股息或红利＋价差）÷买价

而股票投资的真实收益率，是在名义收益率的基础上剔除通货膨胀影响，

并考虑时间价值因素得到的收益水平。

以上是单个证券的收益率计算。事实上，我们往往是持有一个证券组合，那么证券组合收益的计算公式如下：

证券组合收益率 = ∑（各证券收益率 × 权数）

举一个例子。假如你购入 A、B、C、D、E 五种证券，年均真实收益率分别为 20%、10%、12%、15%、9%，投资比重分别为 0.3、0.2、0.25、0.15、0.1，则投资的组合收益率：

组合收益率 = 20% ×0.3 +10% ×0.2 +12% ×0.25 +15% ×0.15 +9% ×0.1 =14.15%

6. 必备工具：资讯网站和行情软件

作为投资者，信息获取和分析十分重要。可参考的网站见表4－4。

表4－4　可以重点参考的网站

网站大类	说明	典型网站				
[证券网站]	全面、及时，重点查看	金融界	和讯网	中国证券网	新浪股票频道	东方财富网
[证券公司]	一般下载交易软件，有部分研究报告和晨会纪要等	银河证券	海通证券	申银万国	国泰君安	南方证券
[综合财经]	以宏观新闻见长	新浪财经	中财网	搜狐财经	网易财经	雅虎财经
[咨询机构]	股评较多，但有分量的内容需交费	北京首放	山东神光	万国测评	武汉新兰德	杭州三元
[股票论坛]	自由交流，人气较旺	金融界股票论坛	东方财富网股巴	通吃岛论坛	理想论坛	MACD 论坛
[证券报刊]	一般是纸质媒体网络版	中国证券报	证券时报	上海证券报	财经周刊	信息早报
[上市公司]	上市公司的消息发布、各种公告	工商银行	中国石化	中国联通	宝钢股份	长江电力

续表

[分析软件]	多从技术指标推出股票买卖点，准确性高低不同，免费和收费的都有	大智慧	分析家	钱龙	金融界	指南针
[基金公司]	看基金持仓和对股市、个股看法	博时基金	华夏基金	易方达基金	上投摩根基金	华安基金
[监管机构]	权威的政策、行业动态	中国证监会	中国人民银行	上交所	深交所	中国银监会

无论是看行情还是看信息，炒股离不开股票软件。这些软件，有些需收费，有些免费。下面简单介绍几个股票软件，供参考。

■ 钱龙：历史早，曾经辉煌无比，但已衰败。

■《分析家》：很有知名度，接收实时行情分析的主流软件，分析指标还可以。

■《大智慧》的实时解盘、咨询较及时，分析功能也与《分析家》近似，有自己的特色，是一个不错的实时看盘软件，它的板块分析、成本分析、筹码分析也较实用。

■ 通达信、同花顺、飞狐：软件编制上差不多，指标编写系统开放性也不错。

■ 指南针，曾经辉煌一时，指标编写制定开放性强，软件整体应用起来还不错，但后因内部分裂而有些后继乏力了。

上交所于 2006 年 10 月推出了新的 Level—2 行情，比原来的 Show2003 行情准确度更高，还可以看到以前看不到的一些数据，对实际投资参考性更强，但要收费，一年费用在 1000 元以下。

总之，市场上一些根据技术指标推荐股票的软件，其准确度不太好确定。但是，随着投资领域专业力量的加强，一些金融资讯和软件公司开始着力于对股市和股票做基本面的分析，因此，采用其荐股的风险要比以前相对小些。这些股票分析软件日后的发展方向，应该是将基本面分析和技术指标一起考虑。

工具不是万能的，但没有工具是万万不能的！这些常用的软件，可助投资者一臂之力。当然，应用软件也有一个是否用习惯的问题，用惯了一个软件，再用其他软件可能会不习惯。这也就是钱龙为什么直到今天还有不少用户的原因。

第十节

股票两大类风险及防范之道

“我可以计算天体运行的轨道，却无法计算人性的疯狂。”这是牛顿 1720 年炒股赔钱后的哀叹。那一年，牛顿买了一只南海公司的股票，不过只涨了一点就卖了，可卖了后继续“疯涨”，心痒的牛顿又高价介入，结果刚买后股票崩盘，赔了两万多英镑。

投资者在追求投资收益的同时，也必须同时面对投资风险。股票风险主要分为系统性风险与非系统性风险，其下又可以细分为很多种，其相应的防范措施有很大不同。如图 4 -41 所示。

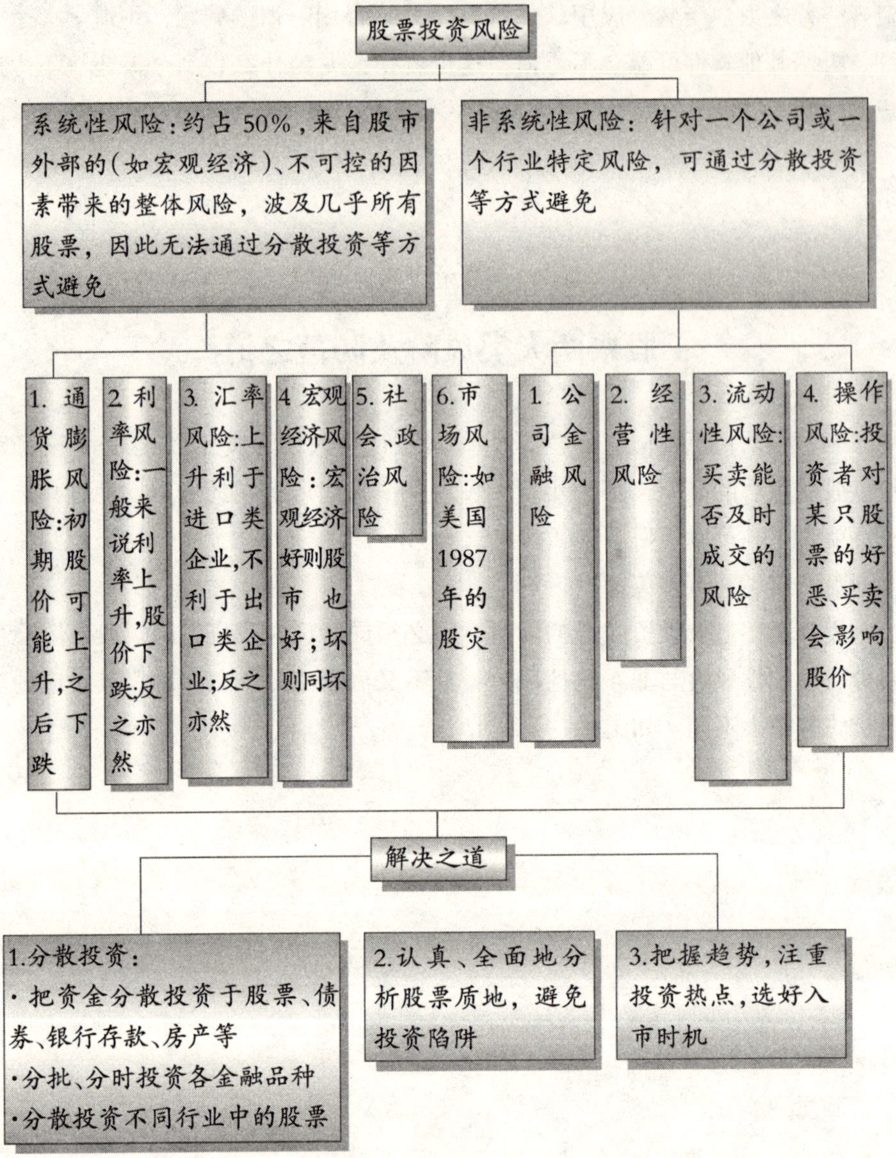

图 4－41　股票投资风险及解决之道

知识问答

1. 股市人人挣钱有可能吗？

很多投资者都问过这个问题。那么，在股市里人人都赚钱可能吗？到底谁在亏钱？

下面以一个简单的例子来说明。

假设一个市场只有1头小牛要卖。甲花100元钱买下，两个月后以200元的价格卖给乙，半年后乙以300元卖给丙，8个月后丙又以1000元卖给丁……三年后戊以10000元的价格买到了这头牛。

由此可以看出，只要有人还相信小牛的价格会一直上涨，就会愿意出高价买下来，准备卖给其他人，这就是我们常说的“博傻”。在这个涨价的过程中，买卖的人都赚取了不菲的差价。而最后一个人只要牛本身的市场价不变，他也没有亏钱。也就是说，所有人都没有亏钱，所有的人都非常高兴……

但是，事实上不会这样。毕竟牛肉不是独一无二的，在这个过程中有人开始改吃猪肉、羊肉了（同题材的股票），还有人开始想方设法从其他地方弄来新的小牛（发行更多的股票），同时物价局的人也开始监管干预或者要加大税收。渐渐地，更多的人反应过来，这不过只是一头牛而已。于是，牛的价格开始下跌，从10000元跌回到1000元，继而再下跌到600元还无人问津。

这时，我们再来分析一下谁亏谁赢。经过三年的成长，小牛长成了大牛，本身更值钱了，这就好比上市公司也会不断地发展，股价也不断上涨。其中，极端的情况还是可能发生的，比如小牛生病死掉了——上市公司破产。但是，三年后牛的真实价格该是多少呢？为判断一下这个牛到底值多少钱，我们可以假设把牛杀了卖牛肉，卖牛肉得到的钱就是实际价值。假定可以卖出200斤牛肉，每斤5元，这样就得出牛的实际价值为1000元。这是没有泡沫的。尽管牛可能还有其他的用处，比如去斗牛，或者做种牛等，这样评估的价格可能又不一样。这样，最后一棒的人就很惨，而此前的投资者都是挣钱的。

2. 股市为什么和宏观经济不同步？

一般来说，在一个健全、成熟的股市里，因为上市公司的经营情况和经济发展周期有关，故两者基本上是同步的，尽管也会有一定的提前或滞后。原因在于，很多宏观经济指标、企业利润等都会提前被股市投资者预测或获知，因此有先知先觉者采取行动，并带动股市涨跌。同时，因为股市有自身的运作规律，投资者的投资心理也会起一定作用，因此有时宏观经济情况变差了，股市还能保持惯性抬升一段时间，但最终会降下来。所以说，一个真正理性的股市，应该就是这样的一面反射镜，能真实地反映出经济的走势和企业的经营状况。而企业现在和未来的价值，也都应该体现在它的股价上，这也正是价值投资的基本原则。

在中国，股市和宏观经济还存在一定的割裂关系。一是中国股市至今还不能完全反映中国经济的发展状况，因为一批能真正代表中国经济的大企业还没有在 A 股上市（尽管有些已在 H 股上市），上市公司的质量和规模还不够。在这种情况下，不需要有业绩支持，只要有资金进入股市，就可以造成剧烈涨跌。所以股市具有很强的投机性，股市可以和经济不同步。二是影响中国股市最大的不是经济周期而是政策。我们知道，国家政策的目的在于调控经济，使其平稳运行。一般来说，当经济发展较快时会出偏紧的政策以抑制过热，而当经济发展速度降缓时则用宽松政策刺激经济发展。也就是说，政策周期和经济周期的方向往往是相反的，而股市受政策影响更大，所以也表现为和经济周期不同步。

随着中国上市公司规模的加大和实力的增强，以及我国股市调控及监管手段的趋于成熟，将进一步体现“股市是国民经济的晴雨表”这一功能。

3. 股票价格怎样才算合理?

主要取决于两个因素，一是上市公司自身的实力和盈利情况，这可以通过各种财务指标得出，主要考虑上市公司的赢利能力、成长性、每股净资产、现金流量等因素。股神巴菲特就是运用此方法来计算股票的合理价格。

二是市场的冷热情况。市场火热，钱多，自然股价就水涨船高；股市冷，当然股价就低。市场状况的背后实际暗含了国家宏观经济和国家各种政策对股市的影响。

而这两个因素，可以用市盈率来简单概括。一般的行业市盈率为 10 ~ 20 倍，即：若每股盈利为 0.5 元，则股票价格在 5 ~ 10 元（市盈率 × 每股盈利）。如果是某些发展前景被看好的行业，估价水平可以更高一些，如高科技、垄断行业。但仅考虑赢利能力还不够，如一些行业虽然暂时赢利能力比较高，但投资大，产能过剩，成长性不好，行业内股票估价水平可能不会被看得太高。

总之，市场上的股票价格是由市场的参与者按照不同的方法和依据进行分析、判断后共同确定的，不同的人得出的价格不一样。

4. 到底要长期投资还是短期投资？

这是一个一直争论不休的问题，没有定论，视各人情况而定。但对于一般投资者而言，长期投资的风险更小些。

短期市场很难预测。一只股票今天是涨还是跌，因素很多，也很不确定。因此，个人认为短期市场有如赌场，投资决策也可看做是赌博行为。所以，从这方面来说，在基本面没有发生根本性变化之前，持股待涨是一种不错的选择。但这个过程可能非常难熬，因为庄家主力也很清楚这一点，所以他们会采取各种洗盘行为，压制股价，从而让你误以为原先的判断出了问题，轻易抛出手中的股票。这就像在赌场一样，在既定的规则下，双方都可以采取各种措施，信心不足的一方很可能就被对方算计。这也就是大家经常遇见的“这只股票我拿了三月不涨，偏偏我一卖就大涨”现象。

就长期而言，股票价格最终还是取决于基本面的信息，比如上市公司的业绩、宏观经济和总体市况等。一旦基本面发生变化，或者说利好或利空的消息得以出现，这时就可以考虑买卖了。

在具体投资时，坚守股票投资纪律特别重要。投资尽管不乏感性和直觉，但更重要的是理性。我们在投资时需要牢记以下两点：

➡ 长线抄底最赚钱，胜过频繁做短线。在熊市时等待机会是首要任务，不亏就是赚，千万不要逆势而动；而在大牛市中，一定要拿得住。切记，长线一定要选择蓝筹股、优质股，其他股票尽量不碰。

➡ 长短结合，短线操作别犹豫。在短线操作上往往不易成功，从长期看可能还发生了一定的亏损，原因是在获利后没有及时卖出。如果搞短线操作，一定要记着把股票在适当的价格卖出去，否则短线很可能会演变成长线。做短线，要注意止盈和止损，比如可以将破了 5 日均线作为自己的止损线，或者干脆自己设定一个止损比率。

5. 通胀（升息）背景下适合投资什么行业的股票？

一般来说，通胀会推动企业业绩和资产价格的上升，同时也会带来成本的上扬。在此情况下，应选择定价能力比较强、处于产业链上端的行业，这些行业由于供给远远小于需求，随着通胀的加剧，未来涨价空间比较大。具体来看，主要有以下行业公司：

一是拥有垄断自然资源优势的公司，如金属、煤炭、石油公司等。因为资源稀缺有限，因此它们在通胀时，有较强的议价能力，能适时抬高资源产品的定价。

二是房地产板块。在通胀环境下，普遍居民对房地产等实物资产的投资热情高涨，而且随着人民币升值加速，房价会呈现加速增长势头。此外，随着我国工业化、城市化进程的加快，房地产的需求将在较长时候内保持旺盛。

通胀对哪些股票不利呢？主要是那些无法转嫁成本的消费品企业。同时通胀也会使总资产利润率较低的行业受到抑制，因为贷款利率继续上升对这些行业的压力较大，如原材料产业中的石化、化纤、塑料、造纸等。

但是，以上只是基本原则，具体公司还得具体对待。比如一些行业的龙头企业，本身就具备一定的品牌和技术优势，因此价格可以水涨船高，受通胀的影响也小些。

6. 全职炒股还是兼职投资？

这个问题主要是由目前的牛市引起的，牛市的丰厚收益使得投资者日常的薪水显得不那么有吸引力了。

但是，我们要认识到，牛市赚钱容易，熊市就不容易了，毕竟股市中只有少数人赚钱。股民与搬运工不同，有时出的力气越大，亏损就越多。

即使在牛市，我们也千万要慎重。主要看工作和炒股是否能够兼得，是否只能二选一。真正的投资者一般是做长线的，不需要每天盯盘看 K 线，所以在一般情况下，是可以两者皆得的。

再退一步，觉得工作无可留恋，要看全职炒股能否满足自己的收入预期。但在预计自己的收益率时，千万不能盲目乐观，否则，即使一时成功，也难以持久。

附 4-1 我国股市历年走势

自 1990 年 12 月 19 日开市至今，新中国股市已有了近 17 年的历史。在这期间，股市经过了几次大的起伏。

1994 年 7 月 29 日，鉴于股指持续下落（上证指数落至 333 点），政府部门急忙出台了“救市”政策，在其后的 1 个多月内，股指快步上扬，上证指数超过了 1000 点。

1996 年 5 月，沪、深两市的股指几乎同时上涨，在半年多的时间内，上证指数从 500 多点直冲至 1400 多点。1996 年 10 月初到 12 月 12 日，我国股市达到狂热程度。一时间，几乎所有股票全面飘红，有的股票甚至创下了日涨幅 100% 的纪录。在市场失去理性的情况下，中国证监会及有关部门在不到两个月时间内，连下 12 道“金牌”，严厉打击过度投机。12 月 16 日，人民日报发表了题为《正确认识当前股票市场》的特约评论员文章，明确表达了对股指快速上扬的担忧及不赞成的态度，同时也出台了一些抑制股指上行的政策措施。由此，在随后的几个交易日，沪深两市连连跌停，到 1997 年 1 月，两市跌幅达 30% ~40% 。

1997 年 3 月，上市公司年报集中公布和“香港回归”年，政府部门再次竞相出台有利于本地上市公司和股指上升的政策及措施，沪深两市的行情再次启动。在 3 个月左右的时间内，沪、深两市股指再度快速攀高，上证指数曾摸高自 1993 年 2 月以来的历史最高点。5 月初起，中央政府出台一系列抑市政策，包括扩大股票发行量的计划规模、提高股票交易印花税、禁止国有企业入市炒股等，直至 7 月份，在深入检查有关机构违规炒股的背景下，股指急速下落。

1999 年 5 月 19 日，沪、深股市行情再次启动。在 5 ~ 6 月间，证券主管部门的主要领导、《人民日报》评论员文章、《人民日报》社论等连续表达了支持股市上行的意图或倾向，由此，上证指数快速突破了 1558 点的历史大关，达到了 1700 多点。7 月 1 日，随着《证券法》的正式实施，两市股指及成交量莫名其妙地开始下落，在 6 月 29 日至 7 月 16 日的 13 个交易日中，上证指数从 1739 点急落至 1519 点，沪、深两市日成交量从 600.9 亿元急落至 178.38 亿元。

2001 年 6 月 14 日上证指数创下 2245 点高位，随后 A 股市场虽然偶有数月出现小幅反弹，但是长期趋势始终是一路向下。至2005年6月6日，上证指数甚至一度跌穿1000点大关，创下998点的8年新低。

进入2006年以后，股指开始快速攀升，至2007年8月，上证综指已突破5000点。

在此过程中可以看出，股市的走势往往受制于政府部门，体现了“政策市”和“消息市”的重要特点。很多时候，政府部门的思路也不清晰，有时甚至是相互矛盾的，既有推进股市成长和股指上扬的内在要求和利益动机，又有担忧股市向上可能给社会经济其他方面带来负面影响的恐惧心态。所以，这给股市未来走向带来了更多的不确定性。

附4-2 历史上几大牛市和美国两大股灾

■ 美国：美国股市标准普尔500综合指数从1983年的100点到2000年的1600点，17年间涨了16倍，道琼斯工业指数从1983年的1000点到2000年的12000点，17年间涨了12倍，纳斯达克指数从1975年的54点到2000年的5400点，25年间涨了100倍。

■ 我国A股：自2005年4月以来，我国股市不断上涨，股指从低于1000点，飞涨至2007年9月的5400点，在不到二年多的时间里，上涨4倍多，速度之快，在世界上也极为罕见。

■ 中国香港：1997年香港回归，股市反弹，34只H股普遍上涨逾70%，市场口号从“消灭股价5元以下的股票”，没多久便变成了10元。

牛市可喜，股灾难逃。以下是美国的两次重大股灾。

■ 1929年10月29日，在这个被称作“黑色星期二”的日子里，纽约证券交易所里所有的人都陷入了抛售股票的旋涡之中，这是美国证券史上最黑暗的一天，是美国历史上影响最大、危害最深的经济事件，影响波及西方国家乃至整个世界。此后，美国进入了长达10年的经济大萧条时期。美国参议院对股市进行了调查，发现有严重的操纵、欺诈和内幕交易行为。在痛定思痛后，建立了一套行之有效的以法律为基础的监管架构，重树了广大投资者对股市的信心，保证了证券市场在此后数十年的平稳发展，并为世界上许多国家所仿效。

■ 美国“87股灾”。1987年10月19日，星期一，华尔街上的纽约股市刮起了股票暴跌的风潮，爆发了历史上最大的一次崩盘事件。道琼斯指数一天之内重挫了508.32点，跌幅达22.6%，创下自1941年以来单日跌幅最高纪录。6.5个小时之内，纽约股指损失5000亿美元，其价值相当于美国全年国民生产总值的1/8。这次股市暴跌震惊了整个金融世界，并在全世界股票市场产生“多米诺骨牌”效应，伦敦、法兰克福、东京、悉尼、香港、新加坡等地股市均受到强烈冲击，股票跌幅多达10%以上。股市暴跌狂潮在西方各国股民中引起巨大恐慌，许多百万富翁一夜之间沦为贫民，数以千计的人精神崩溃，跳楼自杀。

附 4-3　股灾原因简析

几乎每次股灾的爆发都是众多因素共同作用的结果。在这众多因素中，既有市场因素，也有社会经济因素，如图 4-42 所示。

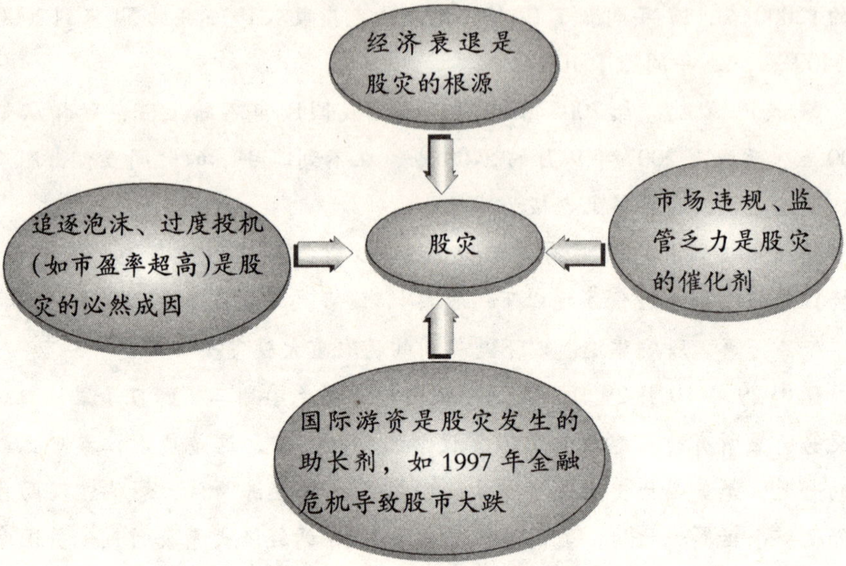

图 4-42　股灾原因分析

附4-4 中国铝业几年来的财务简表及主要财务比率

表4-5是中国铝业的三表和一些具体财务指标，简单、明了，投资者可作参考。

表4-5 中国铝业的三表

至12月31日	2005	2006	2007E	2008E	2009E
流动资产	166.95	251.99	293.90	436.71	568.81
现金	75.98	128.03	136.94	235.23	346.60
短期投资	0.00	0.00	0.00	0.00	0.00
应收账款	2.50	4.56	4.91	6.62	7.44
其他应收款	4.81	4.66	6.96	8.00	9.75
存货	70.09	86.97	112.75	148.25	159.01
其他	153.76	201.71	257.83	335.10	364.03
非流动资产	408.05	509.95	484.69	457.30	429.10
长期投资	10.84	18.77	18.77	18.77	18.77
固定资产	392.79	479.93	454.15	425.71	396.39
无形资产	3.99	9.38	8.78	8.64	8.49
其他	0.42	1.87	2.99	4.19	5.45
资产总计	574.99	761.95	778.58	894.01	997.91
流动负债	149.24	215.25	158.92	202.13	223.51
短期借款	43.50	77.47	0.00	0.00	0.00
应付票据	0.10	0.48	0.58	0.57	0.77
应付账款	47.85	49.48	76.82	96.49	102.29
其他	57.79	87.82	81.51	105.06	120.45
长期负债	96.36	86.49	86.49	86.49	86.49
长期借款	96.90	84.81	84.81	84.81	84.81
其他	1.46	1.68	1.68	1.68	1.66
负债合计	247.00	301.74	245.42	288.62	310.00
少数股东权益	15.60	34.75	40.05	47.25	56.12
股本	110.50	116.50	135.24	135.24	135.24
资本公积	57.73	97.65	97.65	87.65	97.65
留存收益	143.56	211.30	360.23	325.29	398.69
股东权益合计	311.79	425.45	493.12	558.14	631.79

至12月31日	2005	2006	2007E	2008E	2009E
主营业务收入	371.10	610.15	679.14	895.80	1016.34
主营业务成本	232.68	390.72	435.20	568.12	642.36
主营业务税金	3.23	4.81	5.68	7.45	8.32
主营业务利润	135.20	214.63	238.26	320.23	365.67
其他业务利润	0.13	(0.15)	0.10	0.10	0.10
营业费用	6.74	9.47	12.12	17.02	17.24
管理费用	28.06	34.28	47.44	67.18	81.31
财务费用	3.48	6.41	5.19	4.75	3.90
营业利润	97.04	164.31	173.62	231.37	262.81
投资收益	0.32	0.89	0.30	0.30	0.30
补贴收入	0.04	0.05	0.00	0.00	0.00
营业外收入	0.40	0.15	0.00	0.00	0.00
营业外支出	1.87	2.27	0.00	0.00	0.00
利润总额	95.94	163.12	173.92	231.67	263.11
所得税	25.87	43.38	46.31	61.92	70.12
少数股东损益	2.24	6.45	5.30	7.21	8.87
净利润	67.83	113.29	122.31	162.54	184.13
EBITDA	123.34	196.02	215.40	273.24	304.88
EPS（元）	0.61	0.97	0.90	1.20	1.36

现金流量表

至12月31日	2005	2006	2007E	2008E	2009E
经营活动现金流	93.96	147.05	178.12	208.57	233.75
净利润	67.83	113.29	122.31	162.54	184.13
折旧摊销	22.82	25.30	36.60	37.12	38.16
财务费用	3.48	6.41	5.19	4.75	3.90
投资收益	0.32	0.89	0.30	0.30	0.30
营运资金变动	21.59	11.77	(8.37)	3.22	2.07
其他	0.00	0.00	0.00	0.00	0.00
投资活动现金流	(89.49)	(105.12)	(8.00)	(8.00)	(8.00)
资本支出	81.98	66.55	8.00	8.03	8.00
长期投资	9.15	41.22	0.00	0.00	0.00
其他	–	–	0.00	0.00	0.00
筹资活动现金流	9.26	(19.89)	(16.21)	(102.27)	(114.38)
短期贷款	43.50	77.47	0.00	0.00	0.00
长期借款	96.90	84.81	84.81	84.81	84.81
普通股增加	0.00	6.00	18.75	0.00	0.00
资本公积增加	0.67	39.92	0.00	0.00	0.00
其他	0.00	0.00	0.00	0.00	0.00
现金净增加额	13.74	22.05	8.91	96.29	111.37

主要财务比率

至12月31日	2005	2006	2007E	2008E	2009E
年成长率					
营业收入	14.54%	64.86%	11.31%	31.90%	13.46%
营业利润	11.91%	69.32%	5.66%	33.26%	13.59%
净利润	12.06%	67.03%	7.96%	32.89%	13.28%
获利能力					
毛利率	37.30%	35.96%	35.92%	36.58%	36.80%
净利率	18.28%	18.57%	18.01%	18.14%	18.12%
ROE	21.75%	26.63%	24.80%	29.12%	29.14%
ROIC	17.08%	23.06%	26.26%	37.08%	44.90%
偿还能力					
资产负债率	25.98%	28.25%	20.41%	22.61%	22.40%
净负债比率	45.03%	38.14%	17.20%	15.19%	13.42%
流动比率	1.12	1.17	1.85	2.16	2.54
速动比率	0.65	0.77	1.14	1.43	1.83
营运能力					
资产周转率	0.7	0.91	0.88	1.07	1.07
应收账款周转	46.73	73.81	64.36	67.6	63.89
应付账款周转	5.63	8.38	7.3	6.97	6.57
每股指标（元）					
每股收益	0.61	0.97	0.9	1.2	1.36
每股经营现金	0.85	1.26	1.32	1.54	1.73
每股净资产	2.82	3.65	3.65	4.13	4.67
估值比率					
PE（倍）	33.36	35.96	20.97	23.79	17.85
PB（倍）	8.17	8.19	7.24	6.40	4.8
EV/EBIIDA	21.43	19.49	15.37	13.77	10.38

资料来源：中投证券研究所，公司报表

附4-5 股神巴菲特五项核心投资原则

巴菲特的投资业绩辉煌无比。据特威迪-布朗报告（2000年），如果你在1956年把1万美元交给沃伦·巴菲特，那么你持有到2000年就变成了大约2.7亿美元，高达27000多倍的惊人回报，平均年增长率超过30%。不仅如此，其股价波动性又低于市场平均值，这在证券业界可说是闻所未闻。而同期的道琼斯工业股票平均价格指数仅仅上升了大约11倍。

如果你直到巴菲特1965年收购伯克希尔公司时才开始投资，那么你所投资的1万美元现在就变成了6000多万美元；如果当时你把1万美元投资于标准普尔500指数，它的价值现在约为50万美元。顺便说一句，能够战胜标准普尔指数的投资者极少，标准普尔指数“在截至1997年12月31日的16年里表现优于91%的股票和基金。”

那么，是什么造就了其辉煌？人们将其归纳为五项核心投资原则，事实上，巴菲特本人也一直这样宣扬和坚持。巴菲特的投资理念简单得令人难以置信，而且无懈可击。其投资方法其实可以用一句话来表述：以企业主的心态，精选少数几家（具有持续竞争优势的）杰出企业股票，低价买进，长期持有。这句话可以分解为五项基本投资原则：

1. 关注企业所有者

巴菲特的老师格雷厄姆曾说：“最聪明的投资方式，就是把自己当成持股公司的老板”。巴菲特认为“这是有史以来关于投资理财最重要的一句话”，并认为“在投资时，我们把自己看成是企业分析师——而不是市场分析师，也不是宏观经济分析师，甚至不是证券分析师。”

2. 寻找杰出企业

巴菲特说：“寻找超级明星——给我们提供了走向成功的唯一机会。”“一个二流的企业最有可能仍旧是二流的企业，而投资人的结果也可能是二流的。”要超越平均水平，选择拔尖的企业无疑是最好的选择，这也是一种常识。如果你挑选篮球运动员帮你赚钱，你一定会选乔丹或姚明之类的超级巨星，而不会选择二三流的球员。

3. 集中投资

巴菲特说：“多样化是无知的保护伞。”“如果你对投资略知一二并能了解企业的经营情况，那么选5～10家价格合理且具长期竞争优势的公司，传统意义上的多元化投资对你毫无意义。”这也就是说，投资不要太分散。

4. 保持安全边际

巴菲特说：“架设桥梁时，你坚持的载重量为3万磅，但你只准许1万磅的卡车穿梭其间。相同的原则也适用于投资领域。”即要逢低买进，而且买进价格要低于企业内在价值较大的幅度，以便留有安全余地。即使是最好的企业，购买的价格也应该合理。

5. 长线是金

巴菲特曾为此解释说：“按兵不动是聪明的策略。我们不会——其他多数企业也不会由于联邦储蓄的贴现利率的小小改变，或由于华尔街的某位权威人士改变了对市场的看法就疯狂地抛售非常有利可图的企业。我们占据着只有少数人才拥有的最优秀企业的股票，既然如此我们为什么要改变战术呢?”因此，不理会每日股价涨跌，不去担心总体经济形势的变化，以买下一家公司的心态长期持有股票，复利累进，分享企业成长的果实。长期投资是最聪明的选择。

巴菲特对短线投机十分反感，认为“短线投机等于就即将发生的事情进行赌博。如果你运用大量的资金进行短线投机，有可能血本无归。”他甚至一针见血地说：“你不会每年都更换房子、孩子和老婆，那么，为什么要卖出公司（股票）呢?”

以上原则是巴菲特投资的基石，看上去很简单，做起来却不简单，贯彻到底则更不简单。但巴菲特的确说到做到了，而且，坚持到底，一以贯之。巴菲特超人的投资远见和定力，在他对待“新经济”的态度里最见真功。在新经济狂潮甚嚣尘上的时候，一些形迹可疑的公司市值扶摇直上，那些企业在巴菲特眼里都是犯了经营大忌的，而伯克希尔的股票价格却一路下跌。当伯克希尔的股东责难怀疑时，巴菲特仍然坚持自己的价值投资理念。这就是他独步天下、长盛不衰的原因。

注：本文根据网上相关文章整理而成。

第五章

金融衍生品

在金融衍生品投资中，只有少数胜利者，他们除了具有独到的投资眼光、准确的判断力等素质外，更重要的一点就是能恪守铁的纪律。可以这么说：恪守铁的纪律是期货交易获利取胜的法宝。

——民间智慧

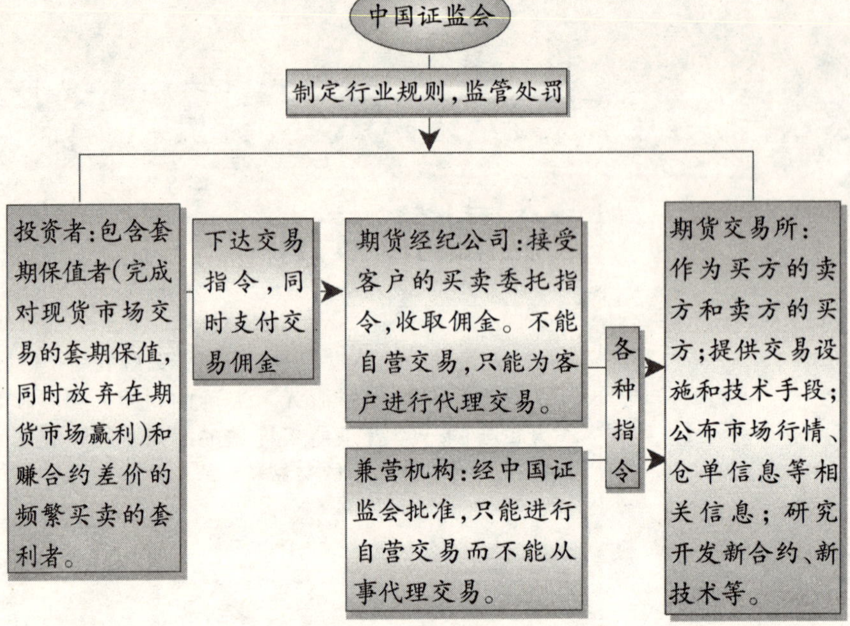

图5-1 期货市场体系

本章导读

中国期货市场由中国证监会、期货交易所、期货经纪公司、期货兼营机构、套期保值者和投机商构成。它和股票投资有很多类似之处，比如得通过中介结构（期货经纪公司）在期货交易所进行交易。但是最大的不同在于其可以一当十、以小搏大。其产业链构成如图5-1所示。

金融衍生品很复杂，风险较大，要求投资人要有很强的专业能力、很强的心理素质。它最初的作用在于控制甚至设定投资的风险，到了今天，其以小搏大的投资功能更得以彰显。

金融衍生品的种类很多，也很复杂。比如，外汇结构存款、股指期货、商品期货、股票买卖权证（期权）都是金融衍生品。

作为一般投资者，对金融衍生品其实大可不用考虑，毕竟风险太大。但是，我们要知道，其中相当多的衍生品，会对其他投资品种产生影响。比如，股指期货对股票价格影响巨大，而股票的买卖权证同样能影响股票涨跌。此外，金融衍生品正方兴未艾，也许再过十年，就会成为普通投资者资产组合中必不可少的部分了。未雨绸缪，了解一些也是好事。

第一节

期货：四两能否拨千斤

1. 期货是这么来的

1995年2月26日，著名的英国老牌商业银行巴林银行宣布破产，世界为之震惊。巴林银行有着233年的辉煌历史，在全球掌管着270亿英镑的资产。在金融市场上地位极高，连英国伊丽莎白二世和威廉王子都是它的客户。而破产的原因令人觉得匪夷所思，它竟葬送在其新加坡分行的一名普通职员之手。是什么让这只手具有如此惊人的破坏力？答案就是他负责的金融衍生品交易，尤其是其中的期货投资。

期货交易最初产生于商品的远期交易，取得成功后才被移植到金融资产的交易中。商品期货交易早在中世纪就已在欧洲进行，但现代期货交易是19世纪从美国首先发展起来的。美国的商品期货交易起源于谷物交易。19世纪初，为解决谷物的及时买卖问题，避免价格波动的风险，在西部农场主和东部加工商之间开始以远期合同形式进行商品交易。但是由于当时的交易仍是个别的非标准化的交易，所以在交易过程中不可避免地不断发生纠纷和争议。应交易的需要，1848年由82位商人自发地发起并成功地组建了美国第一家中心交易所——芝加哥谷物交易所（CBOT）即现在的芝加哥期货交易所。此后，CBOT不断对期货交易的方式进行改进，逐步推出标准化合约、保证金制度、间接交易制度和每日清算制度等。一百多年来，新的期货交易所不断涌现，除了芝加哥谷物交易所外，主要有芝加哥商品交易所（CME），期货交易对象除了小麦、玉米外，逐渐增加了棉花、黄豆、可可、咖啡、原糖、黄油等，后来又增加了金属、橡胶、贵金属等品种。

自上世纪70年代以来，期货市场发生了翻天覆地的变化，盛行一百多年的商品期货逐渐退居次要地位，而货币、证券、利率、股票价格指数等金融工具迅速涌现出来，成为主要的期货商品。

2. 期货是这样运作的

假设某钢铁企业两个月后要买一批铁矿石，但预计未来两个月内铁矿石会大幅度涨价，这家企业该如何做呢?

最有效的方法就是与矿石生产商签订一份远期合约，约定在两个月后以某一固定价格进行交易。这其实就是远期与期货的做法。期货与远期都是交易双方约定在未来的某一特定时间、以特定的价格、买卖某一特定数量及质量资产的合约。它们的不同点是：

◆ 远期合约根据买卖双方的特殊需求由买卖双方自由订立，一般投资人不太可能涉及；

◆ 而期货合约就是由期货交易所制定的标准化合约，对合约到期日、买卖资产的种类、数量以及质量都做了统一的规定。交易双方在成交时并未真正实现商品和价款的转移。

期货合约规定了商品的规格、品种、质量、重量、交割月份、交割方式、交易方式等，它与合同既有相同之处，又有本质的区别，其根本区别在于是否标准化。我们把标准了的“合同”称之为“合约”。该合约唯一可变的是价格，其价格是在一个有组织的期货交易所内通过竞价而产生的。如果这一商品是实物商品，就叫商品期货，一般在商品交易所进行交易，如郑州、大连的商品期货交易所；而如果交易的是特定的金融产品，则为金融期货。如图5-2所示。

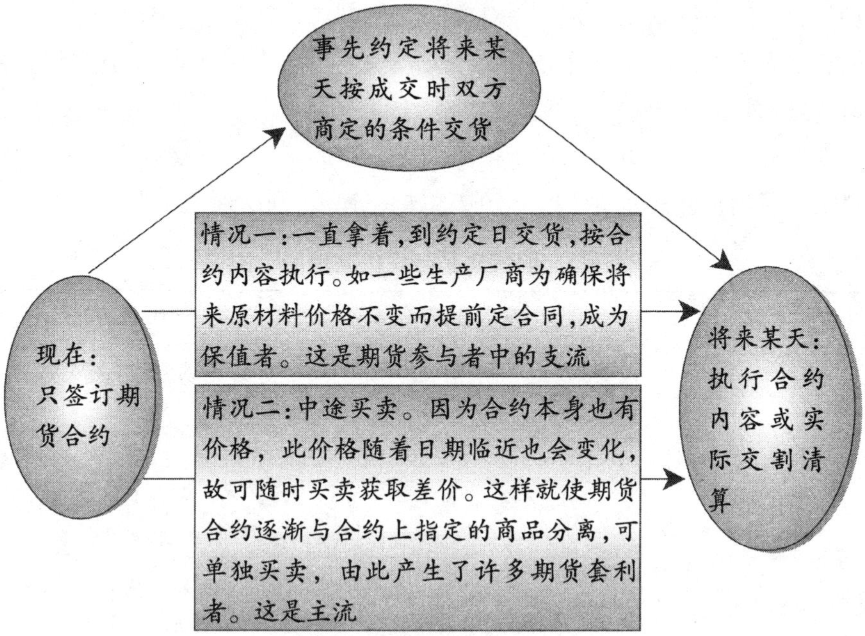

图 5－2　期货运作原理

绝大多数期货的买方并非真正需要合约上指定的商品，大多数期货的卖方也不一定真正拥有合约上指定的商品，他们交易的目的是获取买卖的差价，而交易对象实际上就是期货合约本身。但是，对买卖双方来说，只要在合约到期前没有做过相反的交易，则都要承担合约规定的义务，即不管实际交割时价格发生了什么变化，不管这种变化对自己是有利还是不利，买方到期必须承担按合约规定价格买入指定商品的义务，卖方则应承担按合约规定的价格卖出指定商品的义务。

在期货交易中，由于实际交割清算要在远期进行，因此就为成交双方提供了在合约到期以前，各自做一个相反的交易以免除到期交割实物的可能。也就是说，期货的买方可以在合约上规定的交割日之前卖出相同种类、数量和交割日期的期货，卖方也可以在合约上规定的交割日之前买入相同种类、数量和交割日期的期货。由于买卖双方在交割日之前都可能有相反的交易，因而实际交割时双方只要分别对自己买进卖出的差价进行清算，而无须发生实物的交收，这样就使期货合约逐渐与合约上指定的商品分离，成为可单独进行自由交易的对象。

由于期货交易的主流是不需交收现货商品，因而现代期货交易发展成为以期货合约这一特殊商品为交易对象的交易方式，并使它有别于任何一种已有的交易方式。这一特性也使期货交易方式应用范围广泛，交易灵活方便，并有良好的发展前景。

期货交易与现货交易也有相同的地方，如都是一种交易方式，都是真正意义上的买卖，也都涉及商品所有权的转移等。不同的地方见表5－1。

表5－1　期货交易与现货交易的不同点

类别	现货交易	期货交易
买卖的直接对象不同	商品本身，有样品、有实物、看货定价	由商品交易所统一规定的期货合约
商品范围不同	一切进入流通的商品	品种有限，主要是农产品、石油、金属商品以及一些初级原材料和金融产品
交易目的不同	双方各取所需	通过套期保值回避价格风险或投资获利
交易方式不同	一般是一对一签订合同；交易的时间和地点等具体内容由双方商定；签订合同之后如不能兑现，就要诉诸法律	以公开、公平竞争的方式进行交易。除价格以外很多交易条件都是由交易所统一规定的，交易价格是由众多买卖者在交易所规定的时间内集中、公开竞争确定的。一对一谈判交易（或称私下对冲）被视为违法
交易场所不同	一般分散进行，只有一些生鲜和个别农副产品是以批发市场的形式来进行集中交易	必须在交易所内依照法规进行公开、集中交易，不能进行场外交易
结算方式不同	货到款清，无论时间多长，都是一次或数次结清	由于实行保证金制度，必须每日结算盈亏，实行逐日盯市制度；结算价格以成交价为依据计算

现在的期货市场上主要有三类人。第一类人的目的就是避免风险，期货合约到期一般都进行实物交易，这类人被称为套期保值者。如需要铁矿石的钢铁企业。第二类人根本没有实物，也不想要实物，而是希望通过价格变动，来套取其中的差价，因为期货合约本身是有价格的，因此被称为投机者。第

三类人是套利者，他们同时买进自认为是“便宜的”合约，同时卖出那些“贵的”合约，从两合约价格间的变动关系中获利，俗称“抢帽子”。

购买期货的好处是可以“四两拨千斤”，可以“买空”和“卖空”。如果相信价格会涨并买入期货合约，则称“买空”或称“多头”，亦即多头交易；而如果看跌价格并卖出期货合约则称“卖空”或“空头”，亦即空头交易。

3. 期货该这样投资

期货交易实行保证金制度，即买卖双方需要预先缴付3～15%的保证金。这样，只需付出少量现金，就可以实现数倍乃至几十倍的交易规模。因此，期货交易最大的特点就是“以小搏大”，投机性较强，市场风险大。此外，还因为参与期货交易的商品通常是价格波动较为频繁的商品，这也加大了期货市场的风险。也正因为如此，期货交易都实行逐日盯市制度，即每天期货交易所都会计算交易双方的损益情况，一旦损失接近保证金数额时，交易所就会要求其追加保证金。如果不能追加保证金，交易所会停止其交易资格。

比如你预计小麦期货合约价格会涨。现假设目前每份小麦期货合约的总价格是1.6万（具体是以每公斤1.6元的价格成交1万公斤），按照5%的比例交纳保证金，那么，你仅以800元的价格就买下了这份合约。随着小麦等实物价格的涨跌，你的这份合约的价格也会涨跌。如果第二天小麦价格从每公斤1.6元涨到1.65元（这里只为方便举例说明。目前一般规定每日最大涨跌幅不超过3%），你的合约总价值就是1.65万元，一天之内涨了500元，以800元的价格为基数，即涨了62.5%，真正是“以小搏大”。这500元转入你的保证金账户。但是如果单价跌到1.55元，你的合约价值就只有1.55万元，一天之内跌去500元，这500元从你的保证金账户扣除。如果价格一直下跌，你的保证金就会越来越少。因而，保证金账户的资金随时会增减，浮动盈利将增加保证金账户余额，浮动亏损将减少保证金账户余额。保证金账户中必须维持的最低余额叫维持保证金。当保证金账面余额低于维持保证金时，交易者必须在规定时间内补充保证金，称为追加保证金。否则在下一交易日，交易所或代理机构有权实施强行平仓。

在这个过程中，你也可以把你手中的合约卖掉，即平仓。这样，浮动的盈亏就不再是纸上财富了。如果不平仓，最后一般就进入实物交割的阶段。实际上，绝大部分期货投资者都是通过买卖合约来获利的，目前只有不到5%的期货合约是实物交割。

因此，尽管期货可以“四两拨千斤”，但是四两能否拨动千斤就很需要水平了。下面是投资者，特别是新进入期货市场的新手，需要注意的几点：

■ 要有良好的投资战略。根据自己的条件（资金、时间等），培养良好的心理素质，不断充实自己，逐步形成自己的投资战略。一定要设“止损点”，以免损失不断扩大，难以全身而退，俗话说“留得青山在，不怕没柴烧”。

■ 关注信息、分析形势。期货市场是一个消息满天飞的地方，要逐步培养自己的分析能力，充分掌握有价值的信息。同时，时刻注意市场的变化，提高自己反应的灵敏度。在入市投资时，首先要从自己熟悉的品种做起，做好基础分析工作。

■ 投资的资金规模必须适度。如果资金渠道有问题，一旦抽紧，势必影响交易；而交易规模如果失当，盲目下单、过量下单，就会使你面临超越自己财力、能力的巨大风险。切记，期货市场是风险投资市场，绝不是赌场。

■ 期货合约都有期限，当合约到期时，所有未平仓合约都必须进行实物交割。因此，不准备进行交割的客户应在合约到期之前将持有的未平仓合约及时平仓，以免承担交割责任。

期货投资，做得好，即使是蚂蚁也能吃掉大象；做得不好，即使是大象也会被蚂蚁吃掉。

4. 期货投资风险多

期货是一个能创造神话的投资品种，可以让人一夜暴富，但也可以使亿万富翁瞬间一贫如洗。历史上许多重大的金融风险，都与金融期货交易有关。1987 年，美国发生的“股灾”与股指期货交易有关；1997 年 7 月，始于泰国的亚洲金融风暴，与泰国利率期货交易有关。因此，作为投资者一定要对其风险做到胸中有数。期货投资的风险可分为以下几种。

（1） 市场价格波动风险

客户在期货交易中，最大的风险来源于市场价格的波动。这种价格波动给客户带来交易盈利或损失的风险。由于杠杆原理的作用，这个风险是放大的，投资者应时刻注意防范。

（2） 流动性风险

即由于市场流动性差，期货交易难以迅速、及时、方便地成交所产生的风险。这种风险在客户建仓与平仓时表现得尤为突出。如建仓时，交易者难以在理想的时机和价位入市建仓，难以按预期构想操作，套期保值者不能建立最佳套期保值组合；平仓时则难以用对冲方式进行平仓，尤其是在期货价格呈连续单边走势，或临近交割，市场流动性降低时，交易者不能及时平仓而遭受惨重损失。

（3）经纪委托风险

即客户在选择期货经纪公司确立委托过程中产生的风险。投资者在准备进入期货市场时必须仔细考察，慎重决策，挑选有实力、有信誉的经纪公司。

（4）强行平仓风险

期货交易实行每日结算制度。在结算环节，由于期货公司根据交易所提供的结算结果每天都要对交易者的盈亏状况进行结算，所以当期货价格波动较大，保证金不能在规定时间内补足的话，交易者可能面临强行平仓风险。除了保证金不足造成的强行平仓外，还有当客户委托的经纪公司的持仓总量超出一定限量时，也会造成经纪公司被强行平仓，进而影响客户强行平仓。因此，客户在交易时，要时刻注意自己的资金状况，防止由于保证金不足，造成强行平仓，给自己带来重大损失。

（5）交割风险

当期货合约到期时，所有未平仓合约都必须进行实物交割。因此，不准备进行交割的客户应在合约到期之前将持有的未平仓合约及时平仓，以免承担交割责任。新入市的投资者尤其要注意这个环节，尽可能不要将手中的合约持有至临近交割，以避免陷入被“逼仓”的困境。

第二节

期权（权证）：花钱买“选择权”

简单地说，期权有些类似日常交易中的订金。如果你现在看中一套房子，价值40万元，但是你现在没钱，或者你不打算现在买，希望在两年后结婚时再买，你估计到时能存下50万元。因此，你和售房者约好，并支付了2万元订金，两年后如果房子涨到60万元，你仍可以50万元买；如果跌到50万元以下，你可以按当时的市场价格买。其实，你和售房者之间就定了一个期权，买还是不买，取决于你。而押金就是期权的价格，也就是说，你的选择权的价格。一般说来，期权合约包括以下几个要素：

■ 执行价格，指事先约定的执行期权时买卖标的物的价格。

■ 期权费：就是期权的买卖价格。

■ 到期日与执行日：也就是期权的期限和买方可以执行期权的时间。有的期权必须在期权到期日才可执行，叫欧式期权；有的期权则可以在到期日之前的任何时间执行，叫美式期权。

■ 保证金：也就是期权买方必须预存入交易所的用于保证履约的现金。

■ 看涨期权和看跌期权。前者指在合约有效期内，可以按执行价格买入标的物的权利；而后者就是在有效期内可以按执行价格卖出标的物的权利。

期权产生后，获得了飞速发展，现已成为重要的避险工具和投机工具。期权运作原理如图5－3所示。

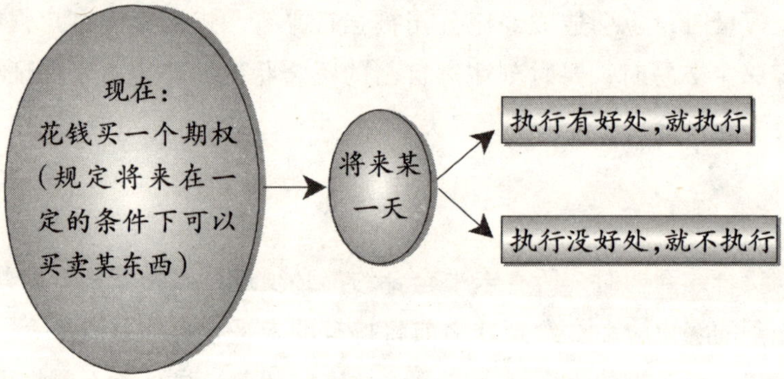

图5－3　期权的核心原理

期权对投资有很大好处。市场上的任何金融品种，比如股票、债券甚至上面讲的期货等，价格都会有涨有跌。而买了期权，投资者就掌握了买卖的主动权，不受市场价格变动的影响，从而避免了很大的风险。

期权和期货都可以在现在决定将来交易的种类、价格和数量等，不同之处在于期权只有权利，买主不像期货投资者那样必须有买或卖的义务。设想一下，如果你看好市场上某只股票，认为三个月后股价可以涨到15元，而目前每股为10元。你要想多赚钱，当然是现在买得越多越好。可你现在只有

150 元，仅够买 15 股。如果三个月后股价真的达到 15 元，15 股也就只能赚 75 元。但是，如果你现在花 100 元买了一个期权，规定你 3 个月后能以 10 元的价格买卖 100 股。这样的话，到时如果每股涨 5 元，你以 10 元的价格买了 100 股，然后再以 15 元的价格在市场上卖掉，这样可获利 500 元，扣除期权成本 100 元，你还挣了 400 元。而卖给你期权的人就倒霉了，他必须以 10 元的价格卖给你 100 股。因为他对股价的判断和你相反，他原本指望你不执行期权，从而可以净得 100 元期权购买费。

如果三个月后股价下跌到 8 元，因为你有选择权，就不用以 10 元的价格买约定的 100 股，可以直接到市场上以 8 元的价格去买。当然你也可以什么都不买，这时你就只亏了一个期权费而已。

事实上，很少有期权交易是通过以上方式来获取利润，一般是通过买卖期权本身来获利。同期货一样，期权本身有价格，且随着股票（或债券、黄金、指数等）价格的变动而变动。因为一个是 3 个月后能以 10 元的价格买卖 100 股股票的期权，其价格在这只股票的股价为 6 元和 9 元时的情形是不一样的。就像赛马一样，在第一圈打赌和在最后一圈打赌的赌注肯定是不一样的，因为后者输赢更明朗。

期权分为看涨和看跌期权二大类。看好某只股票（债券、指数、期货等）价格上涨而购买期权的，叫做看涨期权；如果看跌某只股票而购买期权的，叫做看跌期权。值得注意的是，如果你买了看跌期权，即到期以一定的价格卖出多少股票，这并不表示你现在需要拥有那些股票，你可以中途卖掉期权或者到时从市场上以现价买进股票就可以了，也就是说可以空手套白狼。

期权的优点在于，期权购买者投入较少的资金，承担较小的风险，却有可能获得较为丰厚的利润。总体而言，期权是一种固定风险的投资活动，即使亏也只会亏掉期权费，但却有可能获得高额利润。

第三节

扑朔迷离的各类金融衍生工具

金融衍生工具是指在股票、债券、利率、汇率等基本金融工具基础上派生出来的新的金融合约种类。具体包含的种类如图 5－4 所示。

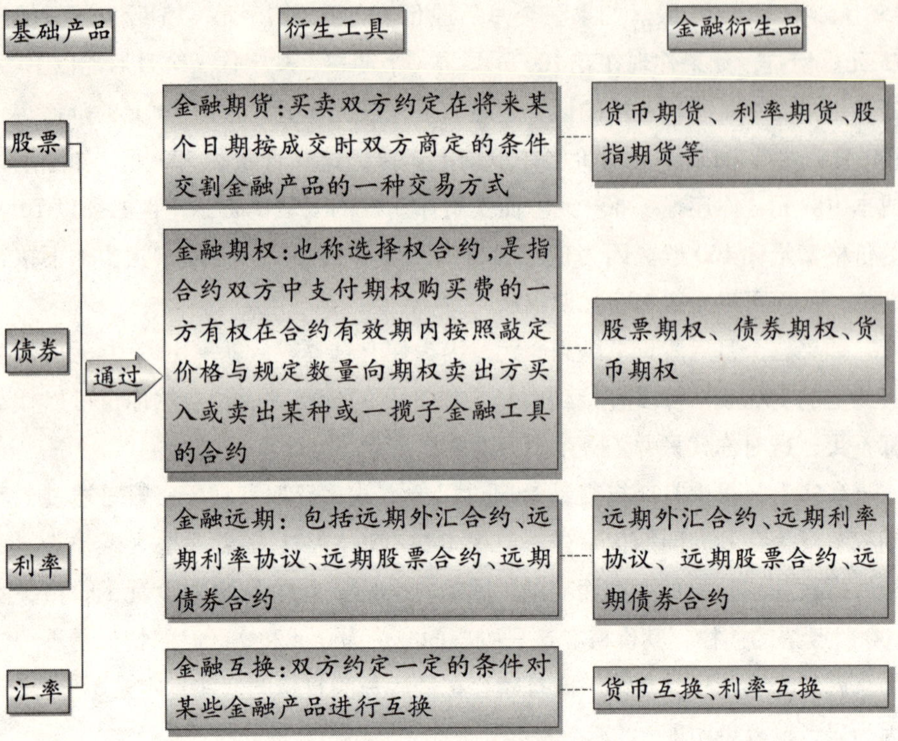

图5－4　各种金融衍生品

从整体来说，金融衍生工具交易的风险主要涉及市场风险、信用风险（对方是否守信）、流动性风险、法律风险，各自又有不同点，需要投资者注意。见表5－2。

表5－2　一些金融衍生产品的特点

	总体说明	市场风险	信用风险	流动性风险
金融期货	对风险与收益的完全放开	很大	很小	很小
金融期权	双方风险收益的非对称性	小于期货	和期货相当，很小	和期货相当，很小
金融远期	既锁定风险又锁定收益	极小	很大	很大
金融互换	锁定风险收益，但有一定的灵活性	市场风险最小	很大	很大

第四节

股指期货：对冲股市系统性风险

我们知道，投资股票有两种风险，一种是非系统性风险，我们可以通过分散投资、构建投资组合的方式来分散风险，也可以通过股指期货和期权来锁定风险；另一种风险是系统性风险，这种风险规避起来就没有那么简单，因为一般投资者不大可能为自己投资的每只股票都订立期货或期权，毕竟这样费用太高了。

由此，就产生了股指期货。股指期货的全称是股票价格指数期货，也可称为股价指数期货或期指，是指以股价指数为标的物的标准化期货合约。双方约定在未来的某个特定日期，按照事先确定的股价指数的高低，进行标的指数的买卖。作为期货交易的一种类型，股指期货交易与普通商品期货交易具有基本相同的特征和流程。因为股票指数与股市整体价格走势一致，能反映市场价格整体波动情况。这样就能很好地规避股市的系统性风险。

但是，股指如何交易呢？人们一般给股指每一个点赋予一个既定的价格，如香港恒生指数每点的价格就是 50 港元，即恒生指数每上升一个点，该期货合约的多头每份合约就挣 50 港元，空头则亏 50 港元；如下跌一个点，则多头输 50 港元，空头挣 50 港元。一旦股指期货到期，也不是必须要交割指数或股票，只要根据指数涨跌和每点价格来计算对应的现金，直接进行现金结算就可以了。

下面是香港市场中的一个例子。

假设在恒生指数 15000 点时某投资者有 200 万港币的股票，他预计三个月后会下跌 20%。为规避此风险，他卖出 2 份 3 个月到期的恒生指数期货。三月后，果真下跌至 12000 点，该投资者的股票市值变成了 160 万，亏了 40 万。但是他在期货市场上挣了 3000 点 ×50 港元 ×2 份 =30 万。这样，最终只亏损了 10 万港元。接着，我们看看以下一个真实的例子。

2001 年，香港市场中部分投机资金先吹捧联通业绩，快速推高股价，然后借“中移动”中报业绩增长放缓及固网移动电话费优惠的消息，进行卖空中移动，同时卖空高估的联通股票及恒指期货来获利。

在 2001 年 8 月，中移动和联通在恒生指数占有将近 30% 的权重，它们的大跌致使恒生期指在 11 个交易日内下跌了 7.5%，也即 902 点。恒指期货每点价值 50 港币，按 14262 份空头未平仓合约简单计算，这期间空头在期指上获利超过6亿港币。

由此可见，上述投资者通过做空这两大恒指权重股，动用了较少的资金，获得了巨大的利润。在这个过程中，一部分机构投资者通过“将欲空之，必先捧之”的原则，先推高联通股价，获得了高额回报，然后又在市场氛围转淡情况下逐渐做空，“四两拨千斤”在这里得到了淋漓尽致的体现。

股指期货具有做空的特点，对于机构投资者来说，无疑是其化解投资风险的一大利器。我国股市从诞生那天起，便伴生出一个先天不良之疾，那就是由于金融配套条件的不成熟，使得股市中的赚钱机制成为单行道，即只有做多才能赚钱。这种状况在2001－2005年连续四年的熊市中表现得尤为明显，很多投资者在20元高位买入的股票一路跌到2元，持有者损失惨重。从国际金融资本市场来看，为了化解上面所说的投资风险，机构投资者一般都是通过在金融期货市场上做空来对冲其在股票二级市场上的投资风险。即在二级市场上买入股票的同时，在股指期货市场上沽空。这样一旦出现突发性事件，在二级市场上股票狂跌的同时，股指期货市场上还是能够有赚钱的机会，这样就大大减少了投资损失，化解了投资风险。也正是因为股指期货具有如此显著的作用，其在国际金融期货市场上的发展步伐极快，成为国际期货市场上的看家品种。

推出股指期货，对市场将产生巨大的影响。如图5－5所示。

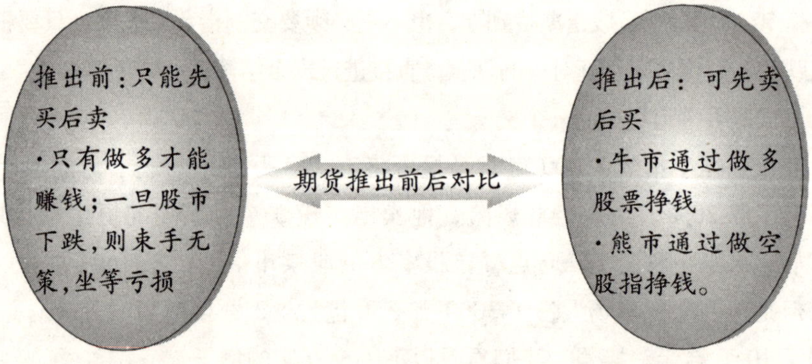

图5－5　期货推出前后股市操作手法的变化

股指期货在短期有“助涨助跌”的作用，但长期可以稳定股价，使股市估值趋于合理。如图5－6所示。

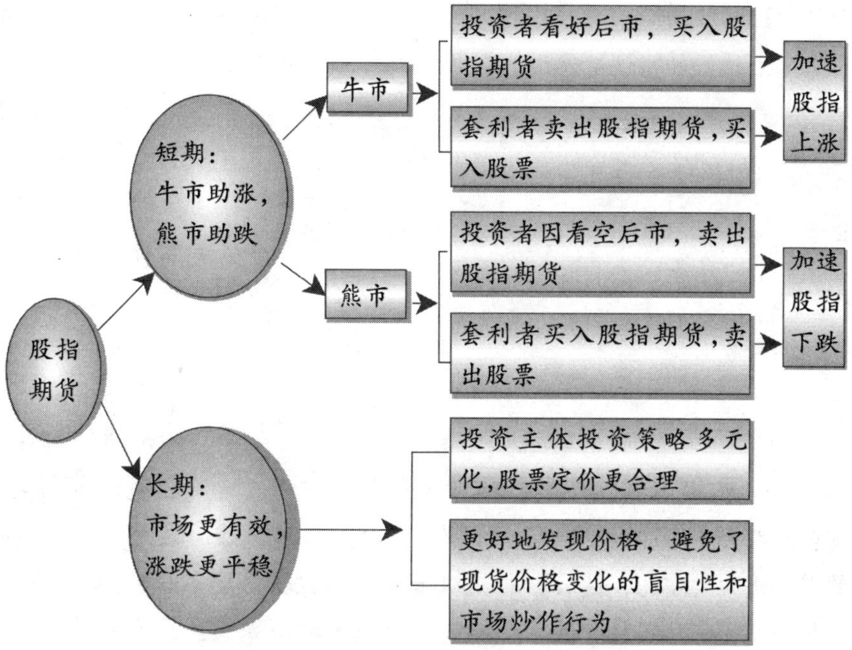

图 5-6　股指期货推出对股市的影响

股指期货具有高杠杆、低成本的特点，故在短期内，股指期货会在牛市助涨，熊市助跌，但并不直接决定涨跌。

从长期来看，股指期货的推出使投资主体投资策略多元化，现货市场信息传导机制加强，而程序化交易、套利交易等交易方式的存在使价格不可能偏离基本价值太远。如果股指价格高估或者低估，会有套利者立即做出反应，将其价格拉回到合理的水平，因此股市的定价效率将得到提升。期货市场的存在加快了现货市场趋于平衡的速度，降低了股市中的泡沫成分，避免了现货价格变化的盲目性和市场炒作行为，使现货市场从长期来看有更小的波动性。因此，股指期货的推出将促进股市更为完善和成熟，投资者更趋理性。减少股价不正常的暴涨暴跌现象，从长期来看能起到稳定股市的作用。

在期货市场主要有两类人：一是投机套利者，他们利用期货的杠杆效应和低成本优势，去做多（空）股指，一旦成功，有时可获得 10 倍暴利，诱惑力很大。第二种人是套期保值者，它们利用股指期货降低手中持仓的风险，当市场走势与自己判断相反时，尽量多地锁定利润。虽然套期保值机构争夺大盘蓝筹股的兴趣没有投机套利机构强烈，但在实际操作中，投机套利资金和套期保值资金常常发生多空搏杀，对大盘蓝筹股进行争夺。因此，目前市场对大盘蓝筹股的需求量是比较大的，大盘蓝筹股因供求关系的改变可能使股价大幅上扬，并将推动股指的大涨。如图5－7所示。

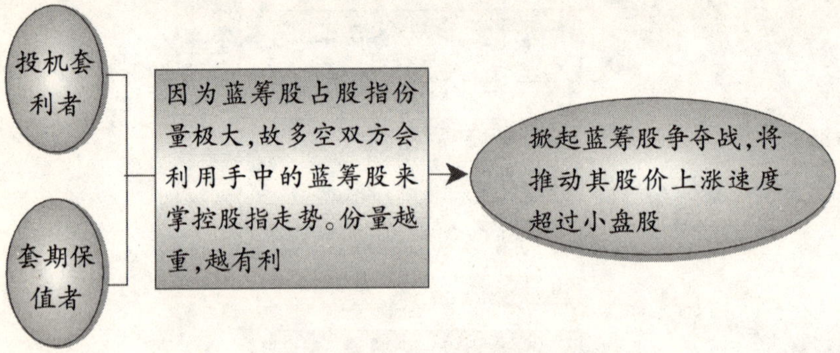

图5－7　期货对蓝筹股的影响

因此，股指期货的推出将扩大股市的资金规模，加大流动性和交易量，有力地提升成分股尤其是大盘蓝筹股的市值。由于股指期货的避险和套期保值等功能，机构投资者会更多地投资于这些股票，资金大量地向成分股聚集，指数成分股的需求将大大增加，使成分股相对于非成分股获得更多的机会。通过此方式，股指期货有助于优化股市结构，促进股市健康繁荣，总体来说对投资者是一个利好消息。

但是，投资者也应该警惕股指期货推出初期，期指市场和股票市场在磨合过程中，出现短期的市场混乱，导致股市不确定性增加，引起股市价格出现暴涨、暴跌的现象。

此外，投资者要有敏锐的市场洞察力，看清形势，切勿盲目投资和撤资，要对自己的投资组合按照市场结构的变化进行战略性的调整，避免不必要的损失。

知识问答

1. 期货市场的作用是什么？

期货交易已经成为一种相当成熟的、高层次的交易方式，这主要源于其两大基本经济功能。

（1）回避市场价格风险

如今，在市场经济的每一个环节中都无法避免不同程度的价格波动，即价格风险。人们都希望转移这种价格风险，而期货市场正是回避此风险的理想场所。期货交易者可以通过在期货市场上做“套期保值”交易，从而达到转移价格波动风险的目的。

（2）发现合理价格

期货交易所是一个公开、公平、公正的交易场所，它通过公开竞价，形成一个公正的交易价格。这一交易价格被用来作为该商品价值的基准价格，并被人们用来作为制定各自的生产、经营、消费决策的参考。

由于期货交易采用保证金制度，具有“以小搏大”的特点，也有很多人认为其风险巨大。但是，我们别忘了，在现货市场上其实也存在极大风险，比如很多行业的亏损多是因为原料价格的波动所致。

2. 期货投资与股票、现货投资有何区别?

（1）投资金额方面

股票和现货投资需要100%全额投入；期货可以小博大，只需投入10%左右的保证金即可进行100%的全额交易。

（2）交易方式

股票与现货投资只能单向操作，低买高卖赚取价差；期货可双向操作，看涨则可以低买高卖，看跌时可先卖出，后买进平仓对冲，获利机会多。

（3）投资期限长短

现货投资周期长。股票可长可短，T+1制度，即当日买进后第二日方可卖出，有一定的流动性；期货长短兼可，T+0制度，当日可对冲，短到数分钟，长至数月，可频繁交易，流动性极强。

（4）影响因素

股票受上市公司的经营业绩、机构大户的人为操纵等影响，一般投资者不易把握；期货被人为操纵的难度很大，主要受市场供求关系的制约，交易资料投资者可随时掌握。

另外，期货投资全部实现网上交易，免去现货投资复杂的人情关系，完全依靠个人能力与投资理念。

3. 如果权证是价内权证，但我忘记行权了怎么办？

采用现金结算方式行权的权证，且权证在行权期满时为价内权证的，权证发行人将提供自动行权安排，即委托交易及结算系统在权证期满后的3个工作日内主动向未行权的权证持有人支付现金差价，忘记行权的权证持有人自动获得现金差价。

采用证券给付结算方式行权的权证，且权证在行权期满时为价内权证的，由于需要权证持有人按约定支付行权价款或交付证券，因此交易及结算系统无法自动行权。但代为办理权证行权的本所会员应在权证期满前的5个交易日提醒未行权的权证持有人及时行权，或按事先约定代为行权。

附 5-1 索罗斯——用期货打倒英格兰银行的人

索罗斯，被称为“打垮英格兰银行的人”。他犹如华尔街上的一头金钱豹，行动极其敏捷，善于捕捉投资良机。一旦时机成熟，便有备而战，反应神速。

1992 年 2 月 7 日，欧盟 12 个成员国签订了《马斯特里赫特条约》。这一条约显然使一些欧洲货币如英镑、意大利里拉等被高估，其各自中央银行都将面临巨大的降息或贬值压力，在有关经济政策方面，它们和经济实力雄厚的德国难以保持协调一致。而索罗斯经过冷静的分析，却认为新德国由于需要重建原东德地区，必将经历一段经济困难时期，德国将会更加关注自己的经济问题，而无暇帮助其他欧洲国家渡过经济难关，这将对其他欧洲国家的经济及货币带来深远的影响。

果然，在《马斯特里赫特条约》签订不到一年的时间里，一些欧洲国家很难协调各自的经济政策。当时，英国经济长期不景气，正陷于重重困难，故此不可能维持高利率的政策；要想刺激本国经济发展，唯一可行的方法就是降低利率，让英镑贬值，刺激出口，但英国政府却受到欧洲汇率体系的限制，必须勉力维持英镑对马克的汇价在 1:2.95 左右。但假如德国的利率不下调，英国单方面下调利率，将会削弱英镑，进而迫使英国退出欧洲汇率体系。虽然英国首相梅杰一再申明英国将坚持它在欧洲汇率体系下维持英镑价值的政策，声称有能力将英镑留在欧洲汇率体系内，但索罗斯却深信英国不能保住它在欧洲汇率体系中的地位，英国政府只是虚张声势罢了。因此，索罗斯及其他一些投机者在过去的几个月里不断扩大头寸的规模，为狙击英镑作准备。

随着时间的推移，英国政府维持高利率的经济政策受到越来越大的压力，它请求德国联邦银行降低利率，但德国联邦银行却担心降息会导致国内的通货膨胀并有可能引发经济崩溃，因而拒绝了英国降息的请求。

进而，英镑对马克的比价在不断地下跌，从 2.95 跌至 2.7964。英国政府为了防止投机者使英镑对马克的比价低于欧洲汇率体系中所规定的下限 2.7780，下令英格兰银行购入 33 亿英镑来干预市场。但政府的干预并未产生好的效果，这使得索罗斯更加坚信自己以前的判断，他决定在危机凸现时出击。

1992年9月，投机者开始进攻欧洲汇率体系中那些疲软的货币，其中包括英镑、意大利里拉等。索罗斯及一些长期进行套汇经营的共同基金和跨国公司在市场上抛售疲软的欧洲货币，使得这些国家的中央银行不得不斥巨资来保持各自的货币价值。

英国政府计划从国际银行组织借入英镑，用来阻止英镑继续贬值，但这只是杯水车薪，仅索罗斯一人在这场与英国政府的较量中就动用了100亿美元。索罗斯在这场天量级的豪赌中抛售了70亿美元的英镑，购入60亿美元坚挺的货币——马克，同时，索罗斯考虑到一个国家货币的贬值通常会导致该国股市的上涨，又购入价值5亿美元的英国股票，并卖掉巨额的德国股票。如果只是索罗斯一个人与英国较量，英国政府也许还有一丝希望，但世界许多投机者的参与使这场较量的双方力量悬殊，注定了英国政府的失败。

1992年9月中旬，危机终于爆发。市场上到处流传着意大利里拉即将贬值的谣言，里拉的抛盘大量涌出。9月13日，意大利里拉贬值7%，虽然仍在欧洲汇率体系限定的浮动范围内，但情况看起来却很悲观。这使索罗斯有充足的理由相信欧洲汇率体系的一些成员国最终将不会允许欧洲汇率体系来决定本国货币的价值，这些国家将退出欧洲汇率体系。

1992年9月15日，索罗斯决定大量放空英镑。英镑对马克的比价一路下跌至2.80，虽有消息说英格兰银行购入30亿英镑，但仍未能挡住英镑的跌势。到傍晚收市时，英镑对马克的比价差不多已跌至欧洲汇率体系规定的下限。英镑已处于退出欧洲汇率体系的边缘。

英国财政大臣采取了各种措施来应付这场危机。首先，他再一次请求德国降低利率，但德国再一次拒绝了；无奈，他请求首相将本国利率上调2%~12%，希望通过高利率来吸引货币的回流。一天之中，英格兰银行两次提高利率，利率已高达15%，但仍收效甚微，英镑的汇率还是未能站在2.778的最低限上。在这场捍卫英镑的行动中，英国政府动用了价值269亿美元的外汇储备，但最终还是遭受惨败，被迫退出欧洲汇率体系。英国人把1992年9月15日——退出欧洲汇率体系的日子称作黑色星期三。

随后，意大利和西班牙也宣布退出欧洲汇率体系，意大利里拉和西班牙比赛塔开始大幅度贬值。在两周时间里，索罗斯从英镑空头交易中获利已接近10亿美元，在英国、法国和德国的利率期货上的多头和意大利里拉上的空头交易使他的总利润高达20亿美元，其中索罗斯个人收入为1/3。在这一年，索罗斯的基金增长了67.5%。他个人也因净赚6.5亿美元而荣登《金融世界》

杂志的华尔街收入排名表的榜首。

此外，索罗斯也是亚洲金融风暴的始作俑者。1997 年亚洲金融风暴就是由索罗斯为首的国际炒家发动的。1997 年 7 月泰铢大幅贬值，他用几十亿美元赌注对付泰铢，给泰国货币危机火上浇油，从而进一步引发东南亚金融危机。其后引发的一连串亚洲金融危机祸及东南亚各地，以至中国香港、中国台湾、韩国、日本等都无一幸免，甚至拖累了全球各地股市，欧美发达国家也一度遭到牵连，“灾情”之巨实在令人始料未及。

注：本文根据网上相关文章整理而成。

第六章

基金

如果你认为自己不能赢过市场，那么投资共同基金（即开放式基金），这样会省去你的许多时间和金钱。

——美国投资大师彼得·林奇

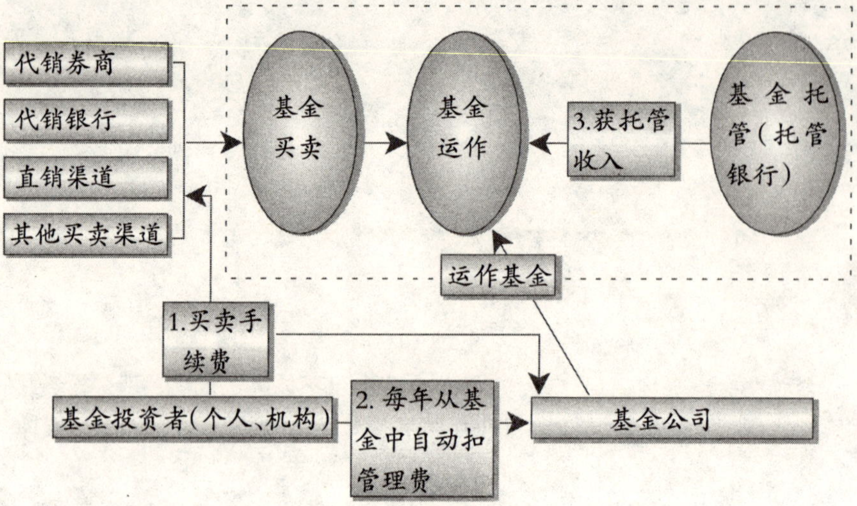

图 6-1　基金市场体系

本章导读

投资者通过直销（基金公司）、代销渠道（银行和券商）买基金，这时投资者需要交一定的手续费。这些募集的钱一般放在指定的银行托管，因此银行每年还需收一定的托管费。

基金公司用这些聚集的钱去买卖股票、债券等，每年收取一定的管理费（直接从基金总资产中扣）。如果挣钱了，就分红给投资者，一般分红所得不用交税。如果投资者想赎回基金，就可以将持有的基金份额通过直、代销渠道卖回给基金公司，这时他可能需要交一定的赎回费用。这些买卖过程中产生的手续费（即买卖费用）一般有直代销渠道和基金共同分享。如图 6-1 所示。

2006年始，基金火暴异常，财富效应显著，基金数量大增，总量规模扩张，基民更是一天多过一天。

但是，天下没有免费的午餐，基金也不全是挣钱的。在2004～2005年的熊市中，不少基金出现了较大幅度的亏损，超过20%的基金连续两年净值下跌，这是我们在牛市时也需谨记的。而在牛市阶段，同为股票基金，收益也可能相差10倍。因此，应该怎样买基金就成为新基民不得不面对的现实话题。本章主要对基金知识、投资者在投资基金中可能遇到的疑惑和具体操作手法做相应的介绍。

第一节
基金产生及盈利模式

1. 基金如何产生

简单地说，基金就是一种帮人买卖股票、债券等的投资品种，风险和收益介于股票和债券之间。

基金是怎么产生的呢？是因为大家的投资能力有高下之分，由此导致了专业分工。比如张三炒股很厉害，而李四却老是亏。于是李四就想把自己的钱交给张三，让他代炒。但忙总不能白帮呀，所以李四给张三一定的手续费，或者允诺赚钱了大家按一定的比例分成。这样，李四省时、省心，只要把钱交出来就可以了，至于买卖股票什么的，统统不用管，可谓坐享其成，不劳而获。到后来，大家看到张三挣钱了，李四也跟着挣了，于是那些没时间、没精力的人也都来找张三。这样，张三炒股的钱就越来越多了。而因为钱多，张三可以搞分散投资，并有能力和资本对投资的上市公司做彻底地调研，从而避免风险，更稳妥地挣钱。同时，通过买基金，散户也就不再是可怜的散户了，再也不用担心被股市庄家骗来骗去了。如图6－2所示。

因此，与直接投资股票、债券不同，基金是一种间接投资工具。基金是一种利益共享、风险共担的集合证券投资方式，即通过发行基金单位，集中投资者的资金，由基金托管人托管，由基金管理人管理和运用资金，从事股票、债券等金融工具投资。一方面，开放式基金以股票、债券等金融证券为投资对象；另一方面，基金投资者通过购买基金份额的方式间接进行证券投资。也就是说，投资者的钱先需要折算成分额，比如，如果投资10000元，当时每份额（单位）净值是1元，就是10000份（暂不考虑购买费用）；而如果每份额（单位）净值是2元，就是5000份。这其实和买股票是一样的，看能折算成多少股，而基金净值会随资本市场涨跌而涨跌。

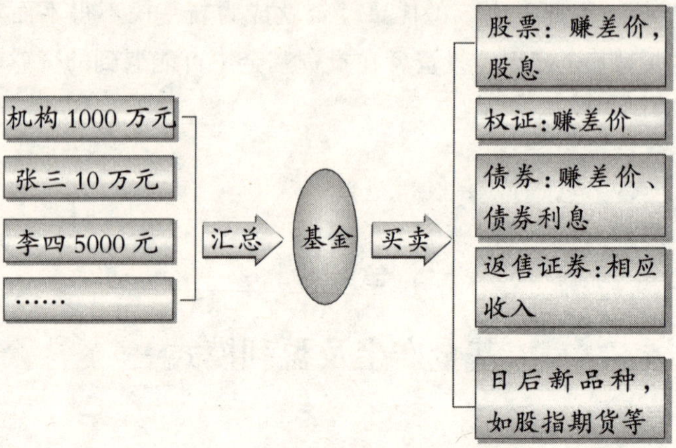

图6－2　基金运作体系

基金大体分两种。如果私下里运作的，就叫私募基金；如果公开在社会上募集资金、由正规的基金公司来管理的就是公募基金。这里面又分为两种，一种是封闭式基金，募集完钱后规模不变，你可以把它想象成股票，一般可以按照基金净值打折买卖，普通投资者不用太考虑投资；另一种就是开放式基金，这是基金中的主流，是需要大家密切关注的。纵观世界投资基金发展史，可以说是一部从封闭式基金走向开放式基金的历史：均是封闭式基金先行，待市场发育成熟、管理经验丰富后，开放式基金才逐步取代封闭式基金而成为市场主流。

与股票、债券相比，基金的区别见表6－1。

表6－1　基金与股票、债券的区别

	基金	股票	债券
投资者地位不同	持有人是基金的受益人，体现的是信托关系	持有人是公司的股东，有权对公司的重大决策发表自己的意见	持有人是债券发行人的债权人，享有到期收回本息的权利

续表

	基金	股票	债券
风险、收益程度不同	适中。通过组合投资，分散风险，把资金按不同的比例分别投于不同期限、不同种类的有价证券，把风险降至最低程度	大	在一般情况下，本金得到保证，收益相对固定，风险比基金要小
投资方式不同	投资者委托专业人士管理	直接投资	直接投资
价格（价值）内涵不同	主要取决于基金资产净值	受上市公司业绩、股票供求关系等影响巨大	主要因素是利率
投资期限	封闭式基金有一定的期限，期满后投资者可按持有的份额分得相应的剩余资产，在封闭期内还可以在交易市场上变现。开放型基金一般没有期限，但投资者可随时向基金管理人要求赎回	股票投资是无限期的，除非公司破产、进入清算，投资者不得从公司收回投资。如要收回，只能在证券交易市场上按市场价格变现	有一定期限，期满后收回本金

虽然几种投资工具特点各异，但彼此间也存在不少联系。基金、股票、债券都是有价证券，对它们的投资均为证券投资。基金份额的划分类似于股票：股票是按“股”划分，计算其总资产；基金资产则划分为若干个“基金单位”，投资者按持有基金单位的份额分享基金的增值收益。契约型封闭基金与债券情况相似，在契约期满后一次收回投资。另外，股票、债券是证券投资基金的投资对象，市场上就有专门以股票、债券为投资对象的股票基金和债券基金。

2. 基金家族各成员

基金类型的划分没有定规，标准不同，分类也不同。这里我们主要参照著名基金评级机构晨星的分类。作为一般投资者，其实只要大体了解就可以了。如图 6－3 所示。

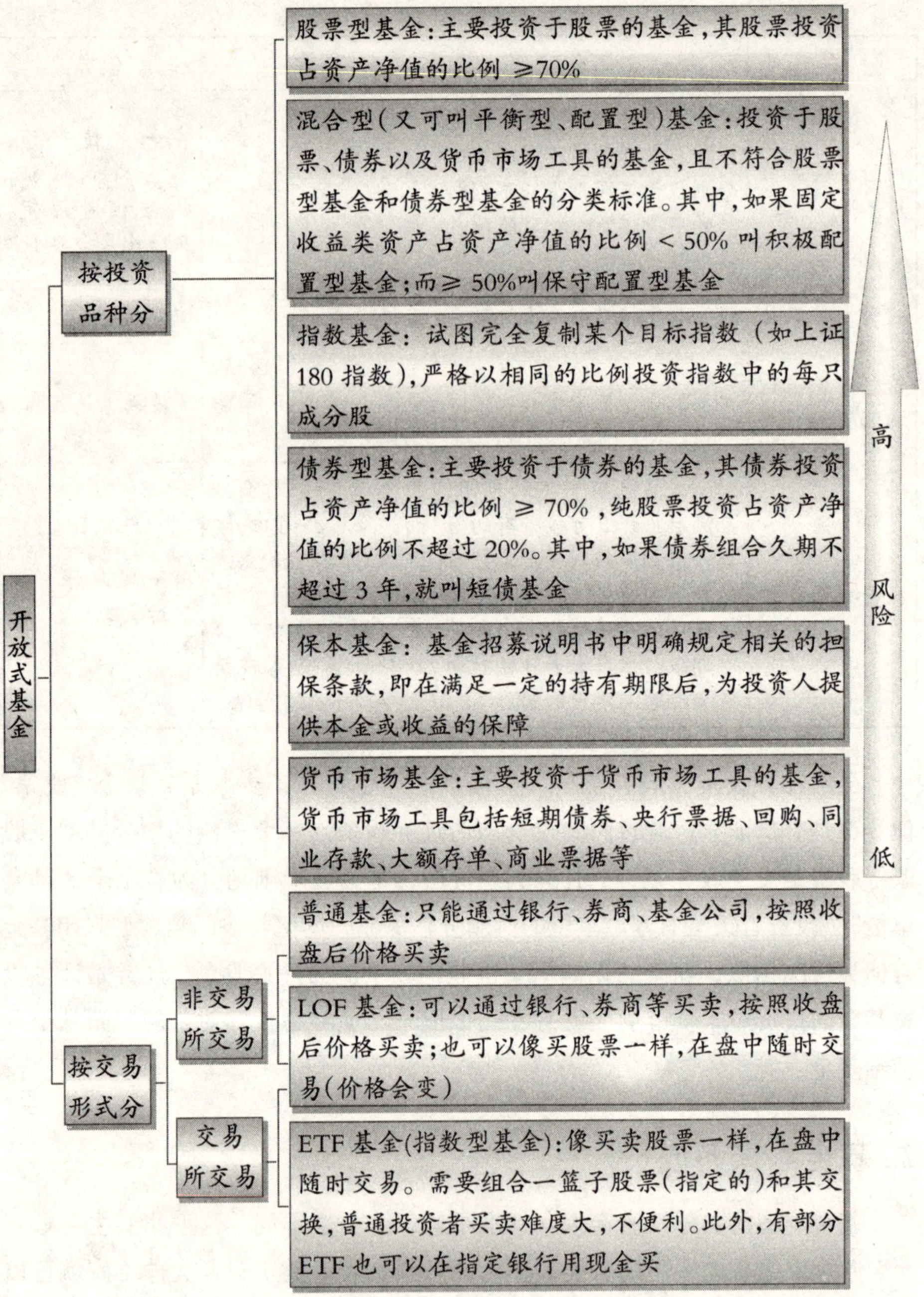

图 6－3　基金分类

以上是根据投资对象的不同所作的分类，风险各不相同。一般而言，收益和风险通常是相关联的，风险大收益高，风险小收益少。大体的原则是股票投资比例越高，则其风险和收益也相应越大。其中股票基金风险最大，货币市场基金和保本性基金风险最小，债券基金的风险居中。

从美国市场最近 20 年的分析来看，股票基金的年收益率一般在 10% ~ 15%，债券型基金的收益率为 5% ~8%，而保本型的收益率 3% ~5% 为合理水平，货币型基金因为充当现金管理工具的角色，其收益率基本维持在 1% ~ 2% 左右的水平上。

这里有必要对指数基金、保本基金、LOF 和 ETF 基金、货币基金进行补充介绍。

（1）指数基金

许多投资者往往有“赚了指数不赚钱”的苦恼，但依靠指数型基金就可解决。指数型基金，只要基金经理按照某个目标指数（如上证 180 指数）的成分股，以相同的比例建立投资组合即可。中外历史多次证明，一般的基金都难以跑赢大市，因此直接购买指数基金就可以获得平均水平以上的收益，所以很多机构投资人都比较喜欢投资指数型基金。同时，指数基金业绩透明度往往比较高，只要看目标指数（如上证 50ETF 基金，就只要看上证 50 即可）。此外，投资指数型基金的成本一般较低。指数型基金一般采取买入并持有的投资策略，其股票交易的手续费支出会更少；同时基金管理人对于指数型基金所收取的管理费也会更低。像华安上证 180 指数增强型基金的管理费，仅相当于市场上主动型投资的股票基金管理费的 2/3；其托管人收取的费用和销售手续费也明显降低。可能许多投资人对这点看似很小的差别不太在意，但如果长期在基金中进进出出，指数型基金的成本优势会令投资人收益不菲。

（2）保本基金

保本基金在 2004 年曾经辉煌一时，但是进入 2005 年后却几乎偃旗息鼓。保本基金，是指在基金产品的一个保本周期内（基金一般设定了一定期限的锁定期，我国一般是 3 年），对投资者的本金提供 100% 或者更高、更低保证的基金。但若提前赎回，则可能无法享受保本。保本基金在保本期内一般不接受申购，可以申购的部分资金也将不享受保本承诺，但可以赎回，因此保本基金也被称为“半封闭基金”。

保本基金主要有三种，大体如下：

- 最常规的应该是靠债券保本，用债券的收益来炒股，所以一般期限都比较长，至少3~5年。如可以这样操作：100元，用80元来买5年期的债券，5%年收益，80元5年正好变成100元，保本了，剩下的20元可以拿来投资股市。如果股市好，到时候还可以多挣钱。2004~2005年，我国发行了很多这种类型的基金。其实，这种保本结构，一般投资者自己也能做，本质上就是债券基金。如果你具备一定的理财能力，可以自己组合，没太大必要买这类基金。

◆ 另外一种保本，其实就是机构的一种融资方式。比如保本且保收益（如5%）的信托产品。情况好时，整体收益超过5%，则超过部分都是机构所得；而市场不好时机构可以补偿散户的本金和收益，这更像机构用5%的资金来融资炒股，加上1%的信托管理费，机构的融资成本也只有6%，比银行贷款还低。

◆ 还有一种是以自有资金做担保的保本基金，比如光大阳光一号集合理财，该产品有10%的自有资金保证散户1年3%的收益。由于有10%的自有资金，所以该基金的运作就比较保守，风险也比较小。

（3）LOF和ETF基金

关于交易方式，需要进一步说明。LOF基金因为在交易所内外都可以交易，但场内外价格可能不一，因此可以套利；而ETF基金因为需要组合一定的股票来和它交换，因此两者价格（基金和一篮子股票组合）可能也不同，可以套利。但是，两者都需要一定的专业能力，作为普通投资者，是不用太考虑的。

（4）货币基金

关于货币基金，可用如下公式表示：

货币基金=一年定存的收益（实际更高些，且无利息税）+活期存款的便利

此外，货币市场基金与一般的基金比较还具有以下特点：

◆ 单位净值固定不变，通常是每个基金单位净值始终维持1元，而投资收益不断累积成新增份额。比如某投资者以100元投资于某货币市场基金，可拥有100个基金单位，1年后，若投资报酬是3%，那么该投资者就多3个基金单位，总共103个基金单位，价值103元。

◆ 投资成本低。货币市场基金通常不收取申购赎回费用，并且其管理费用也较低，年管理费用大约为基金资产净值的0.25%～1%，比传统的基金年管理费率1%～2.5%低。

因此，货币市场基金的风险非常之低，比较适合于短期资金停泊和避风。尤其适合以下两类投资者：

◆ 1年期以下的定期储户或者活期储户。存款中的一部分可以投资货币市场基金，以获取更高的收益。可以说，货币市场基金类似于活期储蓄以及一年期储蓄的替代品。

◆ 处于获利出局和寻找下一个投资机会之间的投资者。尤其是货币市场基金零认购费、申购费和赎回费的特点，使得短期资金的停泊没有任何额外的成本。同时，较高的流动性也为资金的活动提供便利。如图6－4所示。

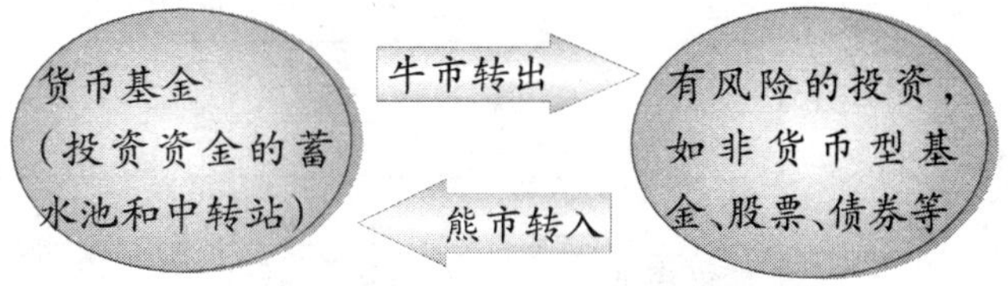

图6－4　充当蓄水池的货币基金

以上只是大体的分类。事实上，我们还可以按照基金的风险收益性对股票基金（甚至是混合基金）进行进一步细分，其实这和股票本身的分类是很相似的。如图6－5所示。

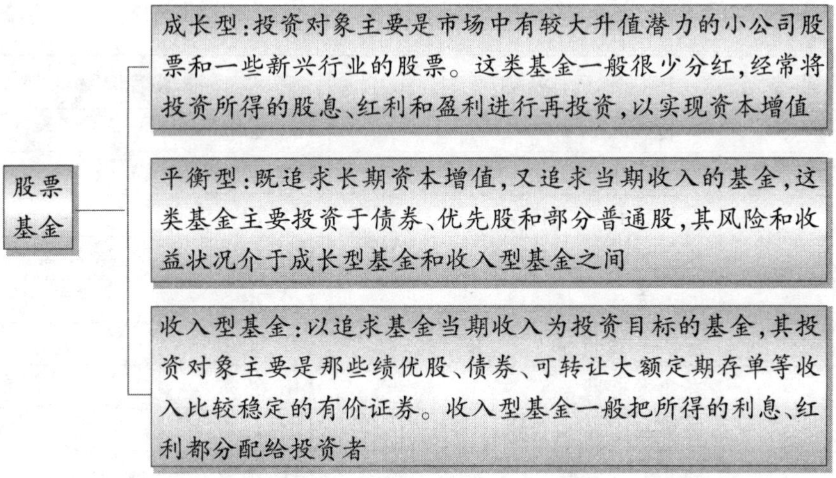

图6－5　股票基金三类型

3. 基金收入来源

2006年，基金取得有史以来最大一次丰收。根据Wind资讯提供的数据显示，53家基金公司287只基金2006年经营业绩达到2708.16亿元。其中有1248.31亿为净收益，也即基金在整个报告期内已经兑现的收益；而另外的1459.85亿元则为未实现利得。具体收入构成见表6-2。

表6-2　各种收入占基金总收益的比率

股票差价	86.95%
权证差价	4.35%
股息	2.54%
债券差价	0.52%
债券利息	3.85%
买入返售证券收入	0.35%
存款利息	0.87%
其他收入	0.57%

表6-3列出了2006年末基金净值增长前10名，皆为股票型基金。

表6-3　2006年末基金净值增长排名

排名	名称	净值增长率
1	景顺长城内需增长	168.93%
2	上投摩根阿尔法	168.67%
3	上投摩根中国优势	151.73%
4	泰达荷银行业精选	150.40%
5	汇添富优势精选	149.70%
6	富国天益价值	147.00%
7	兴业趋势投资	146.65%
8	银华核心价值优选	143.42%
9	华夏大盘精选	141.96%
10	鹏华中国50	139.06%

数据来源：wind资讯。

注：基金分红不作转投资。此次的基金净值排名计算方法采用的是累计净值调整法。期间实施大额分红、分拆等操作的部分基金，在排名中将受到一定的影响。

基金获得巨额收益的主要原因，在于我国 A 股市场 2006 年的大幅单边上扬走势。今后能否重现辉煌，则取决于日后的大盘走势和各只基金的运作水平了。

4. 基民、基金公司的盈利模式

在本章导读里我们对基金的整个产业链有所介绍。为了更直观，我们将投资者需要的收入和费用列出，如图 6－6 所示。

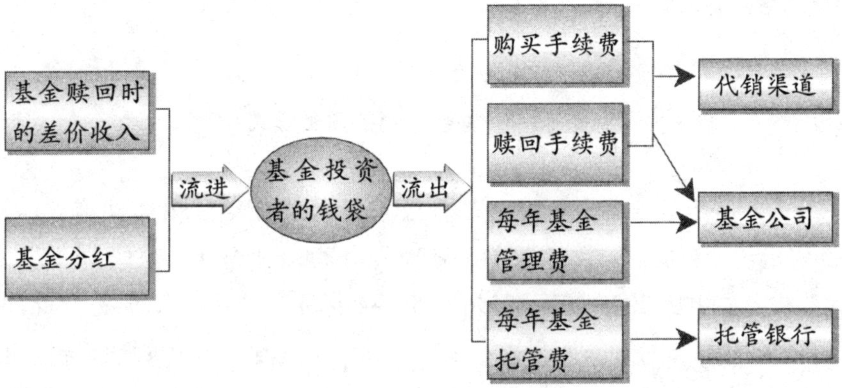

图 6－6 基民的盈利模式

近一两年来基金收益普遍很高，年收益率翻倍是很平常的事。再加上一些基金销售人员的有意无意地误导，所以很多人以为基金是不会亏本的。事实上，这是一个误区。因为基金主要买卖股票、债券，或者一些大额存单等。而这些品种自然是有风险的，不能保证不亏本。挣钱了，投资者全得；亏钱了，也是投资者独自承担。当然，一些专门的保本基金除外，不过这种基金一般因为投资过于保守而导致收益率通常要低于普通基金。总之，我们别忘了，基金还是有一定风险的。这也就说明了在基金投资上不能押宝，不能把所有钱都拿去买基金。在 2003 年、2004 年和 2005 年，许多基金是曾经让投资者受伤很重。

需要说明的是，以上的基金管理费和基金托管费是基金公司每年直接从基金资产中代扣的，作为投资者是不用直接交这些费用的，每天公布的基金净值其实是已经扣除了这两笔费用后的净值。

基金公司主要的收入是三部分：购买费用、赎回费用和基金管理费。如图 6－7 所示。

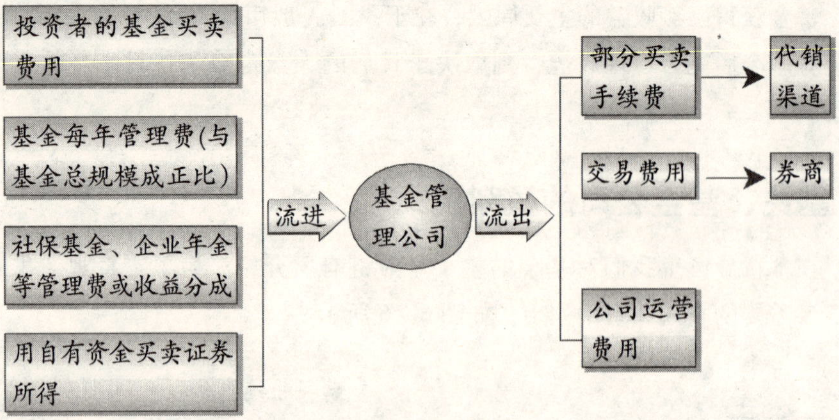

图 6－7 基金公司的盈利模式

2006年，受益于牛市行情，基金公司管理费全年呈爆炸性增长。根据Wind资讯统计数据显示，53家基金管理公司2006年全年共获取56.973亿元管理费收入，相比2005年同期增长15.344亿元，增幅约27%；与此同时，基金公司间的贫富分化差距也进一步扩大，53家基金公司中管理费收入前10名的公司占到了一半以上的份额。达到26.7亿元以上，约为这些公司净利润的近3倍。在多数公司中，基金管理费收入占到公司经营总收入的80%~95%。

从排名上看，易方达基金以4.732亿元管理费收入拔得头筹，而2005年基金管理费收入的冠军南方基金则以4.241亿元收入屈居榜眼，博时基金以3.56亿元排名第三，彼此之间如此接近的管理费收入说明了基金公司竞争态势激烈。

从收入来源构成看，由于购买和赎回费用基金公司需要和其代销渠道分享，因此基金公司的主要收入是基金管理费。此外，运用公司固有资金对基金进行投资，也成为很多基金公司的新增收入来源。从披露的情况看，华夏基金公司通过投资，收益8000万元左右，易方达基金公司投资收益在6000万元以上，广发基金公司收获4500万元，这三家基金公司投资收益在行业中是名列前茅的。

第二节

基金组合投资

1. “各有所用”的基金

在明确了基金分类后，我们进而对各类基金在组合中的作用进行介绍，目的是构建我们自身的基金组合，这就好比士兵应知道十八般兵器的各种用途一样，见表6-4。

表6-4 各类基金的特点和作用

名称	特点	作用
股票基金	以追求长期的资本增值为目标，风险收益较高，适合长期投资	提供了一种长期的投资增值性，可供投资者用来满足教育支出、退休支出等远期支出的需要，可有效应付通货膨胀
混合基金	风险低于股票基金，预期收益高于债券基金	为投资者提供了一种在不同资产类别之间进行分散投资的工具，比较适合较为保守的投资者
指数基金	复制指数，和复制的指数同涨跌，一般可以获得总体基金平均水平以上的收益	适合要“赚了指数也挣钱”的投资者，也受到许多机构追捧
债券基金	主要以债券为投资对象，收入稳定，是收益、风险适中的投资工具	当债券基金与股票基金适当组合时，常能较好地分散投资风险，在组合投资中不可或缺。适宜风险厌恶者
保本基金	确定保本前提，小部分资金投资股票等	◆ 适宜风险承受能力比较弱的投资者 ◆ 适于未来股市走势不确定的情形
货币基金	风险最低、流动性最好	◆ 是对资产安全性要求较高的投资者进行短期投资的理想工具 ◆ 也常成为投资者暂时存放现金的理想场所。但因长期收益率较低，不适合长期投资

2. 判断基金组合的收益风险度

基金组合的收益风险度如图 6－8 所示。

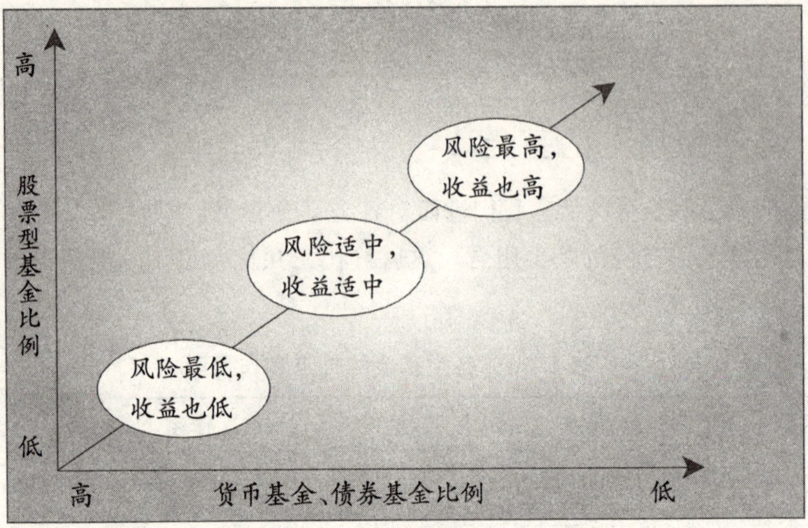

图 6－8　基金组合的收益风险度

如果一个组合中股票型基金比重很高，货币基金、债券基金等比重低，则一般情况下，其组合风险收益都高。以此类推，风险最低的是纯货币基金，其次是短债基金。因此，通过调节其中货币基金、债券基金、股票基金的比例，就可以组合出不同风险性、收益度的基金组合。

3. 常见的三种基金组合

具体在组合基金时，可以有三种方式。

(1) 自己组合

如果资金量大，可以挑选 3～5 只基金为一个投资组合：3 只股票型基金，1－2 只平衡型基金，再加上 1 只货币基金，正所谓“鸡蛋不能放在同一个篮子里”和“一个篮子里不只放一个鸡蛋”。选择几只基金，在降低风险的同时提高整体收益。挑选基金时要注意对基金经理的选择，同时还要查看尽可能详细的投资业绩记录等。

（2）券商推出的 FOF

目前市场上基金众多，让投资者眼花缭乱，难以选择。因此需要专业人员帮助其建立基金组合，以求达到或超过基金平均水平的收益，这就是 FOF（基金中的基金）。FOF 并不直接投资股票或债券，其投资范围仅限于基金。这样，一方面，投资 FOF 等于同时投资多只基金，但比分别投资的成本大大降低了；另一方面，与基金超市和基金捆绑销售等纯销售计划不同的是，FOF 本身就是一只基金，是一种可长期投资的金融工具。

FOF 基本都是由一些证券公司推出来的，比如招商证券的“招商基金宝”、光大证券的“光大阳光 2 号”、国信证券的“国信‘金理财’经典组合”、华泰证券的“华泰紫金二号”和华宝信托的基金优选信托产品等。

由于基金公司受到有关法律法规限制，不得投资其他基金公司的基金产品，因此基金公司自己的 FOF 一直无法问世。不过，投资者（或基金公司）通过投资基金重仓股来间接复制相关基金产品，也可以起到类似效果。如富国基金在 2006 年就推出了“天合稳健优选基金”，这是国内首只以基金重仓股为主要投资标的的基金产品，被称为“准 FOF”。

（3）其他基金组合

如一个基金公司旗下的“伞形基金”，内含几个不同风格的子基金，如三种股票型基金和一只平衡偏债型基金。这样，能够在保障较高收益的同时有效降低风险，此外，几只子基金间还享受免费或低费用转换优惠，非常适合那些不了解基金，且担心短期市场波动和希望获取平稳收益的投资者。不过，这类产品的申购门槛较高。

第三节
基金投资规划

1. 基金规划四步骤

在投资前要了解自己的风险偏好和风险承受能力，给自己做个评估，具体可分为四步。如图6－9所示。

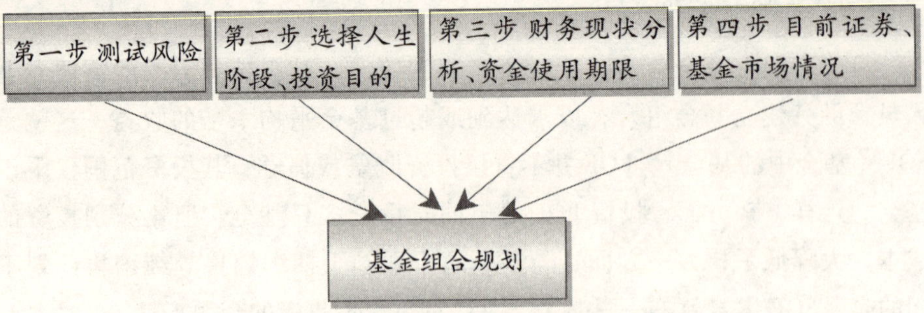

图6－9 基金组合规划四步

投资者要建立起按风险承受力和投资目的进行资产配置比例的观念。在此基础上，选择适合自己的基金组合进行投资。这需要投资者根据自己的情况分析、判断，别人只可以起辅助作用。当然，可以去咨询银行、证券公司和基金管理公司的投资顾问人员。

也就是说，以上四步所得出的结论都会对基金组合规划造成影响，一般成正比例的关系，如图6－10所示。

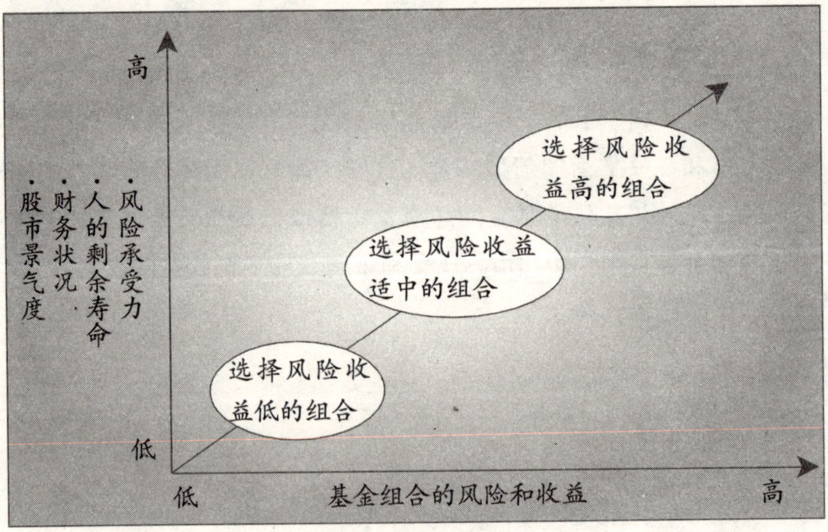

图6－10 判断基金组合的风险

如果其他三种情况不变，风险承受力高，则基金组合的风险收益也更高。比如，目前中国股市牛市行情已被广泛认同，所以在基金规划中就应该适当加大股票型基金的投资；而如果面临熊市，则相应减少股票型基金的比重。

2. 人生各阶段的基金组合

对于一个人来讲，不同的年龄段是有不同需求的，风险承受力也不同。因此，进行投资规划需要根据年龄段有所调整。而基金产品种类齐全，根据每个人的不同情况，组合不同的基金投资，就基本可以满足个人的各种需要了。如图 6 – 11 所示。

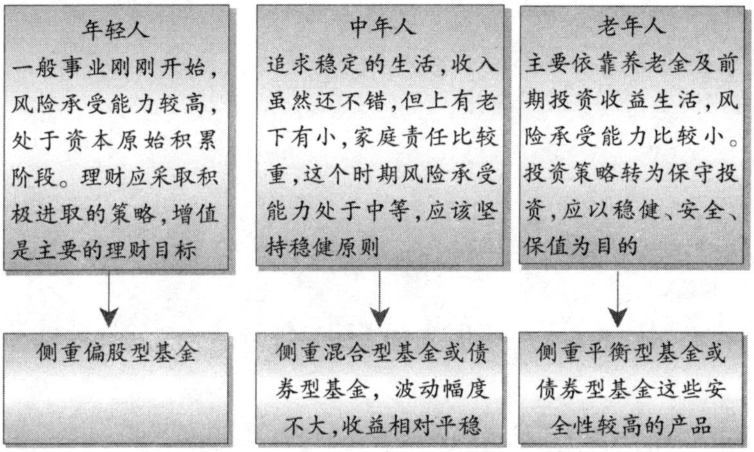

图 6 – 11　人生各阶段的基金组合

此图只是揭示了一个大体的原则。比如中年人，除混合型基金或债券型基金外，还可以配置一小部分高风险高收益的股票型基金，来调节收益水平。投资者应先设定可以承受的最大亏损幅度，原则是即使出现亏损也不至于给自己造成内伤；相反，如果出现超额收益，则整个组合的收益率将会提高。除此之外，家庭可以根据日常需求，预留应急准备金，一般为半年的收入以维持生活之需，这部分资金可以购买货币市场基金或短债基金，因为其流动性好，无手续费。

3. 期限也能决定基金种类

投资期限越长，就越不用担心基金价格的短期波动，投资者可选择投资较为积极的基金品种。如果投资期限少于一年，且股市行情不太好时，投资者则应尽量考虑一些风险较低的基金。细化如下：

◆ 如果资金可以长期使用，且该笔资金的盈亏对自己的生活水平没有影响，主要用于追求资产增值最大化，则可以考虑将该笔资金全部投入股票型或混合型基金，以争取高回报。

◆ 如果资金在近一二年会动用，不希望资产盈亏波动太大，稳步增值就可以满意了，则可以将该笔资金主要投资混合型基金、偏债基金及债券基金或它们的组合，同时少量配置股票型基金。这样就可以防止要用钱时，又恰逢熊市贱价卖基金的危险。

◆ 如果有部分资产希望保持较好的流动性，可方便支取，另一些则希望追求稳健的增值，可以主要投资货币市场基金、短债基金、债券基金，而股票基金的比例要控制在较低水平。

第四节 挑选单只基金

以上我们简要介绍了基金组合的一些原则，现在就要进入挑选单只基金的环节了。这可能更为复杂，对专业知识的要求也更高。如果以为凡是基金都会挣钱，都可以放心购买，那就错了。不同的基金投资收益有很大不同。

以2007年一季度为例，基金净值虽说是波折不断，但总体而言还算有惊无险。根据Wind资讯提供的数据显示，截至2007年3月28日，238只偏股型基金平均累计净值增长率达到22.39%，较同期上证指数19.51%的涨幅高出2.81个百分点。其中净值表现最好的是华夏大盘精选，累计净值增长率高达64.52%，远远高于其他基金的净值增长。而排在后面的泰达荷银周期、富国天惠成长两只基金的净值增长率却仅有2.49%和3.36%，两者相差高达20多倍。

不过，总体上来看，一季度净值涨幅排在前列的主要以小盘成长性基金为主，像益民红利成长、光大保德信红利、东方精选、中海优质成长、金鹰成分股优选、巨田基础行业、长信增利动态策略这些以前并不显眼的小基金今年以来的净值增长率都超过了37%。不难看出，在波动频率较高的市场环境里，小基金操作灵活的特性还是得到了较好的体现。

近来投资者一窝蜂抢购基金的现象很普遍，但请记住，不是所有的基金都会给你带来惊喜回报的。如果牛市走弱或者转入熊市，基金全面开花的美好时光不再，这时对基金的优选就显得更为重要了。

1. 总体指导思想

在明确了自己所需要投资的大类风格后，具体对单只基金的选择，如图6－12所示。

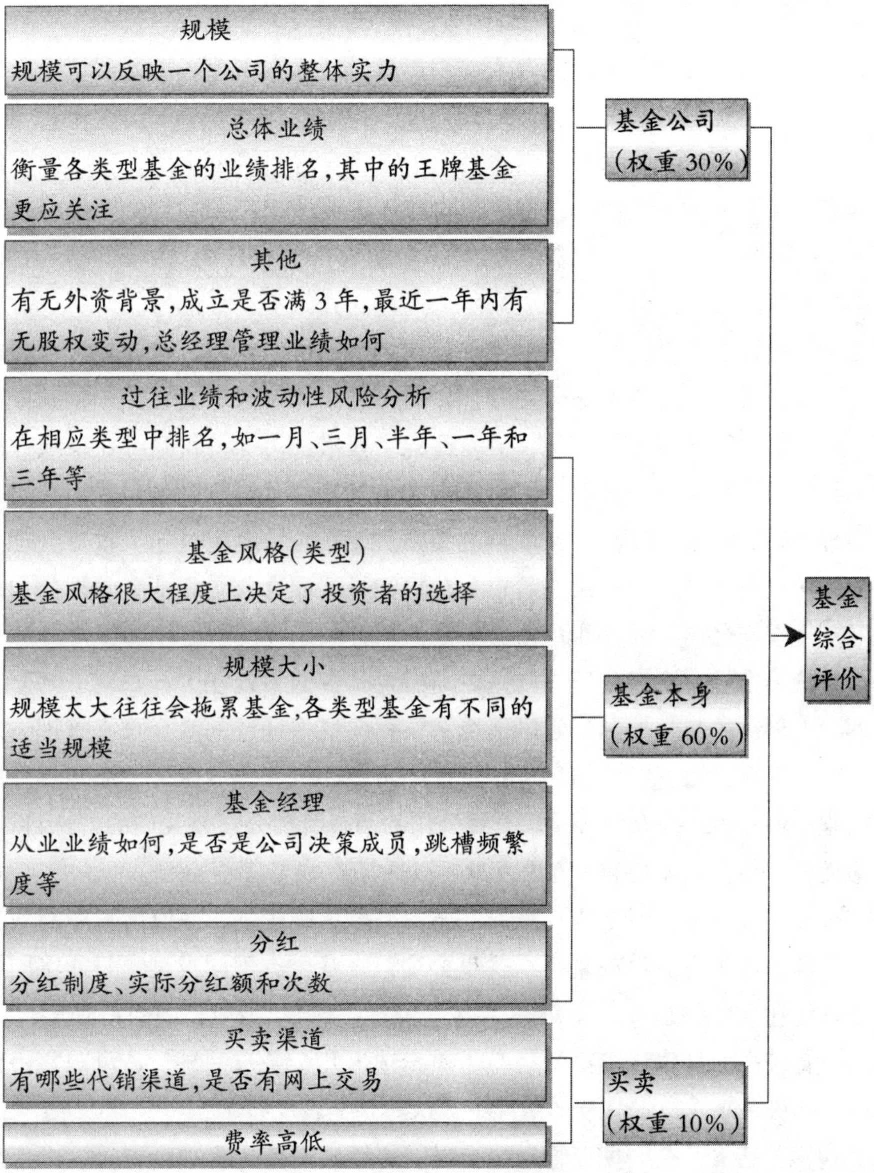

图6－12　基金综合评价体系

下面将针对上述各要素进行分析，这里有必要先对基金的投资风格做补充分析。不同风格的基金具有不同的风险收益特征。投资者选择基金长期持有，应关心该基金的投资组合，特别是其配置资产（股票、债券等）的特性是不是具有长期增值的稳定性。配置不同，其净值的稳定性也不同。

2. 基金公司：360 度全景探究

基金公司质地对基金投资人来说很重要，其要素主要包括公司背景、旗下基金规模和业绩的整体情况、研究团队、投资程序等。总之，需要对一家基金公司进行 360 度的探究。当然，鉴于渠道有限，信息不全，实际做起来可能有一定难度。一般而言，资产规模较大、业绩排名又靠前的基金公司基本上是可以信赖的。因为这样的公司一般有较好的投资团队，研究实力强，可以把握好的投资机会。

虽然投资者不可能都去基金管理公司亲自了解，但仍有较多方法可帮助您进行判断。了解基金和基金管理公司的信息渠道有以下几种：一是基金评级机构，如中国证券报、晨星、银河证券、理柏公司等，我们可在报纸或网站上找到评级结果，一般用“星星”数量来标明，五星级基金最优；二是基金管理公司的网站；三是在互联网上搜索关于基金、基金公司、投资管理人员的新闻报道、信息等；四是留意并参加银行、证券公司和基金管理公司组织的基金报告会和投资者见面会。

评价一个基金管理公司，首先要判断它整体的管理能力，如旗下基金获得四、五星级的基金数量；公司是否获得权威机构评选的基金投资管理方面的奖项；中介机构、媒体的评价；是否出现违约行为等。总之，那些管理能力较强、得奖多、公众评价高、合规运作的基金管理公司是我们的首选目标。一般而言，从分散风险的角度出发，可以选择 3 ~4 家基金公司。

公司一旦确定，则要从其旗下基金中选取星级较高、净值增长率高而且可以持续保持领先业绩的基金。这里要注意，基金有不同类型，只能将同类基金进行比较。最后，再了解一下基金经理的背景、经历、过往的业绩等，是否具备较高的素质和丰富的经验。初步选出几个备选品种后，可观察一段时间，比较一下在市场涨跌的情况下，这些基金表现如何。

这样，基本可选出投资管理能力强、业绩好的基金管理公司，这时您就基本可以放心投资了。

3. 基金业绩：稳定降低风险

对于基金本身而言，业绩很重要。如果是老基金，要看其历史业绩；如果是新基金，就看其旗下同类基金的业绩情况。虽然业绩不可复制，但从过往表现上，大体可以看出这个公司的投研力量和投资管理能力。

基金的稳定性特别重要。每年取得稳定收益的基金比大起大落的基金要更受人欢迎。我们已经知道复利的威力，复利要发挥威力就需要业绩稳定，不能大起大落。而事实上，近年来市场的变化导致了基金业绩的分化。在2007年一季度，不少昔日明星纷纷落马，2006年度前十名基金很多都销声匿迹，尤其是第一名的景顺长城内需增长已经跌到60名之后，第八名的泰达荷银行业精选则跌到80多名，而在所有投资股票方向的基金排名中，更是跌落到100名之后。

其实，就基金整体而言，2007年1季度基金表现也差强人意。基金业绩比较基准就是大盘，从2007年1季度基金的业绩表现来看，股票型基金走势确实弱于大盘。173只股票型基金中，只有9只超越了沪深300指数，于是很多投资者对基金专家理财的能力提出了质疑，其业绩落后大体有以下几个原因。

◆ 新的多变的市场环境无疑给明星基金经理们出了难题。投资风格和资产配置不能轻易改变，重仓股老化也不能全部清仓，无法顺应潮流灵活调仓，持仓老化难以应对震荡行情。规模过大的基金更是如此。

◆ 因分红和赎回压力导致基金经理需要被动地调整仓位，显然不如轻装上阵的新基金跑得快。

◆ 基金经理变更。目前，由于待遇、考核体制、排名压力等原因，基金经理跳槽比较频繁。基金经理一换，往往导致基金风格的变化。优秀的基金管理公司能够尽量减少对明星基金经理的个人依赖，较好地坚持一种投资风格。而一般的基金公司则风险较大。

◆ 基金规模发生很大变化。基金公司为了多赚管理费（和规模成正比），不顾基金管理团队自身的投资管理能力，而盲目扩充基金规模。这就对基金经理的投资能力提出了很大挑战。

基金业绩的稳定性其实和风险密切相关，稳定性越好，风险就越小。考察一只基金，净值增长率是非常重要的考核指标，但不是唯一标准。高收益并非一定就是高风险，很多好基金往往会更注重风险控制，即使收益暂时缩水也不可怕。有一贯的投资风格，有良好的抗跌性，才能真正体现优秀基金的品质。同样在2007年一季度，一批经受住考验的优秀品种脱颖而出，明星基金公司易方达表现不俗，上投摩根的业绩并没有出现大幅度下跌，老牌明星基金华夏大盘精选一直保持着优异的投资业绩，以稳健著称的海富通旗下基金仍旧在稳步上升，华安旗下的老基金华安宝利配置和2006年新基金华安红利表现都格外突出。还有其他一些中小盘、灵活配置型以及红利型的基金品种都有不俗成绩。

此外，基金的投资风格变化和换手率都是考察的重要工具。由于基金的换手率能衡量基金投资组合变化的频率以及基金持有股票或债券的时间长短。高换手率未必带来高收益，对那些换手较高而收益较差的基金需要提高警惕，切忌盲目跟风。

4. 规模还是业绩——基金公司两难选择

2006年以前，因为行情不好，基金发行困难，平均募集规模小。2005年，偏股型基金的首发规模基本都在10亿份以下，大多数也就是3至5亿份的水平，还有不少基金为了2亿份规模的成立底线而努力；而大一些的公司靠着品牌的影响力、厚实的股东背景或是强大的渠道营销能力，情况则相对好些。此外，因基金市场竞争格局未定，因此各基金公司只有“拼命把规模做大”，壮大实力。“韩信点兵，多多益善”，这是所有基金公司一致认可的做法。如图6－13所示。

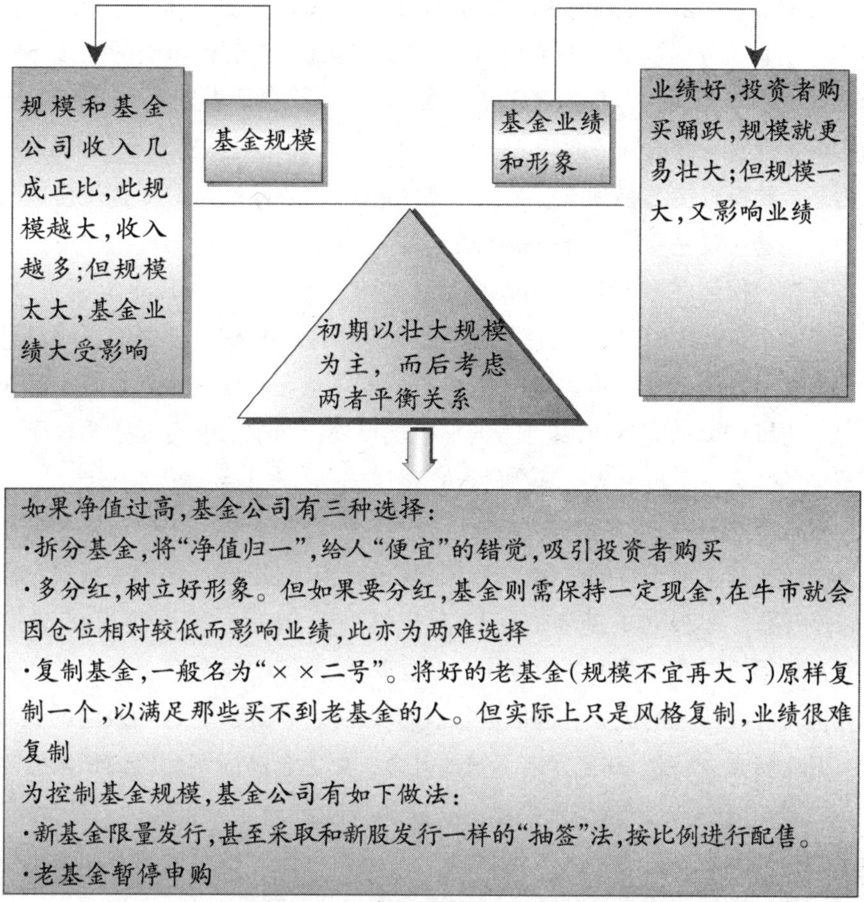

图 6－13　基金公司在基金规模和业绩上的两难选择

但是到了 2006 年，随着股市的大幅好转，基金发行市场开始呈现出持续火暴的局面，单只基金规模急剧膨胀，甚至一个小时就可以卖到 100 亿份，而最大规模竟达 420 亿份（即嘉实策略精选）。100 亿以上的大规模基金，人们早已习以为常了。

在这种情况下，"拼命把规模做大"的思路开始产生分化。对于大多数基金公司来说，生存的问题已经得到了初步解决，接下来考虑的就是发展的问题。要健康发展，就不能只看规模了，更要看业绩和整体形象。这点，我们从众多基金采用的"新基金限量认购、老基金暂停申购"的营销方式上可以看出。仅 2007 年元旦以来，就先后有华宝兴业动力组合、海富通风格优势、上投摩根中国优势、上投摩根阿尔法、景顺长城内需增长 2 号、华宝兴业宝康灵活配置等十多只基金先后发布暂停申购及转入公告。只是，与之前为规避“股改、高分红”套利的暂停申购不同，这批基金暂停申购的原因都是由于“投资者申购踊跃，基金规模持续增长”，为了兼顾基金资产的有效运作、切实保护现有持有人利益而为之。或者说，这才真正显示出基金公司的勇气。因为基金规模直接影响到基金公司管理费收入，暂停申购，基金规模就只能变小了，这无疑是要减少公司收入的。

基金规模到底多大较为合适并无明确的定论，但有一点是毋庸置疑的，那就是基金资产规模对基金业绩有着明显的影响。2006 年净值增长率靠前的股票型基金以两种规模的基金为主，一种是 30 亿左右的基金，另外一类是平均资产规模在 15 亿左右的基金，而那些规模处在两端的基金业绩明显不如规模适中的基金。不过，大型基金的表现比迷你基金相对还是要好一些。

但从 2007 年一季度业绩排名看，也有一些新的变化，规模适中和偏小的基金整体排前。前十位的基金，有 6 只规模在 10 亿以内，其中 4 只规模小于 2 亿；而排名前 30 位的基金，有 17 只规模小于 10 亿，27 只规模在 20 亿以内。总体而言，在一季度的市场中，5 至 20 亿规模的股票型基金收益和投资运作能力存在一定的优势，这也是所谓的“小规模效应”。这种效应的表现方式有几个特点。一是 20 亿元以下规模基金，更适合高股票配置的积极管理方式；二是 10 亿元以下超小规模基金，在抗风险方面能力较弱；三是 20 亿元以上规模的基金，更适合采取低股票配置的相对保守投资策略，如果采取高股票配置的积极策略，盈利能力与抗风险能力都会降低。

但是，到了 2007 年二季度，受益于蓝筹股的上涨和题材股的下跌，情况又有利于规模适中的基金了。

总之，不同的市场中，基金规模的合适标准会有所不同。更客观地说，适宜的基金规模大小，应综合考虑公司实际的管理能力、人才储备情况、投资研究能力以及市场当时的状况等。如果不考虑实际情况，从长期来看，会对基金业绩造成损害，对投资者不利，对基金公司自身的发展也不利。

5. “人走茶凉否”——基金经理变动分析

在基金投资中，基金经理的重要性再怎么强调也不过分，有时你会发现来自同一家基金公司的不同基金，表现却有天壤之别。对基金经理，主要看其过往的投资业绩。此外，还得关注基金经理的变动情况。如果基金经理离职了，投资人应观察一段时间后再决定是否继续持有该只基金。如果新的基金经理投资策略变了，不再适应你的投资目标，你就有足够的理由卖出这只基金；如果基金经理声称将保持原有的投资策略不变，投资者也应观察该只基金，确认其投资策略没有改变。因为大多数新基金经理接任后都会说坚持原来的投资策略，但上任之后却常常或多或少地做出一些改变。

2003～2006 年四年里，基金经理平均任期：2003 年为 1.25 年；2004 年为 1.35 年；2005 年为 1.34 年；2006 年小于 1.5 年，且基金经理离任比例达到 38.6%。

可以看出，中国基金经理变动十分频繁，平均任期不足 18 个月。而美国基金经理平均任期 5 年以上。基金经理频繁大变动，引起不少投资者的疑虑和担忧。他们的去向及原因分析如图 6－14 所示。

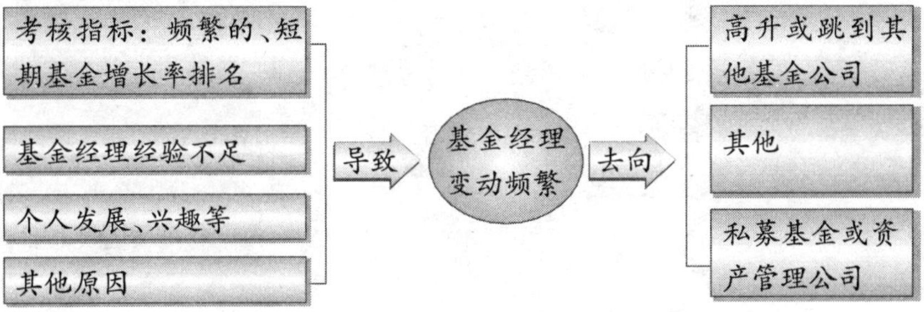

图 6－14　基金经理变动的原因及去向

根据基金管理业绩考核基金经理，是基金经理晋升、提拔、更换的唯一依据，这是业内惯例。业内人士都知道，每逢月末、季末、年末，股市会无故飙升。因为基金要“做业绩”，故每到考核期末相应股价就会被拉升。除了月评、季评、年评外，还有周评，甚至有投资者像盯着股价那样每天盯着基金的业绩。重压之下，基金公司往往由于基金短期业绩表现不佳，就撤换基金经理。在这种情况下，基金经理的投资行为更具短期性。从投资者角度来说，按照基金净值所做的短期排名，根本不能代表其未来的走势及收益，对于基金的未来业绩判断，投资人有时感到很难。

事实上，按照国际上的统计，一只基金在某一年的表现很好并不代表第二年也会很好。所有基金净值的排名必须以过去 5～10 年的数据积累为依据，只有这样才能真正判断出一只基金长期增长及收益。为此，在国外有基金经理人的统一市场与评价机制，这种机制会让一位基金经理为一只基金工作 5～10 年甚至更长；而国内即使时间长者也就三五年，这当然和基金行业在我国发展的历史不长有关。

此外，在国内，为填充因基金迅速发展所造成的人才缺口，很多基金经理都是从研发部门转过来的。他们虽然有丰富的理论知识，却缺少资本运作的实践经验，他们本该在基金管理的岗位上渐渐丰满自己的羽翼，但时势让其匆促上任，结果自然不容过分乐观。

基金经理人选的变化当然是投资者需要时刻关注的，但基金经理变化后投资者该如何决策呢？投资者应综合各方面的因素再做判断。如图 6－15 所示。

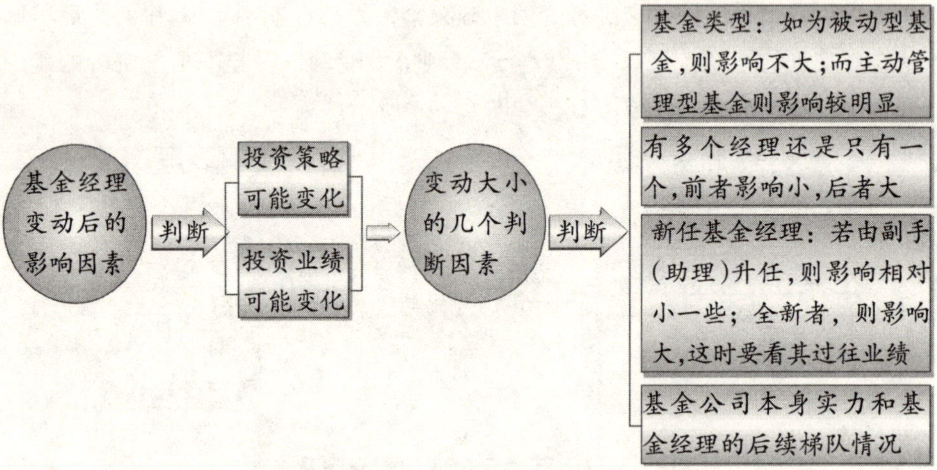

图 6－15　判断基金经理变动对基金影响的大小

撤换基金经理对基金的影响，与基金契约有密切联系。有的基金在契约中对投资风格、投资范围、投资策略等有非常详细的规定，如果撤换基金经理，对基金整体的影响相对小一些。另一些基金，契约规定的内容非常宽泛，基金投资方向对基金经理的依赖程度相对要高，在这种情况下撤换基金经理，对基金业绩的影响相应要大。

更换基金经理对基金的影响还受制于基金公司的实力。实力强大的公司，对个别明星基金经理的依赖性相对小。一旦某个明星基金经理离职，公司凭借强大的投资研究能力和充足的人才储备，能够比较快地填补空缺，减少对基金投资的影响。而对于小基金公司来说，明星基金经理离职后，公司可能难以在短期内找到适合的人选，便会影响公司的正常运作。

此外，每个公司给予基金经理的权限大小不一样。公司给予基金经理权限越大，基金经理离职对基金运作的影响就越大。因此，投资人在投资之前，还得看新基金的投资策略和投资风格，是否与原来的明星经理的强项吻合。

如这个新任基金经理擅长大盘股投资，但管理的基金却是中小盘股基金，这种情况下，就不一定能够延续以往的优良投资业绩。

6. 基金“两分”——分红与分拆

除了基金净值之差外，基金分红也是投资者获利的一种方式。分红的好处是不用交税。

这种分红，其实和债券利息、股票股息本质上没有太大区别。但不同的是，基金分红主要有现金分红和分红再投资（增加基金份额）两种方式。投资者可以自主选择分红的方式。举个例子来说明这两种方式的不同：如果持有某基金 10 万份，现每基金份额分红 0.05 元。假设选择现金分红方式，那么投资者可以得到 0.5 万元的现金红利；假设选择分红再投资，而分红基准日基金份额净值为 1.25 元，那么就可以分到 5000/1.25 =4000 份基金份额，这样投资者的基金份额就变为 10.4 万份了。

按有关规定，开放式基金分红的规则：

◇ 基金收益分配每年至少一次，最多不超过 6 次。成立不满 3 个月，收益不分配；

◇ 基金当年收益先弥补上一年度亏损后，方可进行当年收益分配；

◇ 基金收益分配后每基金单位净值不能低于面值；

◇ 如果基金投资当期出现净亏损，则不进行收益分配；

◇ 每一基金单位享有同等分配权；

◇ 法律法规或监管机关另有规定的，从其规定。

面对高净值，是分红还是不分红，是高分红还是低分红？同样是基金公司需要面对的一个两难选择。如图 6－16 所示。

实际上，许多基金采取了高分红的方式，内在原因多是配合公司的持续营销活动。普通投资者对于高净值的基金总是不太敢买，总有“净值高就是贵，净值低就是便宜”的思维定式，不仅如此，一般的投资者还认为高分红可以套利。比如，2006 年南方高增每 10 份派发现金红利 7.47 元之后，其在交易所交易的 LOF 基金一度被非理性资金打到涨停就是明证。但是，我们一定要知道，“高分红”往往会伴随着基金大比例调仓，更决定和影响着基金正常的投资行为，并对稳定的投资组合产生影响。

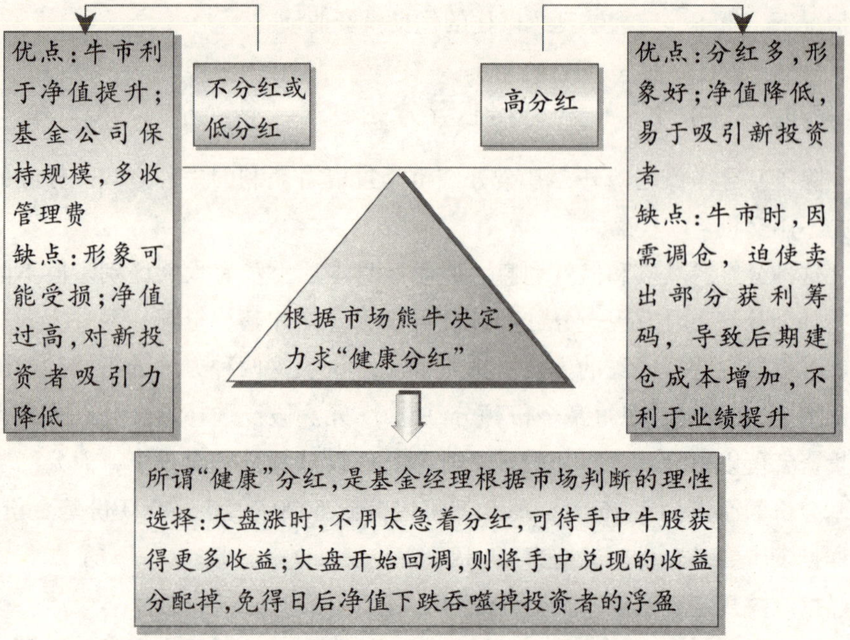

图 6－16　基金公司在分红上的两难选择

为了照顾投资者的这种需求，很多基金公司就以“高分红＋净值归一”这种新基金的模式开展持续营销。事实证明，这一营销模式取得了非常好的效果，很多基金的规模都得到迅猛增长。此外，基金公司还会对基金拆分，也就是将原来的一份分成几份。这样，投资者就可以较低的净值买到该基金了。其实这只是一个游戏，对基金收益是没有好处的。如图 6－17 所示。

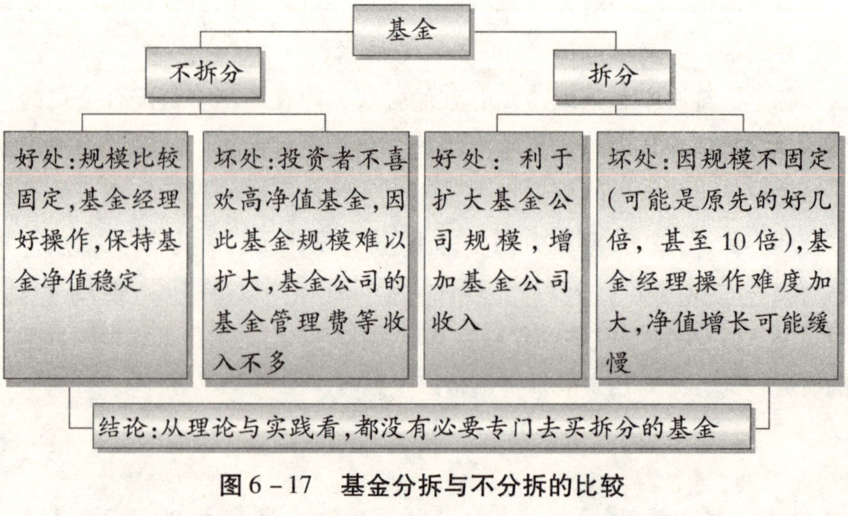

图 6－17　基金分拆与不分拆的比较

为了比较基金拆分前后的业绩，我们选取了两只比较具有代表性的基金（以下是它们2007年以来的收益率，统计时间截至2007年5月11日）。

■ 富国天益。富国天益2006年7月分拆前为6亿份，拆分后达到38.86亿份，且凭借一贯的绩优表现将规模稳定在40亿份左右，2006年年底规模为39.14亿份。2006年，拆分后的富国天益基金以167.57%的收益率位于开放式基金排名年度第四位。但2007年以来，富国天益至今表现平平，收益率仅为36.39%，在开放式基金大排行中仅位列153位。

■ 大成精选。2006年收益率150.55%，位列前15名，喜获“2006年度开放式混合型金牛基金”。2006年12月21日基金拆分，规模由分拆前的不足5亿元扩充到拆分后的90多亿元，其资产涨幅接近20倍。进入2007年，大成精选今年以来收益率47.76%，位列开放式基金的第94名，名次也下降了不少。

然而，与大多数基金公司大比例分红的做法不同的是，有部分基金倾向坚持“不分红，维持高净值”，像上投摩根阿尔法、兴业趋势、汇添赋精选、长信金利等基金。其理由是：大比例分红必然要求基金兑现部分收益，而在牛市行情当中，这种做法从本质上会损害投资者的利益，从这一角度考虑还是不分红。

以上两种做法，并无对错之分，短期也难见优劣分晓。不过，根据市场熊牛决定是否分红，如分红则力求“健康分红”，这样对基金公司和投资者都是有利的，但是要真正做到这点很难。

7. 基金评级，道路还很长

尽管上文对基金选择和组合都做了分析，但是对于一般投资者而言，遵章执行也是很困难的，这不仅需要一定的专业知识，还需要很多时间。目前基金日益增多，要了解每只基金，对其优劣有个比较分析，几乎是不可能的。这时，基金评级就能帮上我们的大忙了。

权威机构对基金的评级是投资者可以参考的重要指标，它们每年、每半年、每季度、每月甚至每周都有基金排名表，并对大部分基金进行了星级评定。就像股票研究员推荐股票一样，它们通过其评级系统不断给普通投资者推荐基金。但星号较多的基金并不一定就是低风险基金，有可能是高收益同时也是高风险的基金，因此除了观察星号数量之外，也要注意该基金的波动风险是否过大，是否与自己的风险承受能力相适应。

普通投资者可以对不同机构的评级方法有一定了解，但对此不要迷信。目前，市场上的基金评级机构不少，如晨星、中信、银河、理柏、睿信等，它们评价方法各有优缺点。但总体而言，有如下不足之处：

◆ 反映的只是某只基金在所有基金中的相对位置，而不揭示其未来业绩。这就是说，在特定时期内，五星级的基金也可能出现亏损的情况。

◆ 按基金类别分别评级，无法从整体上去比较不同类的基金。

◆ 对基金经理的变化等情况没有考虑。

◆ 以前多只考虑净值增长率，后来才逐渐引入风险分析和业绩波动性分析。

中国基金业的历史还太短，要对不同基金及基金公司作出全面的评价仍有相当难度。据了解，在国外，评级机构对基金的评级制定的标准非常严格。为了避免数据的偶然性，一般要求基金产品至少有 5 至 6 年的相关数据。所以，急于依靠打分排名来对基金排队，这显然是相当不合理的。这也意味着，对基金排名还要多一分耐心。

可喜的是，随着基金业展示出越来越强的活力，基金评级也为越来越多的证券公司、研究机构所关注，这也是国际机构抢先进入中国基金市场的重要原因之一。从国内的实际情况看，真正有影响力的基金评级还比较有限。其中原因之一就在于，一些评级机构并未开发出确实具有较强竞争力的评级体系。而从基金业的长远发展来看，基金评级恰恰是不可或缺的。作为投资者，最好参考 2 ~3 家评级机构的评级，才能得到更为客观、准确的结果。

第五节

基金买卖和时机选择

1. 基金净值与基金份额

要买卖基金，我们就必然要碰到基金份额和净值这两个词。了解了这两个词，对于基金是怎么回事就了解了一大半。

其实我们可以将基金份额看成是股票的股数，基金净值看成股票的价格。股票价格随着公司业绩提升等上涨，基金净值也会随着基金经理运作有方而上涨。具体运作流程如图 6－18 所示。

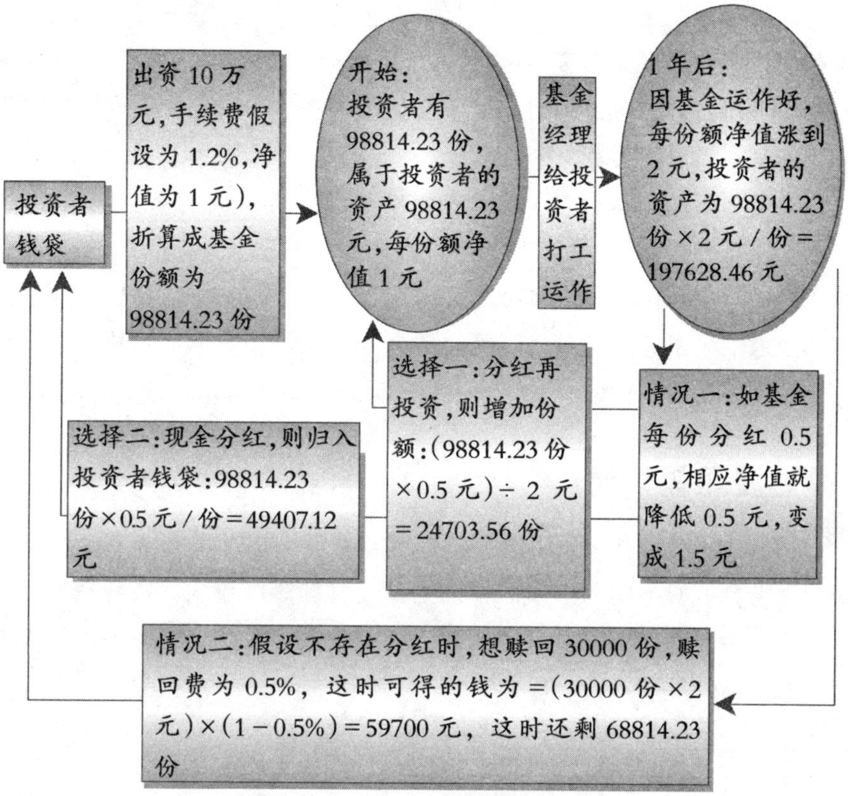

图 6－18　基金净值与基金份额

下面我们计算一下 98814. 23 份是怎么计算来的。计算方法分为三步。

第一步：购买手续费 = 购买金额/（1 + 购买手续费率）×购买手续费率 = 100000. 00 ÷（1 + 1. 2%）×1. 2% = 1185. 77 元

第二步：净购买金额 = 购买金额 － 购买费用 = 100000. 00 － 1185. 77 = 98814. 23 元

第三步：购买份额 = 净购买金额 ÷ 基金净值 = 98814. 23 ÷ 1. 00 = 98814. 23 份

在具体买卖时，是按照当天的净值进行折算的。但是，和一天随时变动的股价不同，基金净值一天只有一个，只有到下午三点闭市后，所有的股票、债券等价格才能确定，基金公司才能据此计算出每只基金的总资产。然后用整只基金的总资产除以其总份额，才能得出每份额净值。从理论上讲 3 点钟股市闭市后，就可以知道基金净值，但因为计算净值等需要时间，所以一般在下午 5 点后才能知道。

因此，假设你当天上午 10 点（或者下午 3 点钟前）出资 1 万元申购基金，但因不知当时的净值，因此是不知道能买多少份的。也就是说用固定的钱，当时却不知道能买多少份的基金。

而在卖（赎回）基金时，你只能说要赎回多少份（份额一般是不变的，而因为净值每天都可能不同，所以不能准确知道你有多少资产），然后用份额 × 当天净值，这样得出你能拿到的钱。当然了，一般得扣除赎回费用。

为了鼓励大家投资基金，国家对基金分红是不用收取所得税的，不像银行存款那样要交纳利息税。

2. 基金费用需认清

目前，几种类型基金通用的买卖费率和管理、托管费率见表 6－5。具体到每只基金会有所不同。一般的原则是基金管理难度越大，各种费率就会越高。而一般情况下，难度又是和潜在的收益率成正比的。表中列出了大概的费率标准，仅供参考。

表 6－5　几种类型基金的费率

投资类型	申购费率（%）	赎回费率（%）	每年管理费率（%）	每年托管费率（%）
	一般买时交；但如选后端收费则可推迟到赎回时交	在赎回时交	每年都要交，从基金资产中扣除。通常的基金净值是扣除了管理费后的	由托管银行收取，从基金资产中扣除
股票型	1.8	0.5	1.5	0.25
债券型	1	0	0.6	0.2
ETF	0.5	0	0.1	0
混合型	1.5	0.5	1.5	0.25
货币市场型	0	0	0.33	0.1
保本基金	2	1	1.5	0.25

相较国外而言，我国开放式费率不高。尽管国内行业明文规定，开放式基金申购费率不得超过申购金额的 5%，但由于此前开放式基金一直规模不

大，还需要鼓励投资者购买，因此费率一直不高，多不超过1.5%。但随着基金日益红火，基金公司重获主动权，因此费率有上涨的苗头，事实上也还有一定的上涨空间。

提升交易费率，对于基金业绩有一定的好处。这看起来是在为基金公司辩护，其实不全是。目前，不少基金投资者把买基金当成暴富的手段，像炒股票一样高抛低吸，喜新厌旧，让基金经理为了应付不断的赎回，不得不将值得长期持有的好股票忍痛割爱，使基金净值受挫，也使其他长期投资者利益受损。如果提升相关的费率，增加交易成本，将有效抑制部分基民频繁的短线买卖，促进基金市场的健康有序发展。

3. 买卖基金的几种渠道

选好了中意的基金产品就要真正购买了。但是它相对较高的手续费让不少人心疼，一来一回一般就得2%。买10万元的基金，2000元就得交给基金公司了。因此，投资开放式基金也要寻求省钱之道。目前而言，你可以自由选择银行、券商、与基金公司网上直销三个购买渠道。它们特点不一，便利程度也不一。如图6－19所示。

基金超市是一种趋势。它是上世纪90年代以来出现的一种新的销售渠道。透过单一账户，投资人可以买卖或转换来自不同基金公司的基金组合，并享受专业营销人员的投资顾问服务，目前这已成为美国基金市场的主要销售形式。美国富达投资公司的基金超市是全美最大的基金超市，可以选择400家基金公司旗下的近8000种基金。

但国内不太一样。因为历史原因，券商一开始就代销尽可能多的基金，因此可以说券商是一个大的基金超市。一般投资者只要有其账户，就可以买卖所有的基金了。但银行却不一样。因为银行担心自己的钱（百姓存在其银行的存款）被储户取出去购买别行代销的基金，从而降低其存款总额，所以就选择只代销部分基金，故相对券商而言，它就是一个不完全的基金超市，但目前情况正在发生变化。

过去认购或申购基金只能到证券公司或银行网点才能办理，现在很多银行都推出了“网上基金”的业务，且不少银行为了推广网上银行业务以减轻柜面的压力，对于网上基金交易推出了一定的优惠政策。如通过某银行的“银基通”购买开放式基金，手续费最多可以打4折。同时，通过网上买基金可以节省大量时间。

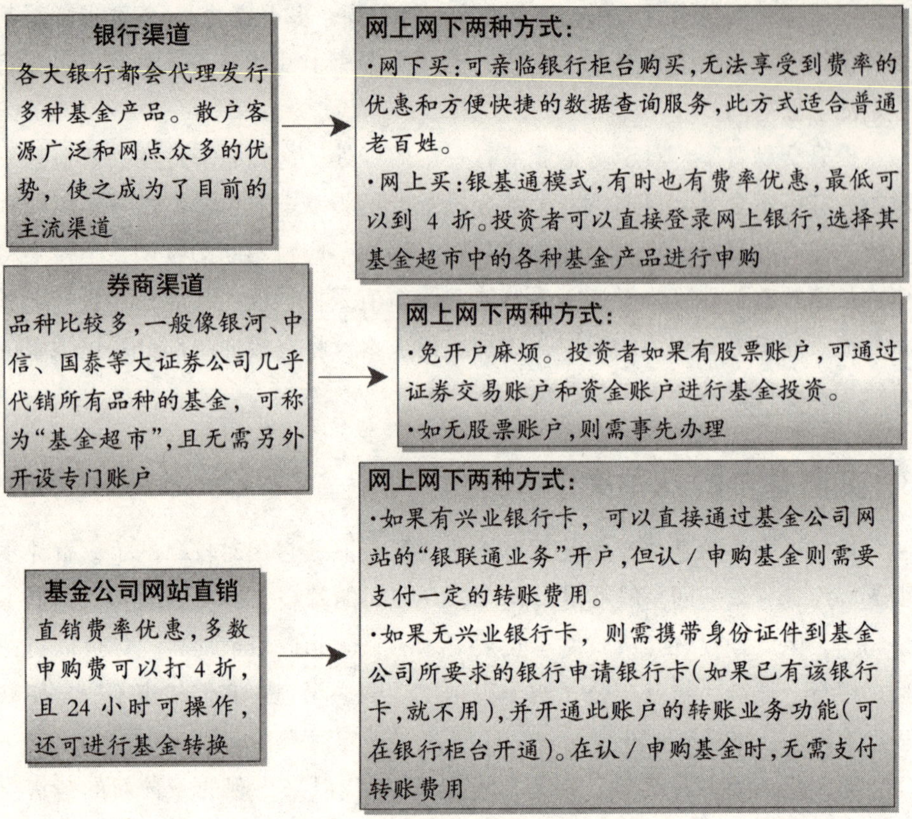

图 6 - 19　基金买卖三渠道

除了这三个主流渠道外，还有基金团购。和其他团购一样，基金团购就是集中小投资者的力量，获取大投资者的优惠。按照基金公司的规定，认购或申购数额越高，基金的手续费就越低。比如某基金申购金额低于 50 万元时，费率为 1.5%，高于 500 万元时，费率仅为 0.5%。根据这个规定，很多人选择了团购的方式，使一次性购买基金的额度达到手续费优惠的规定金额。

还有一种基于网站的团购，这其实就是一个线下团购的变种，它的认购费率比起一般费率有着很大的优惠。要想参加基金团购，先要在网站上申请一个用户名，并缴纳 200 元左右的费用注册成为会员。接着那些与基金团购网合作的代销机构或是基金公司就会直接与投资人联系，投资通过代销机构或基金公司，按照市场上的费率标准进行基金的交易。在交易成功后的一段时间内，基金团购网会把费用的折扣部分返还到投资者的银行账户上。

4. 节省买卖费用有妙招

对于普通人而言，买卖基金都得讲求实惠。具体就是几个妙招：

（1）网上买基金

一般可享受到费率的优惠和方便快捷的数据查询服务，如在银行网站的“基金超市”或者基金公司自己的网站上，费率优惠最低可到4折。

（2）后端收费模式

后端收费模式是指选择在赎回时缴纳认/申购费用，一方面可增加认/申购的份额，另一方面随着持有基金时间的增加，费率在降低。在后端收费模式中，认购或申购费用可以降低至零，且赎回费也可能有相应优惠。有些基金对于持有5年或更长时间者，赎回费率可以降至零。

（3）长期持有，减少波段操作

开放式基金的高手续费，并不适合投资者做波段操作。毕竟2%左右的申购赎回费率（申购费1.5%，赎回费0.5%），与股票0.8%～1%%的买卖费率相比，高出一大截。这就决定了基金投资不能像股票一样买卖，否则交易成本将非常高。

（4）宜选择红利再投资

在牛市中，买基金宜选红利再投资的分红方式，这样既能免除再次申购基金的费用，又可当即享受复利投资的高收益。假设某投资者用10万元买基金，每年收益20%并全部分红的话，如选择红利再投资的方式，30年后可达2373.8万元。如果选择现金红利，若不进行再投资，则会降低总体收益水平。若进行再投资的话，会面临重新选择投资产品的风险和投资成本的增加。

（5）善用基金转换

如果投资者总选择在市场行情不好时赎回基金，等市场行情向好的时候再申购的方式，无疑会付出很大的投资成本。其实，现在很多基金公司都为投资者提供了基金转换的业务，即在同一家基金公司旗下的不同基金之间进行转换，通常的做法是在高风险的股票型基金与低风险的债券型基金、货币市场基金之间进行转换。如图 6－20 所示。

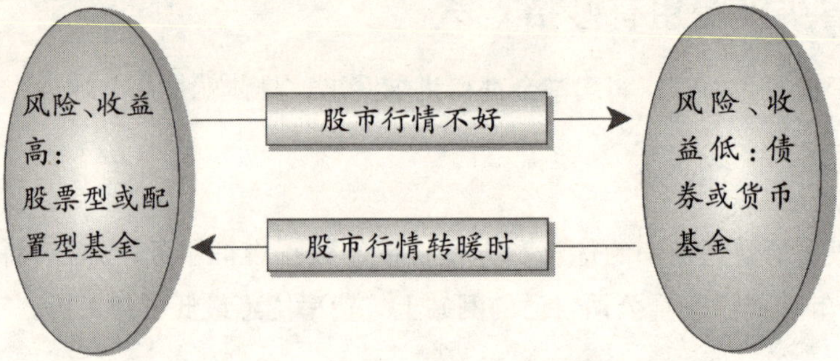

图 6－20　各类基金间的转换

投资者利用基金转换业务，可以用比较低的投资成本，规避股市波动带来的风险。而对于基金公司而言，避免了客户可能转而购买其他基金公司旗下基金的可能，从而保持了总的基金规模，进而保障了公司的管理费收入。为此，一些基金公司的基金转换业务也为投资者提供了费率优惠。

5. 简单高效的基金定投

投资基金有两种方式：一为“单笔投资”，一为“定期定额”（或称定投）。单笔投资是一次拿出一笔金额，选择适当时点买进基金，并力争在市场高点时获利了结；定期定额则是指每隔一段时间（通常是每个月）投资固定金额于固定的基金上，不必在乎进场时点，也不必在意市场价格起伏，时间到了就固定投资。

定期定额的方式类似于银行储蓄的“零存整取”的方式。所谓“定期定额”就是每隔一段固定时间（例如每月 25 日）以固定的金额（例如 1000 元）投资于同一只开放式基金。它的好处是平均投资成本，避免选择时的风险。因为分批每月买进，还降低了股市一次下跌的风险。若不幸遇到行情下跌时，投资人也不需着急，尽管净值跟着下跌，此时所申购的基金份额反而随之增加，可以耐心等待在净值上升时享受成果。

定期定额投资的好处，我们如下展开说明。我们假设有下跌和上涨两种大走势。为了简化起见，我们只假设了投资期限为 3 个月，如定投也只投三个月，基金净值和大盘同步变化。

第一种情况：大盘下跌，第一月在股市高点 3000 点，第二、三月分别是 1000 点和 2000 点，见表 6－6。

表 6－6 初始在股市高点时的策略

	第一个月（3000 点时，净值 3 元）	第二个月（1000 点时，净值 1 元）	第三个月（2000 点时，净值 2 元）	第三月截止时总计（2000 点时，净值 2 万元）
一次性购买	3000 点时一次性投资 3 万元，可买 1 万份基金			份额共 1 万份，总资产 2 万元，共亏损 1 万元，总收益率为 －33%
定期定额（每月 1 万元）	3000 点时先投资 1 万元，可买 3333 份	1000 点时再投 1 万元，可买 1 万份	2000 点时投资 1 万元，可买 5000 份	份额共 18333 份，这时净值是 2 元，总资产 36666 元，挣了 6666 元，收益率 22%

第二种情况：大盘上涨，第一月在股市低点 500 点，第二、三月分别是 1000 点和 2000 点，见表 6－7。

表 6－7 初始在股市低点时的策略

	第一个月（500 点时，净值 0.5 元）	第二个月（1000 点时，净值 1 元）	第三个月（2000 点时，净值 2 元）	第三月截止时总计（2000 点时，净值 2 元）
一次性购买	一次性投资 3 万元，可买 6 万份			到第三个月总资产 12 万元，收益率为 300%
定期定额（每月 1 万元）	投资 1 万元，可买 2 万份	再投 1 万元，可买 1 万份	继续投 1 万元，可买 5000 份	共有 3.5 万份，总资产 7 万元，共盈利 4 万元，收益率 133%

股市短期波动难以预测，普通投资者几乎不可能准确地判断市场的涨跌，因此也无法判断何时是正确的购买时机。而采取定期定额法可大大降低基金投资时机的选择风险，而且可以平摊投资成本，获取更好的投资结果。如果买不对时点，短期就要承受亏损的心理压力。分批买入，虽不能保证买在低点，但保证了不在高点买入，长期投资之后，只要找一个相对好的时机卖出基金，获利的机会应是很大的。

定期定额投资法可以帮助我们养成良好的储蓄习惯。因为复利的力量是巨大的，可以给我们累积大量的财富。例如，我们每个月买 2000 元基金坚持 20 年，基金投资的本金就累积到48万元，加上收益，自然金额惊人。

哪种基金更适合定期定投呢？根据海外市场长期经验，选择波动性较高的基金品种（如股票型基金）效果更好。

一些投资人误以为定期定额投资要办理赎回时，只能将所持有的基金全部赎回结清。其实，定期定额也可以部分赎回，或是部分转换。如果临时需要资金，而市场后续走势仍然看好，投资人可以赎回部分基金，其他份额可以继续持有等到趋势明朗再决定。

6. 避开时机选择的误区

假如你在2007年春节后开市的第一个交易日，买了上投摩根的中国优势（这是一只非常优秀的基金），买的价格是2.95元。你购买时的想法是：既然它能涨到这么高，只要行情好一定比其他基金涨得快。但是，第二天就迎来了股市的黑色星期二，大盘狂跌9%，中国优势也一下子跌到了2.70元！这就说明择时是非常重要的。做股票择时很重要，买卖基金择时同样很重要。曾经有专家做过统计，战胜市场的原因，90%是择时正确，8%才是择股。时间点选对了以后，至于是20块买还是21块买，影响很小，择时正确就能保证盈利。

买基金，需要尽量避免以下四个雷区，如图6－21所示。

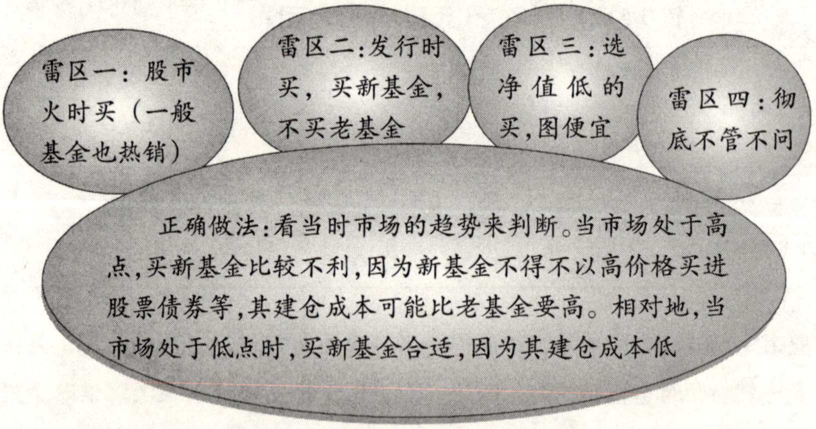

图6－21　基金投资的四个雷区

当股市火热，不断创出新高时，一般基金公司也会抓住良机多发基金。但这对投资者而言却未必是好事。股市火热时发行的基金，往往买在高点，如果不幸碰上股市调整（这种可能性是很大的，因为股市涨跌很正常），基金净值就得下跌了。相对地，市场跌到谷底时，许多投资人不愿意买基金，发行的新基金少，发行困难，所以基金公司一般会推出一些优惠措施，因此此时购买反而更有利。

作为基金投资者，要做的就是在一个相对的市场低点买入基金，并采用长期持有的策略，分享中国经济高速发展带给我们的收益。如图 6－22 所示。

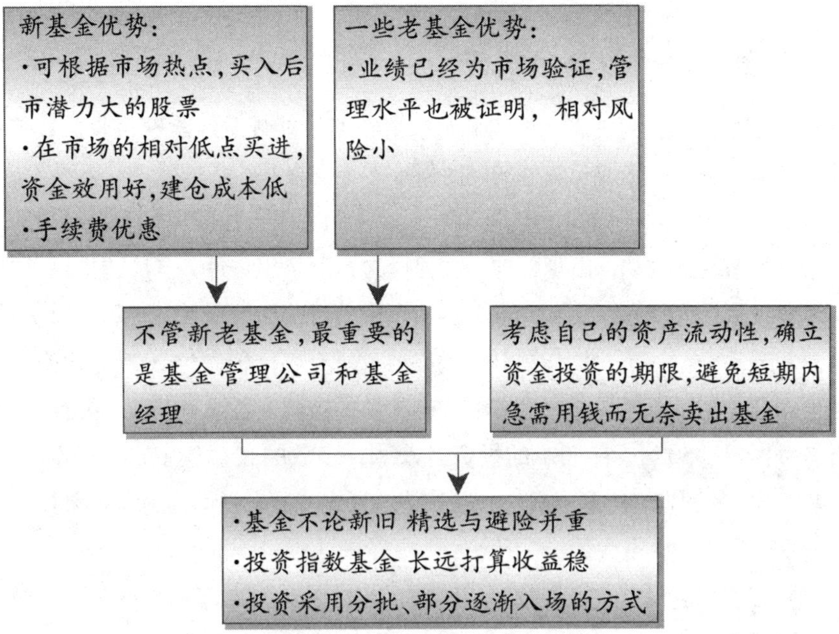

图 6－22　基金投资总体策略

大家买东西都有个图便宜的心理。同样类型的基金，选净值低的买，因为它便宜。但是，便宜不代表好，关键是要看基金本身有无上涨的潜力。基金份额净值高说明基金业绩表现优异，基金经理管理能力较强，但基金的上涨空关键还是取决于股票市场的总体表现和基金公司的管理能力。这就好比两头小牛：一头总是病病怏怏的，只有 50 公斤，而另一头身体健康，体重达到 70 公斤。假设现在是按一公斤 10 元买，前一头要价 500 元，后一头 700 元，你说买哪头牛更合适？当然是买后一头了，因为它健康，最后可以长得更壮，重量相差更大。

此外，买基金不要做甩手掌柜，不能奢望一劳永逸，因为基金情况和投资人状况总会有变化的，所以还是有必要时常关注一下。当情况发生变化时，我们要适当地调整我们的投资。比如随着年龄的增长，我们对风险的承受力会相应的越来越弱，投资就倾向于越来越保守，可以从成长型的基金渐渐向收益型基金过渡。同时，自己的投资目标也可能会变化，供一套房和攒钱去玩一趟的投资方式当然有不同。

一般来说，在股票基金、债券基金和货币基金三类基金中，前者更需要投资者的积极主动性，因为其风险大，变化也快；而后两者相对就要稳定些，投资者不宜频繁的操作。

7. 股市震荡，指数基金优先

股市震荡格局已为常态。如何调整投资策略才能规避风险获得收益？怎样投资才能在享受资本市场成长收益的同时保证本金安全？

股市有风险，路人皆知。但是2006年一年的大牛市让股民们变得对风险不敏感，于是价格剧烈波动，出现种种不理智行为。2007年2月27日，中国A股市场经历十年以来最大跌幅，达8.84%，过山车般的行情让投资者的心蹦极了一回。

这里着重介绍一下投资指数基金的必要性。有媒体曾做过2006年度投资者收益网上调查，在股指翻番的大牛市中，有30%的被调查者没有获利，更有2%的被调查者亏损超过50%；有70%的投资者获利，多数的收益集中在20%到50%之间；只有5%的调查者跑赢大盘，收益率在100%以上。可见，绝大多数投资者并没有分享到完整的牛市大蛋糕。

与投资者普遍没有跑赢指数形成鲜明对比的是，2006年指数基金平均净值增长率超过股票型基金近4%，超过半数的股票型基金并没有跑赢大盘，指数基金整体以业绩胜出。因此，在股市盘整的当口，不但要选好基金，更重要的是控制风险，要牢记有收益就有风险。为此，需要适量购买指数基金作为长期投资。在国外，股指基金的表现一向比较良好，据统计，在截至2005年12月31日以前的20年里，美国共同基金投资者的年平均收益水平只有3.9%，明显低于标准普尔500指数同期11.9%的平均年收益率。对于短期投资来说，每年3.9%和11.9%的影响不算太大，但对于长期投资而言复利的影响就非常明显了，每增加1%的年平均收益率，长期累积下来是十分惊人的。以美国基金投资者每年3.9%的平均回报为例，投资10万元本金20年以后的价值是21.5万；而同样是10万元，收益率11.9%的平均年收益率，20年以后的价值是94.8万元。

由此可见，股指基金应该长期持有。它可剔除短期波动，使投资者获得长期收益。因此，适当买些股指基金，作为长期资金配置的一部分，是很有必要的。

8. 今后基金投资形势分析

2006年基金因丰厚的回报率而异常火暴，这主要源于2006年启动的大牛市行情。而此后，牛市可能进一步得以延续。如图6－23所示。

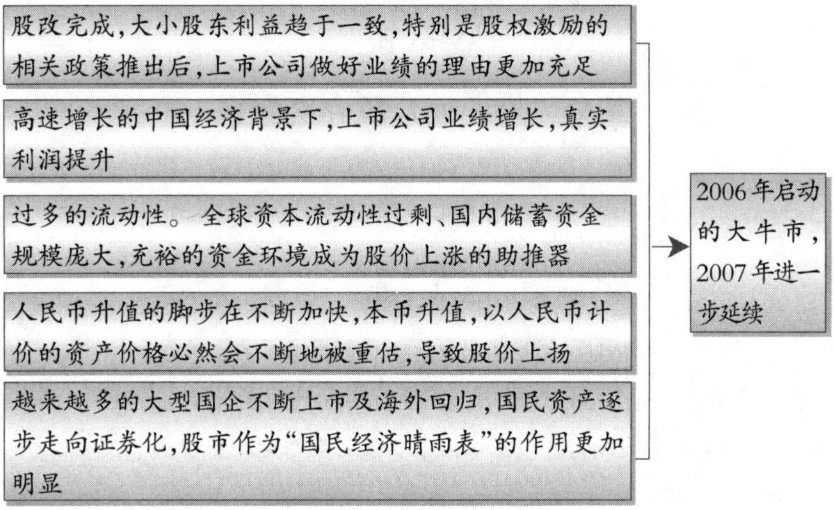

图6－23　2006年启动的大牛市的内在推动力

今后，在牛市行情得以延续的预测下，基金市场的火热局面也将得到进一步延续，尽管热度可能有所降低。同时，由于股市还面临很多不确定性，受此影响，基金也可能会有起伏跌宕。如图6－24所示。

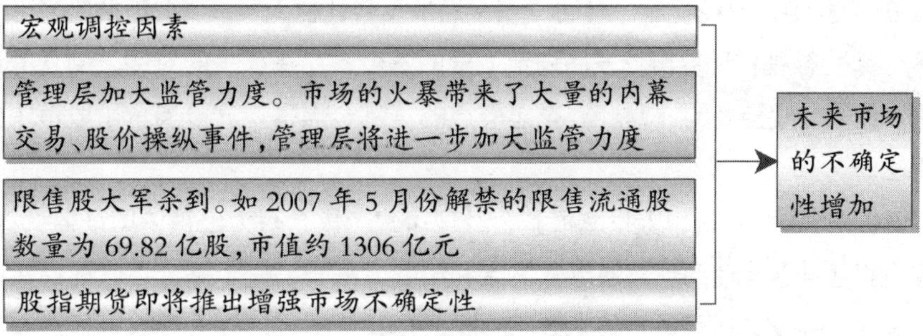

图6－24　未来牛市的不确定性因素

以上是可能影响股市乃至基金前景的各种因素，但最终结果如何，事先总是难以料知。或许，这更能说明做投资总是需要时刻绷根弦的。

第六节
基金风险、黑幕及“老鼠仓”

投资基金不是高枕无忧的，因为它毕竟和风险多变的证券市场相连。其主要风险如下。

■ 市场风险：基金主要投资于证券市场，而证券市场价格会因各种因素而产生波动，从而导致基金收益水平变化，可能造成投资亏损。

■ 管理风险：基金运作过程中，基金管理人的知识、经验、判断、决策、技能、道德以及管理手段和管理技术等因素，会影响基金的收益水平。

■ 流动性风险：由于市场环境或者基金巨额赎回的原因，基金可能不能以当前基金份额净值进行交易。

■ 基金本身的风险：不同基金品种的风险不一样，如股票型基金风险要比债券型基金大；相同的基金品种也会因其股票资产投资上限不同而风险不同。

但是，除了以上正常的、无法克服的风险外，人性的贪婪加上监管不严等，使得基金还存在另外一些风险。

在2000年，曾经喧嚣一时的“基金黑幕”曾让世人震惊。此前两年多来（自1998年起）被视作证券市场发展稳定力量的基金，存在严重的对倒、倒仓等违规行为。而知名度甚高的《财经》杂志登载的《基金黑幕》充分展示了股市中坐庄的手法。

2007年5月16日，上投摩根基金经理唐建老鼠仓行为已被中国证监会查实。唐建自担任基金经理助理起便以其父亲和第三人账户，先于基金建仓前便买入新疆众和（上海交易所代码：600888）的股票，其父的账户买入近6万股，获利近29万元，另一账户买入20多万股，获利120多万，总共获利逾150万元。这即是民间俗称的“老鼠仓”，也是典型的涉嫌内幕交易刑事犯罪的行为。“老鼠仓”就是指拥有机构资本控制权的人在操控某只股票之前，挪用公司的资金或者用自己个人（机构负责人、操盘手及其亲属、关系户）的资金，用个人名义以低价大量买入将要被操纵的上市公司的股票，待用公有资金拉升到高位后个人仓位率先卖出获利。大多数基金公司也规定，基金经理在取得任职资格时，都要填写直系亲属、直系亲属的子女的身份证号和股东代码，投资管理人员的配偶及其未成年子女，不允许买卖股票。但中国目前金融实名制还没有建立，很多投资人员可以用其他亲属、朋友的名字开户，所以“老鼠仓”也难以有效根除。

但不管如何，经历过2000年的“基金黑幕”后，国内基金业对“老鼠仓”等各种违规行为一直十分警惕；而《证券法》中禁止了包括基金在内的证券从业人员买卖股票；2007年年初证监会基金部专门为此发文，很多内容是针对基金经理“老鼠仓”的监管。相信随着监管的加强和整体行业道德的提升，此类违法行为会越来越少，基金投资风险也会越来越少。

第七节

封闭式基金

1. 封闭式基金和开放式基金的区别

封闭式基金和开放式基金的主要区别如下：

（1）基金规模的可变性不同

封闭式基金均有明确的存续期限（在我国不得少于5年），在此期限内基金单位不能被赎回，即基金规模是固定不变的（特殊情况下可扩募）。而开放式基金所发行的基金单位是可赎回的，投资者在基金的存续期内也可随意申购基金单位，导致基金份额每日不断变化。此为两者最根本的差别。

（2）基金单位的买卖方式不同

封闭式基金发起设立时，投资者可向基金管理公司或销售机构认购；当封闭式基金上市交易时，投资者又可委托券商在证券交易所按市价买卖。而投资者投资于开放式基金时，他们可以随时向基金管理公司或销售机构申购或赎回。

（3）基金单位的买卖价格形成方式不同

封闭式基金因在交易所上市，其买卖价格受市场供求关系影响较大。当市场供不应求时，基金单位价格可能高于每份基金单位资产净值；当市场供过于求时，基金价格则可能低于每份基金单位资产净值。而开放式基金的买卖价格是以基金单位的资产净值为基础计算的，可直接反映基金单位资产净值的高低。在买卖费用方面，投资者买卖封闭式基金与买卖上市股票一样，也要在价格之外付出一定比例的证券交易税和手续费；而开放式基金的投资者需缴纳的相关费用相对要高不少。

（4）基金的投资策略不同

由于封闭式基金不能随时被赎回，其募集得到的资金可全部用于投资，这样基金管理公司便可据以制定长期的投资策略，取得长期经营绩效。而开放式基金则必须保留一部分现金，以便投资者随时赎回，而不能尽数用于长期投资。

2. 选择封闭式基金的依据

封闭式基金有其独特点，因此，其选择标准和开放式基金又有所不同。如图 6－25 所示。

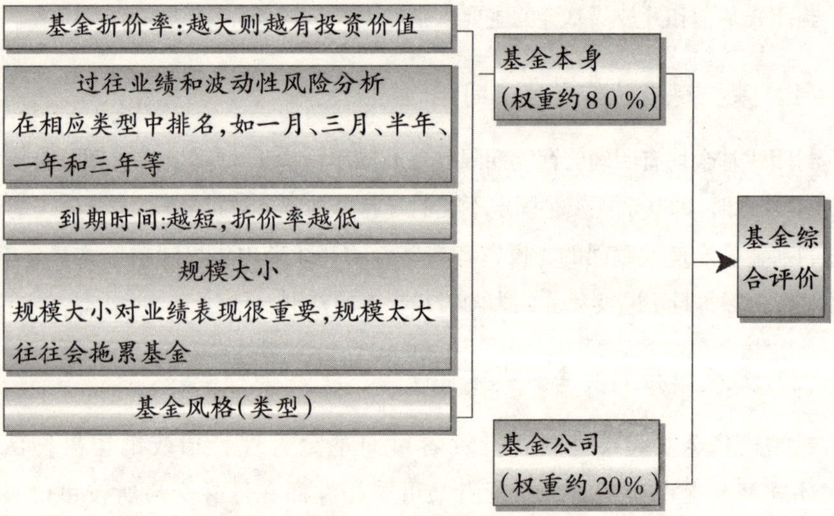

图 6－25　封闭式基金的特点

这里有必要解释一下封闭式基金的折价。当封闭式基金在二级市场上的交易价格低于实际净值时，这种情况称为“折价”。

折价率＝（单位份额净值—单位市价）/单位份额净值

根据此公式，折价率大于 0（即净值大于市价）时为折价，折价率小于 0

（即净值小于市价）时为溢价。折价率是评估封闭式基金的一个重要因素。例如某封闭式基金市价0.80元，净值是1.20元，我们就说它的折价率是

（1.20－0.80）/1.20＝33.33%。

产生基金折价的原因一般认为，主要由基金所持有的投资组合的某些特征引起的。如图6－26所示。

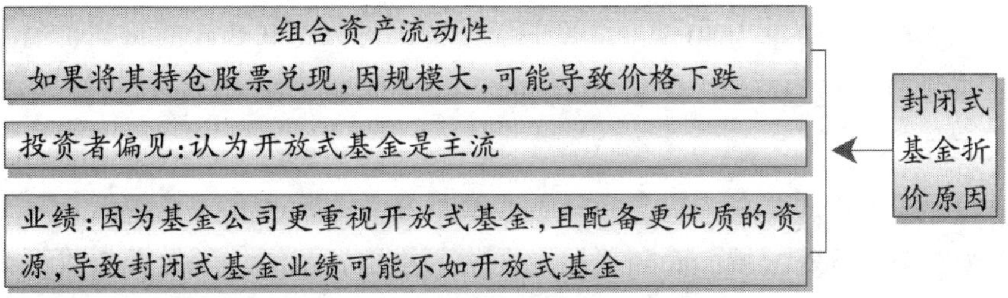

图6－26　封闭式基金折价原因

封闭式基金的出路如图6－27所示，它能有助于减少其折价，真正体现封闭式基金的投资价值。

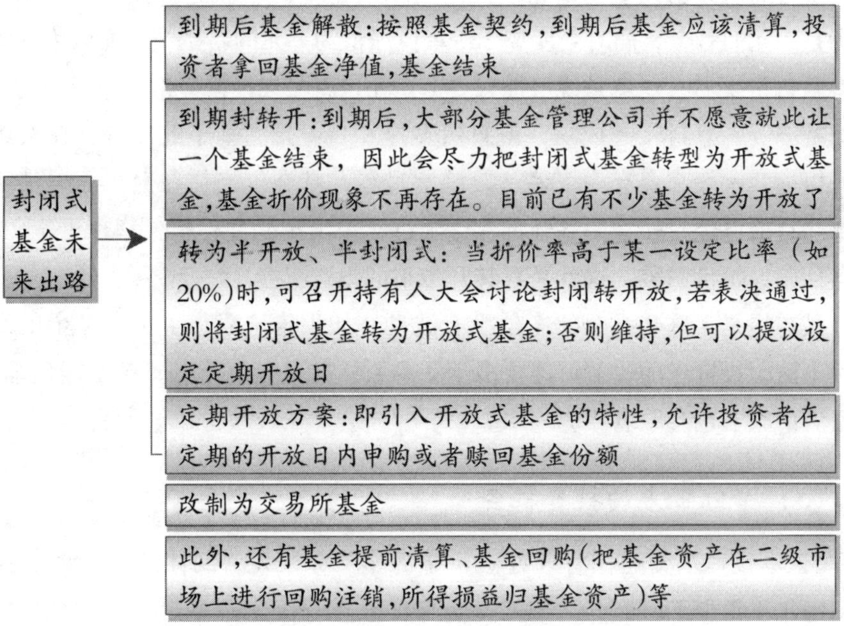

图6－27　封闭式基金未来出路

封闭式基金一般都有存续期，比如15年。到期清算时，将按照基金的净值进行清算。

3. 封闭式基金：机会多多

（1）基金折价率降低带来的机会

无疑，封闭式基金高折价现象的存在是吸引很多投资者的一个重要因素。如果一个基金折价率为40%，这等于说投资者可以花0.6元钱买到价值1元的东西，假如这1元的价值能在最后得到体现，则相当于投资收益率为66.7%。

因为高折价的存在，很多投资者非常看好封闭式基金，认为这是一个相对更为安全的投资领域。而随着股指期货的推出，封闭式基金的折价率必将逐步减少，甚至消失。当然，折价率是动态的，封闭式基金的折价每天都会变化。因此，折价带来的投资机会也是变动的。

（2）封转开的投资机会

实行封转开已经成为即将到期的封闭式基金的一致选择。一般来说，净值为是2元的基金，届时会变成2份单位净值为1元的新基金。而因为封闭式基金是折价交易，也就是说可能只要1.6元，就可以换来2份单位净值为1元的新基金。一旦封转开成功，就自然多挣了0.4元。基于此原理，在实施封转开以前，一般都会有一个停牌复牌的过程，基金价格往往会飞涨以消除折价率。目前已经封转开的基金都在这个过程中出现暴涨，折价率也迅速归零。净值回归、折价归零，这就是封转开带来的投资机会。

其前提是，这些基金的净值没有波动。如果未来股市上涨，基金的净值继续上涨，投资者的收益可能要多于0.4元；如果股市下跌，基金净值缩水，投资者的收益也会跟着相应缩水。

（3）分红带来的投资机会

《证券投资基金运作管理办法》第三十五条规定：封闭式基金的收益分配，每年不得少于一次，封闭式基金年度收益分配比例不得低于基金年度已实现收益的90%。绝大部分封闭式基金在分红方面并不积极，因而都会把分红拖到最后一段时间来进行。根据一般分红情况，3月底4月初，封闭式基金将出现一个分红浪潮。封闭式基金分红的诱人之处在于，这种分红可能出现一个套利的机会。从历年封闭式基金的走势来看，每次分红都会带来一波上涨行情。

这个套利机会同样来源于它的高折价率，因为分红将再度提高现有的折价水平。封闭式基金的分红采取现金分红方式，由于现金分红部分是不会打折的，在市场不发生变化的情况下折价绝对数额不变，而基金的净值和价格同步下降，因此折价率就会上升。举个例子来说，某封闭式基金净值 2.00 元，市场价格 1.80 元，其折价金额为 0.20 元、折价率为 10%。如分红 1 元，则其净值变为 1 元，除权后市场价格为 0.80 元，则折价率变为 0.20/1 = 20%，显然折价率将随着分红得到明显提升。

第八节
其他“类基金”产品

1. 灰色的私募基金

从本质上说，私募基金也是一种信托。但目前国家尚没有明确的规定，而民间需求又很旺盛，再加上比较灵活，所以就有存在的必要。其规模据预测，甚至高达万亿元。

私募基金经历过如下几个阶段：

◆ 1993 年~1995 年：萌芽阶段，这期间证券公司与大客户逐渐形成了不规范的信托关系；

◆ 1996 年~1998 年：形成阶段，此期间上市公司将闲置资金委托承销商进行投资，众多的咨询顾问公司成为私募基金操盘手；

◆ 1999 年~2000 年：盲目发展阶段，由于投资管理公司太热，大量证券业的精英跳槽，凭着娴熟的专业知识、过硬的市场营销本领，一呼百应；

◆ 2001 年以后：逐步规范、调整阶段，其操作策略由保本业务向集中投资策略转变，操作手法由跟庄做股到资金推动和价值发现相结合转变。

◆ 2005 年以后：随着股市回暖与牛市兴起，受其灵活性和更自由的收入分成方式吸引，许多知名基金经理加盟其中，队伍得到进一步壮大。

目前，私募基金主要有以下大小两种形式。

（1）成规模的私募基金

与公募基金操作风格没有太大差异。公募基金公司的很多理念是很好的，但公募基金的灵活性不够，各种投资限制较多；而私募基金可以更好地把价值投资理念与中国国情结合起来，投资方式和品种灵活多样。如果规范到位，则客户利益也能有保障。

但因国家目前尚没有明确规范私募基金，还有一些灰色地带，一旦出现纠纷，客户的利益有就难以得到保障。因此，私募基金实现阳光化、正规化，还有很长的路要走。

（2）凌乱的私募基金

不成规模，操作者知名度也不高，多通过网络等方式来筹集资金。如在一些股票论坛上，就有不少的“民间高手”拉客户。具体做法是：每天免费推荐几只股票，让人实测其水平，如果觉得合适，可以另上 QQ 私聊合作。其所做的就是帮人投资，大家将个人的账户操作密码交给他，由其全权代理，然后进行收入分成。由于监管存在空白，一旦发生纠纷，投资者的利益很难得到保障。比如2007年6月号称开办“天下第一博客”的“带头大哥777”，经侦查就是采取此种手段。

2. 灵活的券商理财品种

在这一部分，我们来讨论一下券商集合理财。从本质上讲，它也是一种基金，但和由基金管理公司管理的基金有一些不同，见表6－8。

表6－8　券商集合理财和开放式基金的区别

	开放式基金	券商集合理财
管理公司	基金管理公司	证券公司
资产构成	都是投资者的钱	很多产品中含有券商自有资产做隐性担保，风险更小。
管理者的收入	买卖手续费和基金管理费等	可采用收入分成方式
投资范围	一般，比较僵化	更灵活，还可投资其他基金公司的基金，即发行“FOF”

续表

	开放式基金	券商集合理财
品种及选择范围	品种多，总量大，选择余地大	品种少，总量小，选择余地小
存续期	不限期限	可能限定期限
投资门槛及流动性	最低投资额低，1000元甚至更低；流动性好，基本上可以每日买卖	最低投资额一般在5万元或10万元；流动性不好，类似于“半封闭式基金”，封闭期长则1年，短则3个月。封闭期过后，会周期性地开放
监管程度	严	一般
便利程度	银行、券商等多种渠道买卖	主要通过券商渠道，也可经银行买卖
费率	大体相当	
规模	可能限定，也可能不限定，视市场冷热情况而言	
业绩	难分高低	

总的来看，券商集合理财在规模限制、自有资金投入和提取业绩报酬方面都体现了监管层保障中小投资者利益的理念。市场上现有的集合理财产品也基本按照监管层的要求开展各项业务，但是其中也存在一些问题。比如，部分公司为了尽早发行新产品，报送材料时有些仓促，在产品的条款细节上缺乏较为细致的考虑，这些将可能导致日后公司与客户之间的纠纷，从而影响券商集合理财的整体形象和品牌。

除了投资范围灵活之外，券商集合理财产品还有一个独特的卖点，就是券商可以有部分自有资金参与，一般自有资金比例在5%～10%不等。这部分资金有两大作用：一是，弥补投资者损失及调动券商的积极性。如果产品亏损了，投资者还能获得券商以自有资金部分做出的补偿，有一定的“防护垫”作用。二是，产品的投资运作结果也关乎券商自有资金的安全与收益，这与基金只单纯充当“管理者”、拿固定比例的管理费有很大不同。这种做法和人民币理财产品不同，后者收益也主要来自投资运作的收益，但银行一般不拿自有资金参与投资，并为投资者承担损失。

3. 优劣共存的信托产品

以上所介绍的基金，其实就是信托的一种。信托和信贷、证券、保险共同组成了现代金融业的四大支柱。所谓信托，顾名思义，就是受人所托，管理和处置他人的财产。受托人根据委托人指定的信托目的运用信托资金，既不享受收益，也不承担风险，仅收取一定的手续费作为报酬。在信托这个大家族里，还有许多其他的金融产品，如实业信托、贷款信托、证券信托等。

信托产品具有投资方向灵活、预期收益较高等优点，但也存在流动性不好、投资门槛较高、不易监管等缺点。比如，一般信托产品得一直持有到期，中间很难买卖。近年来，证券投资类信托产品异军突起，日益火暴。从投资方向看，分别投资于股票、基金、债券，还有进行组合投资的。从项目名称看，稳健型、平衡型、价值型、成长型不一而足。举个地产信托产品的例子。某信托公司通过发行2万份信托合同，募集了10亿元，也就是每份要5万元，期限5年。这10亿元主要用于房地产投资，预计年收益率为4.8%。

投资信托产品，首先要选择经营规范、有较好口碑的信托公司发行的信托产品。因为有些信托公司财务状况不佳、治理结构也不健全、经营风险大，导致了近年来的一些信托欺诈案件和纠纷常有发生。比如，一些信托公司为了发行信托产品，总是过分夸大其收益率，投资者一不小心就中了圈套。其次，要细看信托合同，其重要性和保险合同一样，不可忽视。此外，你也可以定期向信托公司查询所购产品的管理和收益情况。

知识问答

1. 便宜的基金和价贵的基金，哪个更好?

许多投资者认为当然是便宜的更好。他们的理由是：投资1万元，如果买净值是1元的基金，可以买1万份（不计手续费）；而如果买净值2元的，则只能买5000份。假如日后每份都涨1角的话，前者共挣1000元；后者才挣500元。其实投资者进入了一个非常大的误区，因为假设本身就是不公平的：净值1元的基金，如果挣1角，其收益率是10%；净值是2元的基金，如果挣1角，收益率只是5%。假设都不公平，自然结论就是错误的了。换一个角度来说，如果现在有两只基金，一只1元净值，一只2元净值，假设它们的赚钱能力一样，都是10%，那么当1元基金挣0.1元时，2元基金就应该挣0.2元。

买基金最重要的是要看它的赚钱能力，即收益率，而净值高低不应是选择基金的主要因素。好比银行存款，我们一般会挑存款利率高些的那家银行去存。举例来说，1月1日同期发行两只风险收益特征接近的股票基金，到了年底，一只净值1.4元，另一只净值2元整，前者便宜后者贵，但从这一年的业绩表现来看，后者赚钱能力更强，这时候当然要选择后者。

基金不同于股票，其赚钱能力不受净值的影响。赚钱能力取决于基金经理所购买的股票组合，而股票组合是动态调整的。

不少人认为基金2元贵，1元便宜，事实上是把基金当股票看待了。单只股票涨幅是有限度的，涨得太高，会脱离它的真实价值；而基金本来就是以净值作为它的价格，时间放长一些，会出现几十元、上百元的基金，不是它贵，而是它的净值就值那么多钱。如股神巴菲特的哈撒韦公司的每股净值高达10万美元，其实这就是一份基金的价格。

所以，选择基金时应遵循“只选对的，不怕贵的”原则。买基金前，一定要分析它能不能赚钱，而不能简单地看它是否便宜。

2. 买股票还是买基金？

在做出决定前，需要考虑三个要素。首先是掂量自己的投资能力。如果自己的投资能力强，则可以考虑买股票，许多人往往过分夸大自己的投资能力；二是要看自己的风险承受能力，强则买股票，弱则买基金；三要看自己对投资收益的预期。基金比较稳妥，风险小。

事实上，对于90%的投资者而言，买基金比买股票更加适合，因为只有不到十分之一左右的投资者具备自行投资股票的能力和心态。此外，具备一定投资水准的人，可以自己构建基金，运用基金选股的思路和分散投资的手法来进行投资，也可能取得和基金一样的业绩，甚至超过基金。不过这需要自己判断何时进出，买哪些品种，需要有充裕的时间和专业知识。

3. 波段操作还是长期投资？

先抛开这个问题不谈，我们来算一下赎回基金赢的正确概率。首先是赎回时机，因为赎回后大盘涨跌的概率各50%，因此，赎回时机正确的概率也就只有50%；其次是再次购买时机的正确概率，也是对错各50%。因此，我们可以说，总体赎回基金赢的概率只有25%。

以上假设，其实是基于我们很难预测大盘涨跌为前提的。事实上，预测短期市场波动极其困难，因此进行波段操作难度很大。此外，因为基金已经是分散投资，波动性要远远小于股票，没有做波段操作的必要。同时，波段操作是有成本的，申购费加赎回费，每次约2%，大大增加成本。相对而言，大盘的长期走势就容易判断一些，因为影响因素相对单一，基本上是与整体经济和企业的基本面相关。

因此，就一般投资者而言，长期投资是相对不错的选择。在未来十年，证券市场应该有不错的前景，长期投资可以分享长期收益。如果你对中国的宏观经济和上市公司的业绩充满信心，就可以不看指数点位直接入市并长期持有，一直到基本面发生变化。也就是说，不用太在乎目前点位高低。当然，如果觉得这样有风险，可以选择大盘低点后买入基金并持有2~3年左右。毕竟，如果一味盲目地求长，可能有风险，因为市场会有调整；而太短了，则可能错过很多次行情。

4. 现在我买基金合适吗?

这主要取决于三个因素。

一是你买基金的目的，或者说你打算持有基金多长时间。如果想长久分享股市的成果，自然不用太多考虑一时的点位。因为以三年、五年甚至十年来看，短期的股市点位波动对长久的基金业绩影响并不会太大。这时，更重要的是你有无投资，而不是何时投资。

如果你只想搏基金的买卖差价，则需要认真对待。因为受市场高低点影响，基金价格自然是不一样的。要事先准确地对短期市场进行判断几乎不可能，因为影响短期市场的因素很多而又不可预测。判断市场短期波动，无异于赌博，即使最神奇的基金经理也不敢对短期大盘妄加判断。所以，只有很少人能有效地通过买卖基金来挣差价，绝大多数人做不到。

二是市场状况。如果市场很火热，已在历史高位上，则最好等等看，先别买；如果在市场底部，则可以买入。难题在于，我们事先很难判断出何为顶部和底部，因此，分批买入是一种不错的选择。

三是基金类型。如果是在股价上升阶段，则可以考虑买股票型基金；而如果是在股价下跌阶段，则可以考虑通过购买货币基金来回避风险。因为，后者几无风险，可以等同活期存款，却有相当于一年定存的收益。

5. 现在我的基金该卖吗？

很多时候当投资者觉得涨得差不多了而卖掉时，结果往往是又接着大涨。这个问题可以用四个因素来进行分析。

一是市场是否发生了根本性变化。如果没有，就不用考虑卖了；如果有，则需要认真考虑。因为如果市场开始下跌之途，而你还满手股票型基金，则无疑会有很大风险。因此，这个时候应该转换成比较保守的基金，比如债券型基金或者货币基金，甚至直接赎回。

二是是否还有更好的投资方式。买房子、存银行、买保险等，收益率都是比较容易判断的。而投资基金，在国民经济和证券市场整体向好的大背景下，自然是一个相当不错的选择。就此意义而言，目前应该没有比基金更好、更省事的投资方式了。

三是持有的基金类型。在股票下跌阶段，可以考虑卖股票型基金；如果是股市上升阶段，则手中的债券基金、货币基金或保本基金可以考虑卖掉。

四是持有的基金是否发生了变化。如果基金管理公司、基金经理没有变化，则可以不动；如果有变化，则评估这种变化带来的不利影响，可以考虑持有或卖掉。

6. 如何看待基金推介人员的介绍？

基金推介人员，不管是来自于基金公司，还是来自于银行或者证券公司，一般情况下都希望投资者能够多买一些自家发行或者代销的基金，这样他们可以多挣一些基金管理费和买卖手续费。他们通用的说法及我们的客观判断如下：

➡ 说法一：银行信誉好，所以买银行系的基金踏实一些。

银行系的基金公司，银行只是其投资方，并不参与直接运营，因此在业绩和信誉方面并无特殊之处。

➡ 说法二：合资基金公司的基金比中资基金公司的基金好。

在中资或合资的基金公司中，都有比较优秀的产品，没有特别的倾向性。

➡ 说法三：买注重分红的基金比买注重成长的基金好。

根据各人的喜好。落袋为安者可多考虑前者，乘胜追击者可多考虑后者。

➡ 说法四：刚分红的基金便宜些。

不是。分红前后你的收益没有直接变化。

➡ 说法五：刚拆分的基金便宜些。

完全没有影响。这只是基金公司的营销手段。

所以，作为投资者，要有自己的判断。不要因为图省事或者全信推介人员，就随便买卖一只或多只基金。

附6-1 王牌基金之华夏大盘精选

华夏大盘精选是一只具备三年历史的老开放式股票型基金，一贯采取广挖个股、快速调整的投资风格，取得了优异的业绩。

一、历史业绩和风险度分析

自2004年8月11日成立以来，到2007年6月基金复权，单位净值增长率已经达到500%以上。分开来看，在2005年度，该基金的净值增长率虽然很低，仅为-0.2%，高于比较业绩标准5.13%；而在2006年，该基金的净值增长率达到154.5%，取得高于比较业绩标准62.35%。比较业绩标准，我们可以简单认为是大盘指数。

从同类型可参考的基金业绩比较看，以复权基金单位净值增长率来排名，2005年在63只股票型基金中，华夏大盘排在36位；在2006年的86只股票型基金中排名第8位；而在2007年一季度129只股票型基金中排名第一。从迅速上升的排名中表明，这只基金在投资组合管理上逐渐显现出超越同类的优异能力。

而从风险角度来看，华夏精选在全部基金中属于中高风险品种。在偏股型基金中，华夏精选风险指标大多略高于平均水平。它的积极投资风格使得其净值波动水平在特定时期可能比较大。在过去三年多时间里，不论在哪个时点进入，假如投资者一直持有华夏精选，那么一年内可能遭受的最大损失在11.79%。这一数值明显高于稳健型的其他绩优基金，事实上反映了华夏精选的积极投资风格可能带来的阶段性风险。

二、投资风格：广挖个股，快速调整，不随大流

在投资策略上，华夏大盘精选主要采取“自下而上”的个股精选策略，根据细致的财务分析和深入的上市公司调研，精选出业绩增长前景良好且价值被市场相对低估的个股进行集中投资。与深挖价值、长期持有的策略迥然不同，华夏精选积极调整股票组合，根据市场环境和个股相对估值的变化，买入预期上涨空间大、下跌风险小的股票，而把空间不大、相对估值较高的股票卖出，以此方式来优化组合。

华夏精选的重仓股少有某个阶段市场最热门的行业和股票，而是多侧重于成长股、资产隐蔽股。在市场进入阶段性的转换期，例如2007年在前期大涨的主流板块如金融、地产类股票进入相对调整期之时，华夏精选在2006年4季度的重仓股组合获得了很好的收益，这也是其2007年以来表现再度跃居基金前列的主要原因。见表6-9。

表6-9　华夏大盘精选2006年四季度重仓股到2007年初至3月20日表现

股票代码	股票名称	截止时间	期初价格	期末价格	个股收益率	持股比例
000933	神火股份	2007-3-20	11.21	16.32	45.58%	6.06%
600029	S南航	2007-3-20	4.09	6.74	64.79%	5.95%
600787	中储股份	2007-3-20	6.25	9.79	56.64%	4.24%
000807	云铝股份	2007-3-20	10.66	16.22	52.16%	4.19%
000860	顺鑫农业	2007-3-20	7.84	11.25	43.49%	3.31%
000960	锡业股份	2007-3-20	8.87	19.62	121.20%	3.30%
000617	S济柴	2007-3-20	16.99	19	11.83%	3.14%
000819	S岳兴长	2007-3-2	17.80	28.98	62.81%	3.06%
000888	峨眉山A	2007-3-20	9.59	12.67	32.12%	3.01%
600005	武钢股份	2007-3-20	6.36	9.14	43.71%	2.75%

从反映基金投资风格的其他量化指标上来看，华夏大盘精选呈现出“两高一低”的特点，即高持仓、高换手、低集中。

■ 一是高持仓。华夏大盘精选属于偏股混合型基金；基金契约上有较大的灵活度调整资产配置比例。在2006年以前的熊市中，该基金股票配置比例大部分时间低于同类型基金平均水平。而在2006年以后，股票配置比例始终保持在80%以上，明显高于同类型基金平均水平。

■ 二是高换手。和积极换股的操作相对应，高持股周转率也一直是华夏精选的特点。在各个时期，华夏精选的持股周转率大多高于同类型基金的平均水平。

■ 三是低集中。与选股上的积极风格不同的是，华夏精选通过降低持股集中度来控制风险。我们可以看到，2006年以来华夏精持股集中度持续降低，始终在40%上下，远低于同类型基金的平均水平。

三、基金经理情况和基金管理公司

基金经理：王亚伟先生，经济学硕士。曾任中信国际合作公司业务经理，华夏证券有限公司研究经理。1998 年加入华夏基金管理有限公司，历任兴华证券投资基金基金经理助理、基金经理（1998 年 4 月至 2002 年 1 月期间），华夏成长证券投资基金基金经理（2001 年 12 月至 2005 年 4 月期间）。现任华夏基金管理有限公司总经理助理，华夏大盘精选证券投资基金基金经理（2005 年 12 月起任职）。

基金管理人：华夏基金管理有限公司成立于 1998 年 4 月 9 日，是经中国证监会批准成立的首批全国性基金管理公司之一。公司总部设在北京，在北京、上海和深圳设有分公司。

华夏基金是全国首批社保基金投资管理人，首批企业年金基金投资管理人及中国内地首只 ETF 基金管理人。华夏基金还是国内唯一获得亚洲债券基金管理资格的投资管理机构。目前华夏基金管理资产规模超过 1000 亿元，累计分红近 150 亿元，是国内基金业管理资产规模最大的基金公司之一，也是为投资人分红最多的基金公司之一。华夏基金旗下共有 11 只开放式基金，4 只封闭式基金，1 只亚洲债券独立组合以及多只全国社保基金投资组合。从低风险的货币市场基金到高收益的股票型基金，华夏基金已经初步建立了完善的产品线，可以满足各类风险偏好投资者的需求，是国内管理基金数目最多的基金管理公司之一。

四、风险提示和投资建议

华夏大盘精选属于股票型基金之中风险和收益特征偏中高的平衡型基金，其风险仍然在于目前股市的估值压力，以及股市中长期发展的趋势性变化。它适合具有较高风险承担能力的投资者。

注：本文根据网上相关文章整理而成。

附 6-2 彼得·林奇教你六招选基金

彼得·林奇是基金史上的传奇人物。由他执掌的麦哲伦基金 13 年间资产增长了 27 倍，创造了共同基金的财富神话。作为一位成功的基金管理人，他对如何投资基金提出了带有强烈个人倾向的六招，有些极端，不一定适用所有人，仅供参考。

法则一 尽可能投资于股票基金，忘掉债券基金

从证券市场的长期发展来看，持有股票资产的平均收益率要远远超过其他类别资产。因此，如果一个投资者把投资作为家庭长期财务规划的一部分，追求长期的资本增值，就应该把可投资金尽可能用来购买股票类资产。对基金投资者来说，就是尽可能投资于股票基金。

至于债券基金，从资本增值的角度看，其收益远不如股票基金。如果投资者青睐固定收益，那么不如直接购买债券。因为从实践来看，债券基金的收益并不比单个债券更好；而购买债券基金，还要支付昂贵的申购费、管理费。而且持有基金的时间越长，债券基金相对债券的表现就越差。

当然，这一法则也并不是说投资者可以盲目持有股票基金：一是这部分资金应该以长期资本增值为目的，不要因为市场短期的波动而给投资人带来可能影响其投资决策的财务压力；二是通过挑选优秀的股票型基金，组合不同的投资风格，投资者事实上可以更好地规避股市调整的风险。

法则二 按基金类型来评价基金

不同类型的基金，在不同的市场时期和市场环境下可能会表现不同。而要比较基金收益的差异，要基于同一投资风格或类型，不能简单地只看收益率。在任何一种风格中，都有优秀的基金存在，而不同风格的优秀基金则是投资者构建投资组合的良好备选对象。根据不同的基金类型和风格来对比分析，有助于投资者发现哪些是真正表现优异的基金。

目前，我国基金业由于基金经理变动频繁，可能导致投资风格不断变化，对投资者来说并不是好事，需要警惕。

法则三　忽视短期表现，选择持续性好的基金

大多数投资者是通过基金过往的表现来选择的，尤其是最近一段时间的表现。但基金业中的短跑冠军未必能是长跑冠军。关键在于，冠军背后的真正原因是什么？基金在更长一段时期内的业绩表现是否稳定，是否表现出持续性，这更为重要。

因此，不要花太多时间去研究基金过去一时的表现，尤其是最近一段时间的表现。“但这并不等于不应该选择具有长期良好表现的基金，而最好是坚持持有表现稳定且持续的基金”。普通投资者如果不能很好地分析基金近期高收益背后的真正原因是什么，那就更多地关注已经表现出很好的收益持续性的基金，因为这比短期收益更好地反映出基金经理人的投资管理能力。从长期来看，收益的持续性远比一时取得收益冠军更为重要。

法则四　组合投资，分散基金投资风格

在投资基金时，也构建一个组合。构建原则是，分散组合中基金的投资风格。林奇认为：“随着市场和环境的变化，具有某种投资风格的基金管理人或一类基金不可能一直保持良好的表现。适用于股票的原则同样适用于共同基金。”投资者不知道下一个大的投资机会在哪里，因此对不同风格的基金进行组合是必要的。林奇把这样的组合称为“全明星队”。也就是从各种风格、类型的基金中，挑选出满足其他法则的优秀基金，作为备选对象，然后再从中构建投资组合。

但是，在组合投资时有两个误区需注意：一是把资金分散投资在许多基金中，这显然是错误的。并不是组合越分散，效果越好，而是要分散，有度、分散有方。“有度”是指适度分散，组合中基金的数量一般不要超过 3 个；“有方”是指组合备选对象不是广撒网，而是经过挑选后的优秀基金。二是组合中持有的多数基金风格雷同，这样各只基金的收益表现可能高度相关，实际上也就起不到构建组合的效果了。

法则五　根据“风格轮动”调整基金投资组合

已经持有一个基金组合时，如何根据市场的变化调整投资呢？林奇提出了一个简易的一般性法则：在以往组合中增加投资时，选择近期表现持续不

好的风格追加投资。注意不是在基金投资品种之间进行转换，而是通过追加资金来调整组合的配置比例。

林奇的经验证明，这样的组合调整方式，往往能够取得比较好的效果。基金表现之间的“风格轮动”效应是这种调整方式的依据。而“基金风格轮动”事实上又是基于股票市场的“风格/板块轮动”。根据这个简单的原则调整组合，实际上起到了一定的跟踪风格轮动的效果。因为从长期、平均来说，买进下跌的板块，其风险比买进已经上涨的板块更小。

法则六　适时投资行业基金

行业基金，是指投资范围限定在某个行业的上市公司的基金。行业定义既可以是大的行业，也可以是细分行业。行业基金的走向实际上反映了该行业在股市上的表现。林奇认为，“理论上讲，股票市场上的每个行业都会有轮到它表现的时候。”因此，在以往组合中增加投资时，选择近期表现暂时落后于大盘的行业。这和风格调整是一致的，投资者要做的是如何确定表现暂时落后于大盘的行业。如果更细致一些研究，那些已经处于谷底，开始显现复苏迹象的行业是最好的选择。

目前，国内专门针对某个行业类别或者细分行业的基金不多，行业覆盖面也远不能覆盖全市场。因此，目前针对行业基金的投资空间还比较有限。不过，随着基金业的快速发展，这种状况很快将得到改变。例如最近发行的中海能源基金，就是一只典型的行业基金。这样，针对行业基金的基金投资策略也将找到用武之地。

注：本附录原作者为德赛基金江赛春，本书引用时有删改。

第七章

保险

低收入家庭可以考虑买一些意外险或者健康险，投资不是很大，发生特别事件可以得到保障。对于中上收入家庭，可以选择与健康险和人寿保险相关的产品。但是从中国市场现实来看，我有一个忠告，在中国目前还没有实行混业前提下（注：已逐渐放开），不能买投资、理财产品。如果你想理财，可以买基金公司的产品。买保险是买保障，对未来发生不可预测的财务开支的事先准备，也是应付各种各样的危机的方法。

——中央财经大学保险学院院长 郝演苏

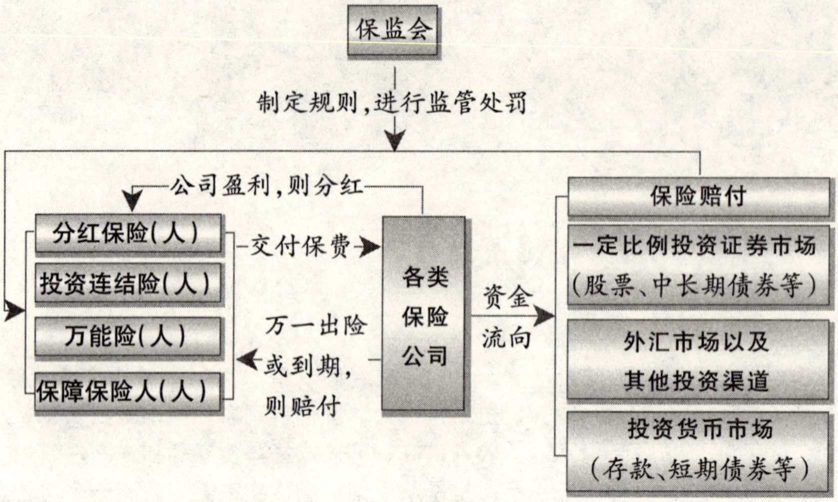

图 7－1　保险市场体系

本章导读

保险的流程其实很简单，开始投保，如果出险（或到期），就得到偿付。作为保监会，则承担制定规则、监管处罚等功能。如图 7－1 所示。

保险这些年获得了巨大发展。大家对保险的认识，很大程度上应归功于那些似乎无孔不入的保险代理人。保险最初的功能，其实仅仅是防范风险，但到后来，才逐步开始具备并扩充了投资理财的功能。

事实上，目前许多人对保险还存在一定的认识误区，这也似乎和总习惯于夸夸其谈的保险代理人有关，还有行业发展不太成熟的因素。因此，本章尽量答疑解惑，让大家明了保险的本质和如何投资保险。

第一节
保险要素及成员

1. 保险各核心要素

保险各要素在保险合同中都有体现，见表 7－1。

表 7－1　保险的各个要素

	说明
保费	所交费用
保额	出险或到期后所能得到的偿还金额
保险费率	保费占保额的比例。是保险公司之间竞争的主要手段，其确定需要经过精心测算
投保标的	财产、人身等
免除事项	发生后保险公司不用偿还的各种事项
保险四种人	见图 7－2

保险涉及四种人，如图 7－2 所示。

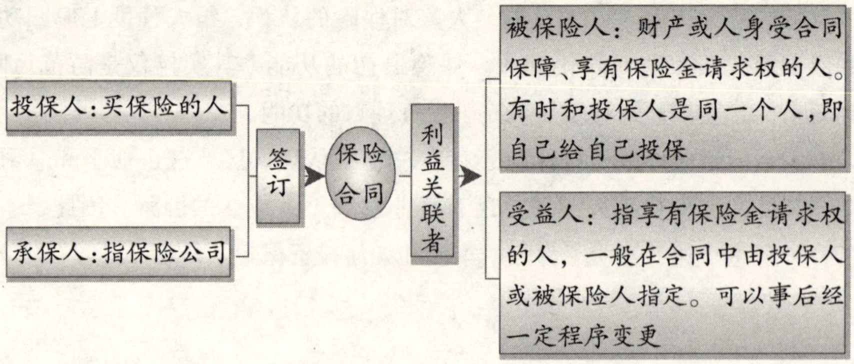

图 7－2　保险所涉四种人

在保险中，需要遵循四个原则，如图 7－3 所示。

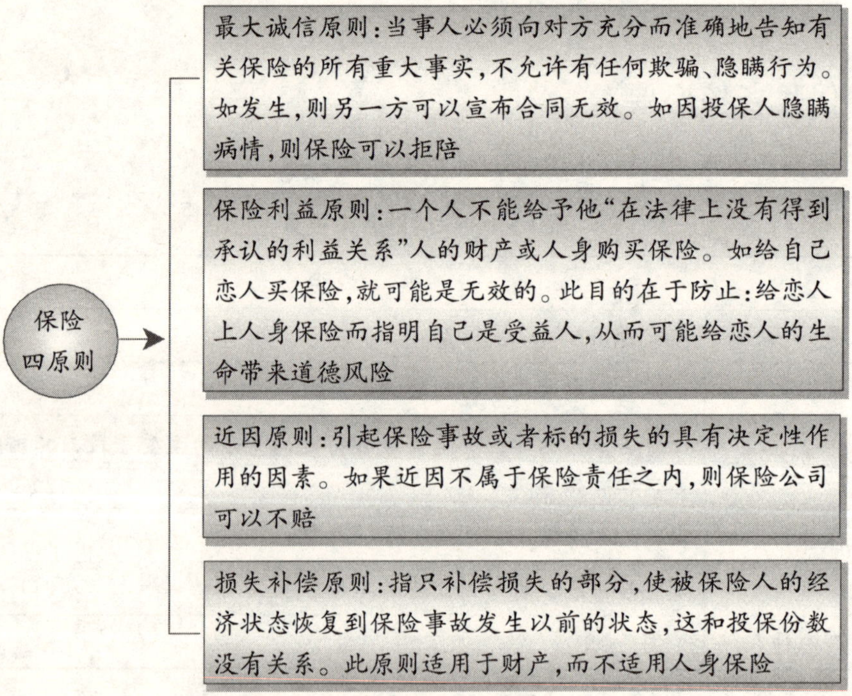

图 7－3　保险四原则

2. 保险家族

依据不同的标准，对保险有不同的分类。但主要有以下几种：

➡ 以保险标的不同，保险可分为财产保险和人身保险。财产保险是以物或其他财产利益为标的的保险，包括有形财产和无形财产。人身保险是以人的生命或健康为保险标的的一种保险。

➡ 依据保险实施的形式不同，可将保险分为强制保险和自愿保险。如机动车保险中的第三者保险即为强制保险。

➡ 根据保险政策保险可分为社会保险和普通保险。基于社会政策而成立的保险即为社会保险。社会保险以外的保险总称为普通保险。

➡ 根据危险转移的形式不同，可将保险分为原保险、再保险和共同保险。

➡ 按投保方式分类，可分为团体保险和个人保险。

➡ 按保险保障范围分类，可分为财产保险、人身保险、责任保险和保证保险四类（产品责任保险属于责任保险范畴；机动车抵押贷款履约保证保险、员工忠诚保险、进出口信用保险等都属于保证保险范畴）。

这里，有必要对人身保险等再作进一步的分类。如图7－4所示。

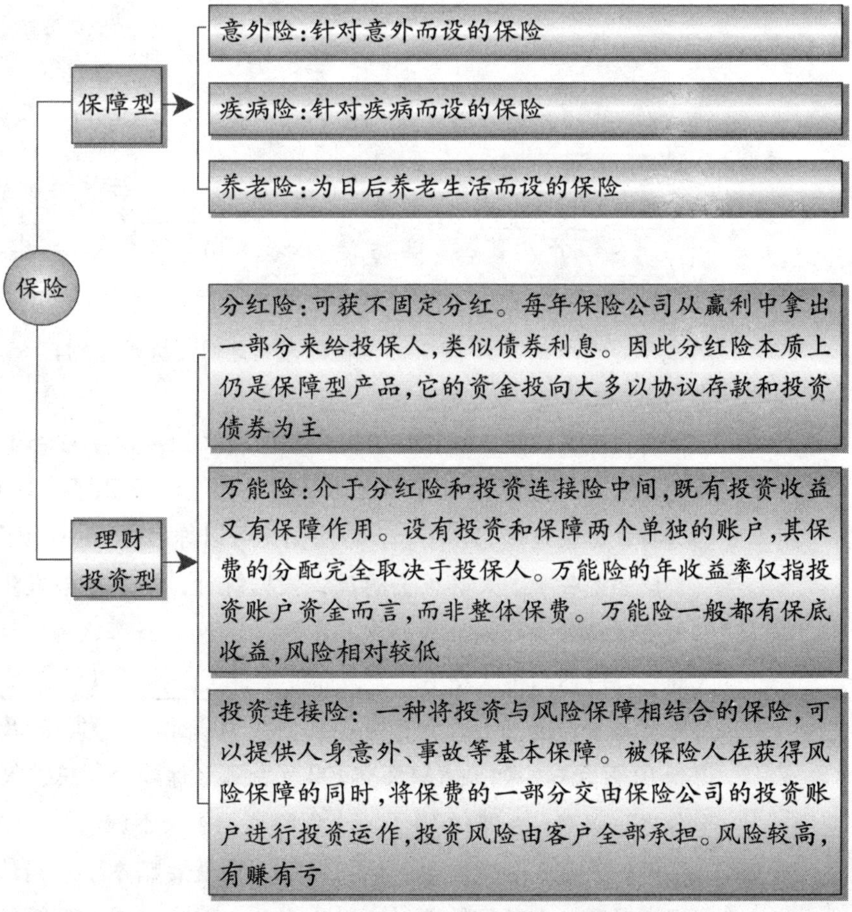

图7－4　保险分类

一般而言，投资者应侧重买保障型的保险，而非理财型的。曾有一对夫妻不幸同时遭遇车祸身亡，留下一未成年的女儿。亲戚帮忙向保险公司申请赔付金时，却失望地发现该夫妻生前买的是一种分红储蓄保险，交过3万元，身故赔付金只有3.1万元。也就是说，其保障功能几乎为零。其实，大多数分红储蓄型保险提供的保险保障非常低。

所以说，市场上流行的分红险和投资联结险，对于普通投资者意义不是特别大。如果你自己投资有方，或者说有更好的投资渠道，那么分红险、投资联结险都不应该是你的投资重点，甚至可以不予考虑；你需要考虑的是完全属于保障类的险种。

3. 保险公司靠什么活

保险公司的收益主要有两个，一是依靠大数法则挣保费；二是通过各种投资渠道去挣钱。如图7-5所示。

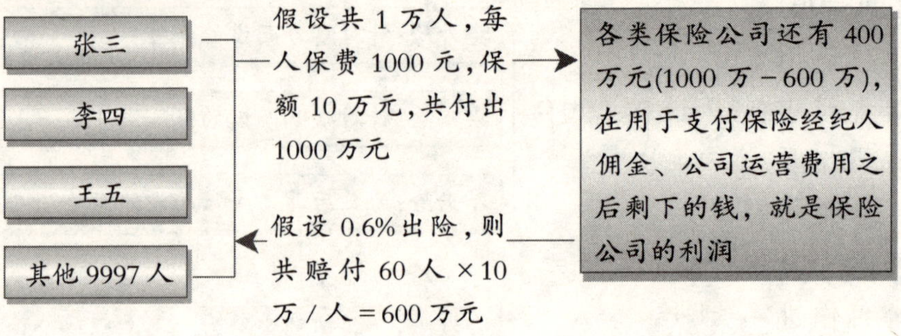

图7-5　保险盈利之道（大数法则）

有人也许会问，现在交了100元保费，如果发生意外了，就可以拿到10万元，这不是拣了大便宜吗？那保险公司岂不亏死了？这其实是一种误解。因为有大数法则在起作用。大数法则又可以称为“万一法则”。

比如说一千个人必须去游泳，根据统计，溺水事故发生的概率是千分之一，也就是可能有一个人溺水。在知道了这个概率之后，保险公司和这一千人商量，说你们每人交100元，如果出事了，就可以得到10万元的赔偿。在这种情况下，这一千人极有可能都会交100元。因为万一出了事，不是可以得到10万元吗？如果大家都交100元，那么保险公司总共收了10万元，按照千分之一概率，要赔付10万元，保险公司不赔不赚。

但如果有2个人出事的话，保险公司就要赔本了。当然，保险公司也可以提高保费，或者降低赔付金额。为此，保险公司的精算师就要根据事故发生的概率，确定每个人该交多少钱和给出事者赔偿多少。总之，这1000个人交的总保费要超过总的赔偿费，保险公司才有利可图。

此外，保险公司还可以通过各种投资（资本市场和实业）挣钱。目前，保险资金在资本市场上纵横驰骋，投资力度和投资规模越来越大，直接、间接投资额高达几千亿元。

第二节
保险投资规划

在具体确定自己的保险需求时，有两个因素需考虑：一是损害程度，二是发生频率。一般来说，风险事故发生的频率越高，风险的威胁性就越大。比如，必须以助动车或摩托车作为代步工具或职业工具的人，就应把人身伤残的风险放在首位；而那些发生频率少、损害程度也小的风险，就应放在后面。

对一般人来说，投保首要考虑健康险和意外险；其次是寿险；给未成年子女也可以考虑投保教育保障金。因为保险的首要目的是防范风险，防止因各种意外造成的损失，其抵御风险的功能是任何其他投资工具无法取代的。因此，购买保险的基本原则就是：保障第一，收益第二。所以，买保险不是为了挣钱，不要和其他的投资比挣钱多少，而应重视其防范风险的功能。如果单纯要收益的话，不如购买债券、基金和股票等。

1. 人生各阶段的保险规划

人生的不同阶段有不同的保障需求，以下分阶段介绍。

（1）未成年期

最需要健康和教育两方面的保障，因此健康险和教育金险很必要。

（2）单身期

这时，刚踏入社会，收入还不太稳定，可以购买意外、疾病险。由于年轻，缴费一般较低，而保障却较高，若发生意外，父母也能老有所养。目前市场上有一种类似于安全保障卡的保险产品很畅销，它每年只要交很少的费用（如100元），购买方便快捷，一年内如发生意外和医疗费用，都可以理赔。此外，也可以稍微考虑养老险，具体有普通寿险（保障型）、养老型险、生死两全险等可供选择。

（3）家庭期

这时，小孩出生面临受教育、不断成长，而自己也不断变老；上有老，下有小，面临的各种风险也最多。这时就应该把家庭成员当作一个整体来统一考虑了，不同的成员有不同的保险需求，具体如下：

➡ 第一，购买意外疾病险，其中家里的经济支柱是重点投保对象，也就是说给赚钱最多的人买最好最多的保险。首先是意外疾病险，万一遭遇不幸，赔偿金将给家庭设置一个保险屏障；其次可以购买人寿保险，如果不幸去世，所投保的寿险也会全额给付养老金。再次，可为其他家人选择重大疾病和医疗保险，以保证万一患病不致对家庭经济造成冲击。医疗险有普通医疗保险、大病保险和住院保险，可按照每人的实际情况选择其中的一项乃至多项。

➡ 第二，为了退休养老，年金类产品不失为一种较好的选择。它能保证在退休之后不会为生活费而发愁。保险公司的此类产品目前有的是按年支付年金，有的是逐月支付，可根据自己的偏好做出选择。此外，还可以把一些分红保险作为家庭长期储蓄的一部分，在拥有保障的同时，享受到专家理财的特色服务。

➡ 第三，若是为了筹备子女的教育经费，则可以选择教育金等储蓄性的产品。子女还小时，可以购买一些针对儿童的复合险种。这些险种能够覆盖孩子的教育、医疗、创业、成家、养老等，能有效保障孩子的方方面面。

（4）养老期

老年人需要健康和生活方面的保障。老年人身体已大不如前，有可能患上各种慢性疾病，医疗费用是一笔不小的支出，得早做打算。需要重点考虑医疗险、疾病保险、看护险和意外保险等。

2. 家庭成员如何搭配保险

在具体搭配时，可根据家庭成员经济收入的不同决定投保的主次轻重。如果夫妇收入相当，则可以各用家庭保险预计支出的40%购买保险，孩子则用20%的资金。如果家庭中男主人收入较高，则考虑用家庭保险预计支出的一半为其购买保险。千万不能只给孩子买保险，而忽视了家里的顶梁柱。否则顶梁柱一倒，经济来源一断，孩子就只有受苦了。

第三节

保险要买得“保险”

在遵循购买保险的基本原则下，还需要注意以下五点。

■ 认真、诚实地填写合同，及时、合理地变更内容

在查看保险合同时，主要看保障是不是很全面，有没有说明除外责任，比如各大保险公司的重大疾病保险条款规定的重大疾病险种包括哪些，什么才算意外保险等。一般情况下，我们应选择保障范围尽量大的产品，比如看看常见的烧伤、烫伤等意外事故是否被列入保险责任等。

在填写合同时，要本着诚实的原则，比如不要隐瞒病史什么的，以免在具体理赔时“竹篮打水一场空”。

寿险产品一般都会延续很长的时间，少则几年多至十几年、几十年。在这么长的时间内，投保人、被保险人的个人信息、经济状况、保险意识等极有可能发生变化。当出现这种情况时，投保人可以申请对保险合同的相关内容进行修改。

■ 买主险时，适当搭配附加险

在购买主险时，还应该了解一下有什么附加险。这样，花较少的钱就能补充你所投保险种的不足，附加险一般包括健康险、意外险、定期寿险、医疗险等。

比如，大病统筹和公费医疗负责的病一般不分病种，费用根据有关规定按比例报销，不会付保险金。因此，有了大病统筹和公费医疗并不能万事大吉。即使有了社会保险也有必要买些商业保险。许多单位里给员工买了养老险、医疗险，因此许多人就认为就没必要再购买商业保险了。这其实是一种误解，因为社会保险并不能完全满足家庭的风险管理要求，一旦发生意外和出现重大疾病，家庭面临的风险将是无法想象的。因此，如果你的资金充足，建议考虑给家庭成员多买一份健康或意外保障。具体，你可以买以下三种险来补充大病统筹和公费医疗。一是重大疾病险提供赔付金，这就意味着当投

保人患上了其中列明的大病，在医疗费报销的同时，还可以额外得到赔偿金。二是住院医疗险，可以分摊余额。三是意外医疗险，报销意外医疗费。对意外伤害的医疗费，公费医疗或大病统筹采取的多是按比例报销的办法，而意外医疗险的报销范围更广，它报销的是除去免赔额的所有费用，且一般不限医院。在上述三种险种中，第一种是主险，第二、三种是附险。

■ 买保险不要画蛇添足

世界上的风险很多，整天杯弓蛇影没必要，保险保得太多了，肯定是画蛇添足。该买多少保额的保险，应视自己的家庭实际状况来确定。一般而言，买保险的资金（即年交保险费）占家庭年收入的10%左右最为合适。

■ 保险买得越早越好

年轻时买些保险，不仅能更早地得到保障，而且费率相对低，缴费的压力也相对轻。随着岁数增大，不仅保障晚，费用高，更糟的是还可能被保险公司拒保。

■ 不要轻易退保

退保后你将遭受几重损失：一是没有保障了，把自己暴露在风险面前。二是退保拿回的钱少，会有损失。目前是前一、两年退保时要扣除手续费，两年后按保单的现金价值退保。三是如果万一你以后要投保新保单，则要按新年龄计算保费，年龄越大，保费越高，且同时还需考虑身体状况，说不定还会因某些原因遭到拒保或加费处理。

其实，如果实在需要用钱，有两条路可走。第一条路是投保人可以书面形式向保险公司申请贷款。当然，贷款金额会有限制；第二条路就是变更为减额缴清保费。

按照一般规定，投保人未能在保费到期日后60天之内交纳保险费，保险合同效力将中止，保险公司暂不承担保险责任，但投保人仍有两年的时间可以申请恢复合同效力。因此等一段时间，待经济状况好转时申请合同复效，复效的保单仍以投保时的费率为基础计算保费。与重新投保相比，保费不会因年龄增长而增加。

知识问答

1. 选择保险有什么原则?

在选择保险种类时应注意以下几个原则:

(1) 对症下药。了解本身需求，看是生命保障、收入保障、养老保障、伤残保障还是疾病医疗费用保障等。在确定了相应的需求后，再着手选择相应的保险种类。

(2) 量力而行。根据自己的经济收入状况，确定适当的保险数额。一般来讲，所缴保费为每年收入的十分之一。寿险保额为年收入的 3 ~ 4 倍，而意外险的保额一般确定为一年收入的 10 倍左右。

(3) 组合式保险计划。通过多个险种的搭配，达到最佳保障效果。所谓的组合式保险计划，就是将含有寿险、意外保险、健康保险的多个保险险种以一个保险计划的形式出现。这样做的目的，是既可以使保户获得比较全面的保险，也可以节省一定的保险费用。

(4) 选择优秀的保险代理人，确保周全的售后服务。

2. 投保如何办理，何时生效?

确定投保之后，应首先填写一份“投保单”，即申请参加保险的表格。填写“投保单”时，应将表格项目中要求回答的问题一一作答，不可随意乱填，最后投保人和被保险人本人应签字认可，切不可让他人代签，以免将来引起纠纷。

填好投保单后，再将首期保险费交给保险代理人或保险公司的工作人员，并要求其当场开好保险费收据。保险代理人将投保单、首期保险费等一起带回保险公司，由保险公司核保。核保过程短则几天，长则一月，应耐心等待。如有问题，可以通过代理人或直接向保险公司查询。有时，保险公司可能会要求投保寿险的被保险人参加体检。

不要认为缴了保险费后，保险单就马上生效。事实上，保险单生效有两个条件：一是保险户缴清了到期应缴的保险费；二是保险公司核保通过。目前，大多数保险公司的做法是，当客户愿意投保时，先请客户填写投保单，即一份投保申请表格，同时缴纳首期保险费定金。如果投保单经公司审核不能通过，保单不会生效，客户所缴纳的保险费定金将退还给客户；如果公司核保通过，保单生效。

3. 利率变化对保险有何影响？

总体而言，因为保险的预定回报率没有与利率挂钩，故在利率变化过程中保险人很容易陷入被动。升息时，因预设利率偏低而导致产品销售不利；降息时，因为要支付事先承诺的回报利率（按此前的利率参考设定的），保险公司要承担利差损失。下面具体分析利率变化给不同保险带来的影响。

一、保障型产品。利率和利息税的变动会对这类产品产生一定的影响，但影响不大，如重大疾病类保险、医疗保险等。这是因为消费者投保保障型产品时看中的是“保障”功能，而非预期“收益”。

二、投资型的保险产品。有一正一反影响。当升息时，正面影响是其投资收益可能增加；负面影响是相对存款而言，可能此类产品吸引力下降，导致不好销售。而降息时，正面影响是因为产品利率已基本确定，故比较好销售；负面影响是因为可能整体市场的投资收益率随之下降，导致分红等收益降低。

三、储蓄类保险。因此前的回报利率基本已确定，升息后，此类产品因为收益率不随之上涨而不好销售；但降息后此类产品面临利好。比如，我国许多保险公司在以前高通胀时期曾发行过预定利率超过10%的保险产品，后来银行利率下调，但保险利率不变，还得继续按照利率支付给投资者，因此保险公司亏损巨大。而银行升息后，息前寿险保单（包括含预定利率因素的长期健康险保单）的预定利率不超过年复利2.5%，而银行加息和降低利息税后，一年期实际存款基准利率超过3%，大大超过了2.5%的上限。因此，这类产品面临不利影响。

四、房贷险。随着银行贷款利率上调，房贷险的风险在加大。一旦房贷人发生还款危机，保险公司就要承担赔付责任。

因为买保险的目的并非“向保险要收益”，真正的意义在于“保障”，这正是其他理财产品所不能替代的，所以无论利率如何变动，长期的保障意识和保障规划对于被保险人来说都是首要的。

第八章

房地产

房价上涨时不会死人，但房价下跌时却一定会死人。

——亚洲首富李嘉诚

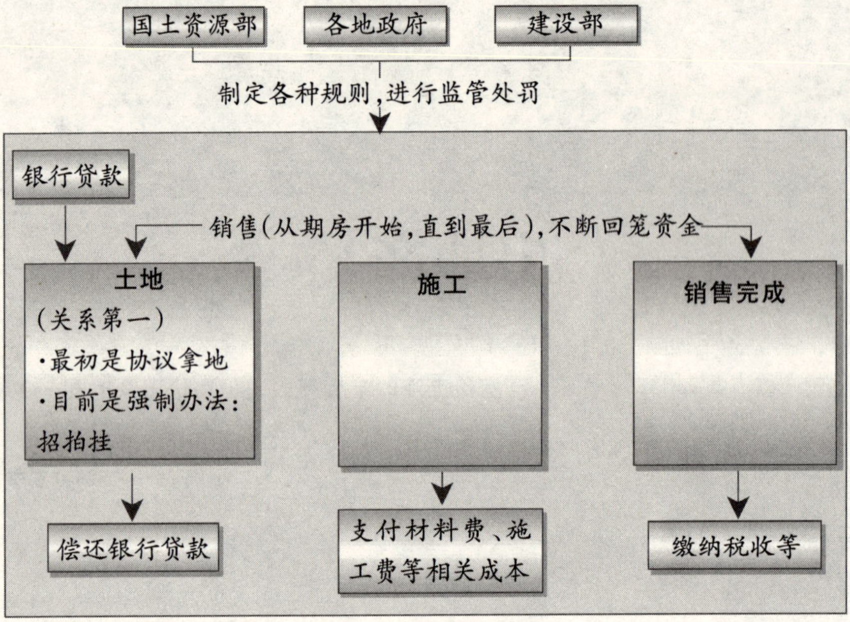

图 8－1　房地产价值链

本章导读

房地产的产业链，本来是很简单的事。房地产商拿地、盖房、销售、回笼资金，再拿地并开始一个新的循环。但是，因为现阶段房地产业存在暴利，房价似乎在永无止境地上涨，再加上有些房地产商违规操作，一些相关利益团体相互勾结，导致这一行业充满着灰色和不确定性。如图 8－1 所示。

也许，没有什么东西能比房子更能搅动大家的心了。不少人因之一夜暴富；而更多的人因此一辈子被套牢，成为房奴；至于政府，面对高高的房价，也显得茫然且举措无力。

本章主要分析房价的形成和高涨原因，以及政府可能的对策，并阐述了个人在买房过程中需要着重考虑和注意的一些事项。

第一节 高高的房价

1. 房价何以节节攀升

近年来导致中国房价迅速上涨的因素有很多。如图 8－2 所示。自 2001 年以来，中国经济在居民消费结构升级、工业化、城市化、全球化的推进下，进入了新的经济增长周期，作为宏观经济的晴雨表之一，房价自然没有缺席这场“盛宴”。

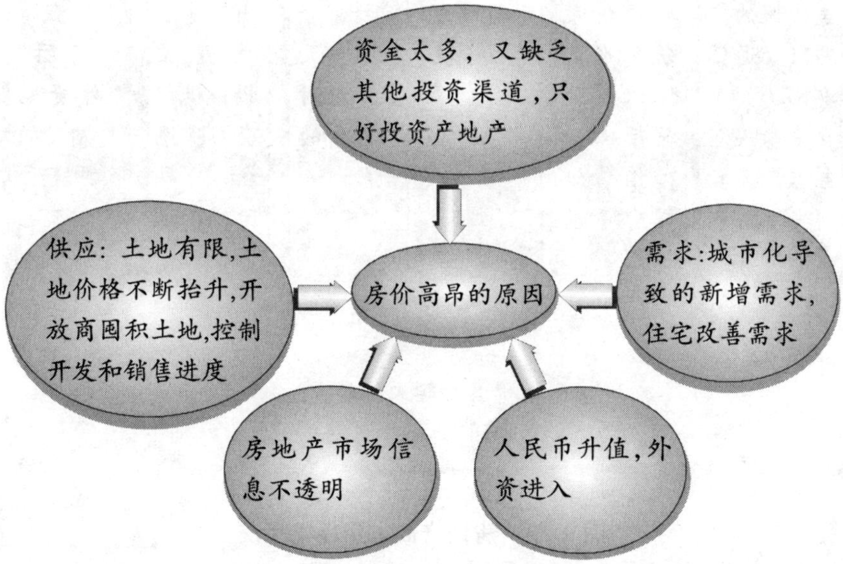

图 8－2　房价升高的内在推动力

有业内人士曾认真算过这样一笔账：一栋楼盘开发下来，成本只占房屋价格的20%，房地产开发商能够拿到的利润占房屋价格的40%，还有40%就是被各种“灰色开销”吞噬了。

房价高，普通老百姓买不起房，自然怨声载道。而要调控房价，政府也是投鼠忌器。因为一旦房价大幅下跌，可能导致银行坏账增加，信贷紧缩，经济萧条，国民收入减少或出现大量失业。

2. 房地产商常用促销手法

房价居高不下的原因有很多，如图8－3所示。

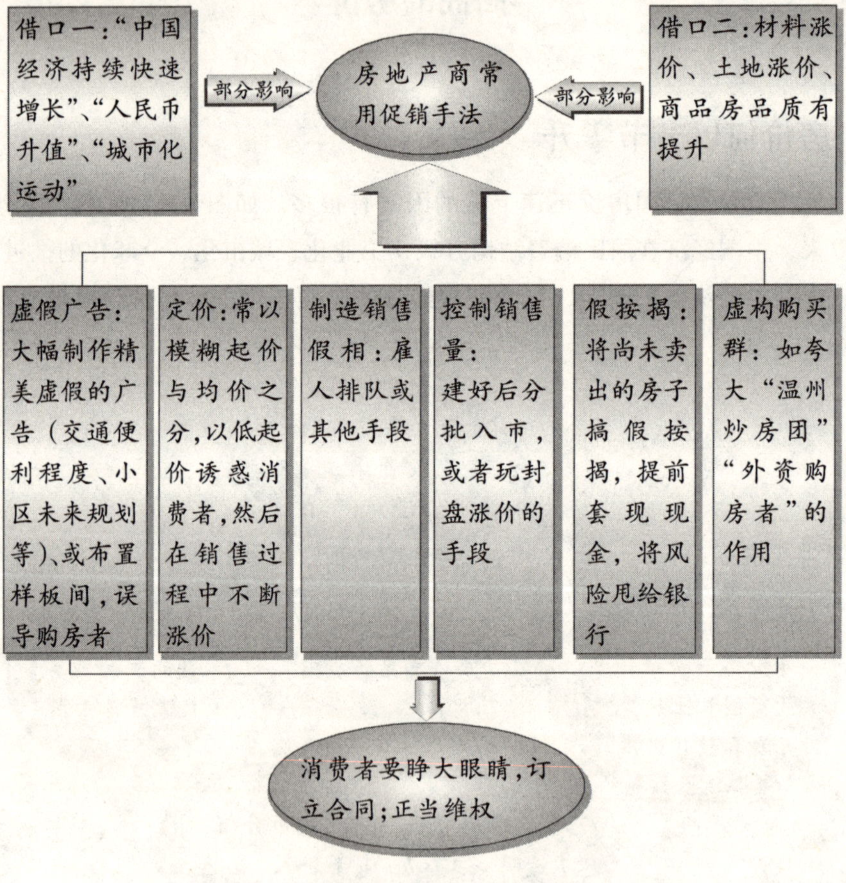

图8－3　房地产商常用促销手法

在房地产行业，主要有两大类因素影响房价，而房地产商及相关利益团体会过分夸大这两类因素：一是夸大一些客观因素的作用，这和卖药的夸大其药材的治病功能是一个道理。比如说中国经济持续快速的增长、人民币升值、城市化运动等；二是材料涨价、土地涨价、商品房品质提升等方面的因素。这些因素尽管揭示了部分原因，但这些因素我们事先很难判断其真实的影响力和推动力，所以容易被过分夸大。

在许多广告中，开发商在地理位置上误导购房者。他们通常通过绘制简单的区位示意图来表示所售房屋的地理位置，但这种示意图往往不按比例尺绘制，给购房者留下“陷阱”。比如 2006 年 3 月，上海一家知名楼盘在其广告中宣传楼盘至外滩在 2 公里半径内，而实际上，楼盘到外滩的最近直线距离为 3. 39 公里，该广告被工商部门认定为虚假广告，罚款 53 万元。

此外，还有开发商在配套设施上实施障眼法，把不具备或将来才可能具备的公共配套设施，比如轻轨、学校、超市等，也在广告中大肆宣传，欺骗购房者。另外，一些开发商在小区的绿化率上也大肆虚夸。有的公司宣称小区的绿化率高达 50%，但现场却是不毛之地。还有的开发商偷梁换柱，把附近的广场、公园等公共绿地也算入自己的项目之中。

按照法律规定，开发商在广告中承诺的条件，必须在交房时都具备。购房者在签订合同时，可白纸黑字写明，一旦发现没有达到合同中的条款，可运用法律保护自己的权益。

而在销售环节的诸多常见手段更是对房价推波助澜。比如以低起价诱惑消费者，而后在销售过程中不断涨价；通过雇人排队、提前内部认购、捂盘封盘、搞假按揭等手段制造热销假象，同时套现资金；捏造某些购房团等给购房者制造心理压力等。

第二节

真实的房价

作为在市场上流通的商品，总是有公允的价格的，目前的房价肯定不可能一路直冲云霄。下面，我们从几个不同的角度来对房价进行估算，力争还原一个最接近真实的房价。

1. 谁在左右房价的脉搏

房价涨涨跌跌是很正常的事，但是，是谁在其中左右房价呢？如图 8－4 所示。

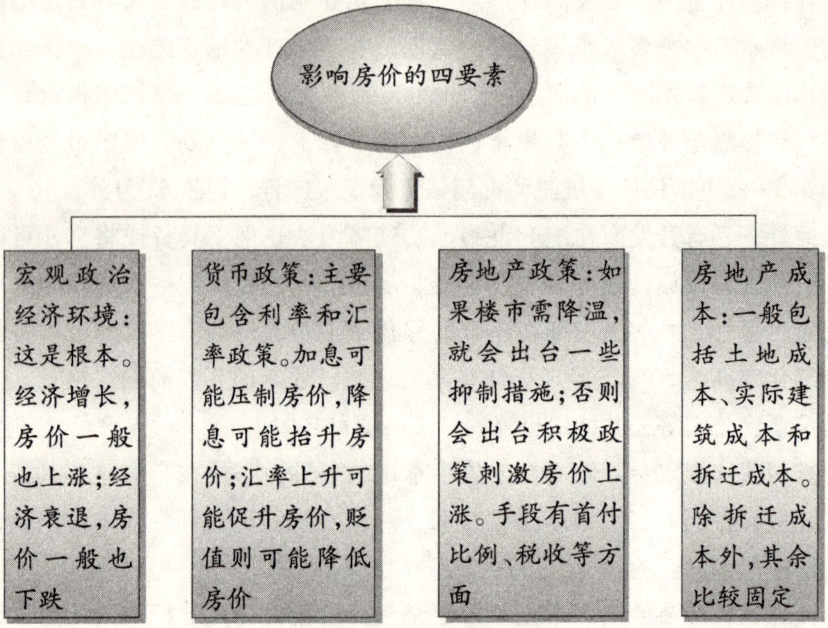

图 8－4　影响房价四要素

为什么房价会上涨？一是通货膨胀；二是“物以稀为贵”，因为土地和房子有限，买的人多，自然价格就高了；三就是有泡沫在作怪。那么，如何抓住其变动的脉搏呢？可以从以下几个方面着手。

一是宏观政治经济环境，这是最重要的因素。经济增长，房价一般也上涨；经济衰退，房价一般也下跌。如果经济增长平稳，正常的房价自然不会有太大变化。如果经济一团糟，指望房价不断上涨，无疑是痴人说梦。

二是货币政策。它其实和宏观经济紧密相连，随宏观经济的变化不断调整。一般而言，加息可能压制房价，降息可能促升房价；汇率升值则促升房价，贬值则压制房价。

三是房地产政策。国家一般通过相应的政策来调控房地产市场。如果想扶持，一般会出台积极的政策，这时房价就可能上涨；如果觉得过热，需要降温，就会出台一些抑制措施，比如在房贷方面增加难度等。而如果国家出台大力发展经济用房的政策，那么自然就会对高档的商品房市场造成冲击。当然，这些政策在长期和短期内显现出来的效果会有所不同。

四是房地产成本。一般包括土地成本、实际建筑成本和拆迁成本。因为土地国有，因此政府拿出多少土地、以何种方式拿出来，都会影响土地成本。目前，土地成本节节攀升，各地的“地王”不断出现，俨然成为房价万恶的“推手”。而建筑成本无非是建筑用材和人工费用等，它们变动一般不大；至于拆迁成本，长期的趋势应该是不断上升的。

2. 测算房价的上下限

影响房价的基本因素，我们已经知道了，但是其要拿来衡量具体的房价，却好像于事无补，难以对房价做出准确的估算。

但是，如果借助一定的公式和参照物，对房价的上下限，我们大体上还是可以知道的。如图 8－5 所示。

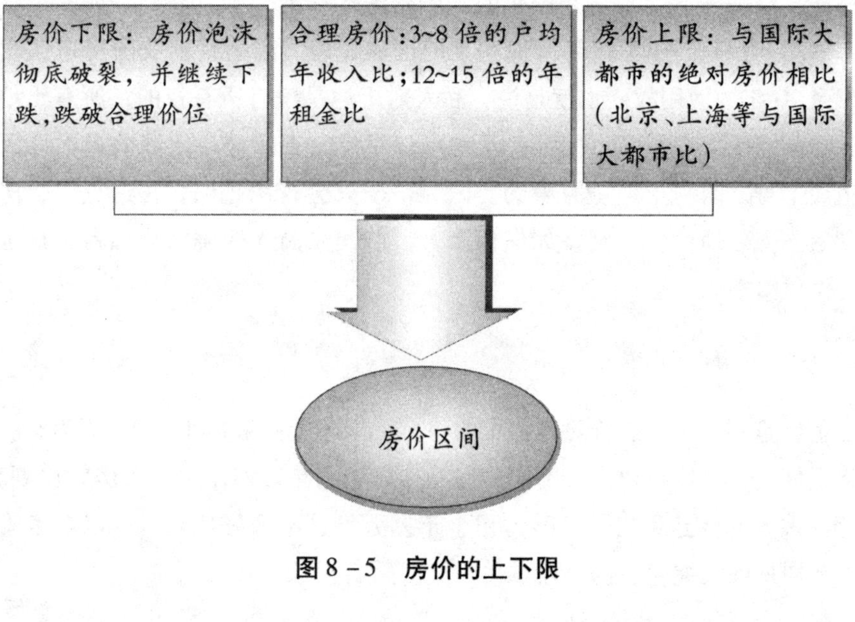

图 8－5　房价的上下限

房价下限是指房价泡沫彻底破裂，恐慌心理使得房主不断抛售，房价持续下跌，跌破合理价位，比如香港 97 回归前和 2003 年非典时期。

关于房价上限，因为房子不同于其他商品，它不可流动，没有可复制性，所以不同地段房价不一。但是，随着全球经济的一体化，在世界范围内，国际现代化都市的房价有趋同的趋势。因此，区域房价的合理空间可能被大大抬升，这也是北京、上海这些大都市房价不断上升的原因之一。

房价合理价位可以通过两个比例来测算，以大致估算其价值。

（1）房价年收入比

如同用股价除以每股收益得出的市盈率来衡量股票估值高低一样，大家也普遍用总房价与户均年收入比来衡量一个城市的房价高低。这个比值越高，即要花更长的时间来买房，说明房价偏高，风险也相应地越大。国际上通行的房价与年收入比为3～8倍。比如美国的相关调查报告显示近年来美国本土住宅均价相当于工薪家庭6年的收入。

据统计，北京人均可支配年收入为3万元，按户均2人有收入来源计算，约为6万元。市场统一房屋均价为10000元/平方米，按政府提倡的人均30平方米共90平方米（一家三口）计算，即是总价90万。由此推算房价年收入比为15。也就是说，一家人不吃不喝，15年才能够买一套不大的房子。即使是这样，15这个数字还不是静止的，还在往上攀升。

事实上，我们还不能简单地和别的国家比较。因为目前我国房市买卖的仅仅是70年的使用权。也就是说，私人对土地是没有所有权的，所有土地都掌握在国家手中。在西方国家，土地可以私有，支撑楼市上涨的重大原因就是土地本身，因为土地是有限的。因为房子只会越用越旧，在这点上，房子到期后如何处理，房主利益如何保障，目前国家尚无明确法规出台，这也算是一个风险吧。

（2）房价租金比

也就是用房子的总价除以每年的租金，国际上一般以12～15倍为宜。如果租金便宜，自然有很多人不愿买房；如果租金高，相比之下买房就更划算，自然许多人就自己买房了。因为租金千差万别，不太好比较，可以参考附近宾馆相应房间长期包房的价格。

3. 三针戳破房地产泡沫

世上凡是流动的东西总是会产生泡沫的，河流如此，股票如此，楼市亦如此。泡沫撑起的价格就叫虚涨。因为贵到什么程度，大家心里没谱，越是价格上涨，越是这样。实际上，很难区分正常上涨和泡沫，更多的时候两者是互相掺杂的。10多年前，我国发生过一次重大的房地产泡沫，催生了无数的富翁，也同样淹没了无数的富翁。很多人在房市泡沫被吹得大大的时候奋不顾身地进军房地产，结果泡沫一破，顿时成为穷光蛋。

那么，如何区分有无泡沫呢？可以用“三根针”来检查：房子经过几道手、房价上升速度和房屋空置率的比例是否正常。如图 8－6 所示。

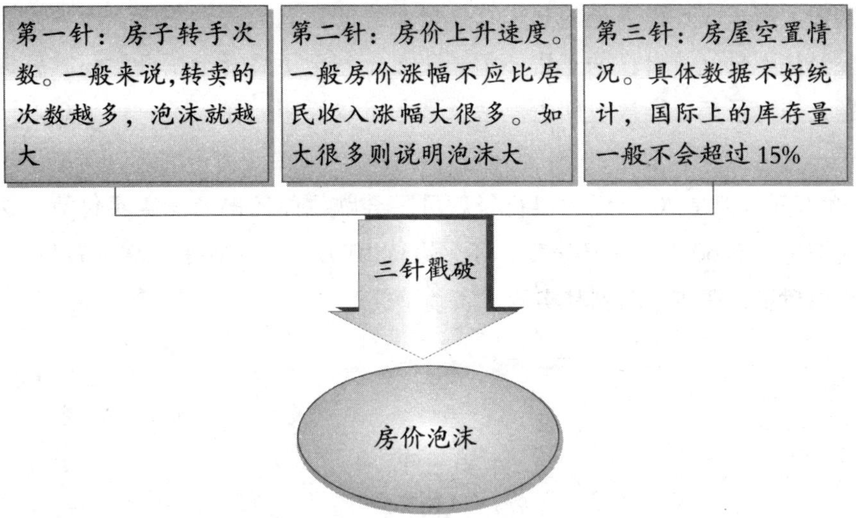

图 8－6　三针戳破房价泡沫

第一针是房子经过几道手。一般来说，转卖的次数越多，泡沫就越大。炒房者一般采取三种形式：炒楼花、出租、转手买卖。其中，“炒楼花”是指买家在楼盘未落成之际只交数量很少的订金，之后转手卖给别人，套取高额订金，从中赚取差价。在这三种炒作手段当中，尤以炒楼花的危害最大，曾被认为是许多国家楼市崩盘的重要原因。如果楼市炒作过度，就会像股市一样，大起大落，阻碍房地产市场的平稳发展。从海外经验看，一般认为投资买房比例超过 20% 时，就表明该市场投机行为比较严重，楼市含有较大风险。

第二针是房价上升速度。在比较健全的市场上，房价涨幅不应比居民收入涨幅大过多。如果大过多，就说明泡沫大，会导致越来越多的人买不起房，这样房子的价格早晚有一天要掉下来。

第三针是房屋空置情况。空置就是库存，市场上任何一种商品都有合理库存，保持适度数量的空置房，对平衡市场供求、调控房价都具有积极的作用，国际上的库存量一般不会超过 15%。如果没有空置率，则表明房地产市场过热。问题在于，怎样统计这个库存量？关于这一点，众说纷纭。不过，购房者可以有自己的直观认识。看是什么样的房子空着，是低档、中档还是高档的？是大户型还是小户型？

所以，买房一定要慎重，不光要考虑自己日后的发展，也要考虑国家整体经济的发展。比如，现在我国经济发展状况很好，并且已经持续了很多年，许多年轻人以为这样的状况会一直保持下去，于是不顾自己的实际需求，盲目购置大房子或者很高档的房子，这样每月的还款压力就很大。而如果日后国家经济不景气，自己的工资不但长不了，甚至下降乃至中断，还款就成了问题，连房子都可能被收回去。举个例子可以说明。你买了一栋100万元的房子，首付30%，剩下的70万元通过银行贷款。由于房市泡沫，房屋价值跌到60万元，但是70万元的银行贷款可不会跌，你还得老老实实付清。这时即使把房子卖60万元来还贷款，还欠银行10万元。这等于说你的首付30万元算白付了，还成了名副其实的“负翁一族”。

第三节

政府的两难和可能对策

1. 政府的两难

面对居高不下的房价，政府也是左右为难。房地产增长过度已经引起民生、环境保护等多方面的问题，严重影响了经济和社会的可持续发展。一旦房地产泡沫破裂，可能给银行、个人和社会带来沉重的打击。但是，另一方面，政府又从房产的高增长中获益匪浅。如图8－7所示。因此，政府总需要在利弊之间反复权衡，并小心谨慎地出台相应政策。但最终结果如何，事先难以知晓。这也就是近年来政府对楼市调控没有取

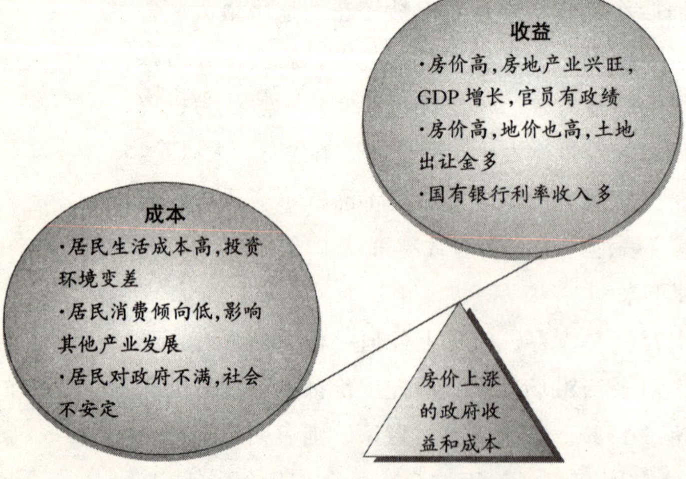

图8－7　政府的两难选择

得成效甚至适得其反的原因所在。

2. 政府相应对策

在美国，住房与城市发展部重点监控的是面对中低收入家庭的社会保障性住房。而市场中的房价高低似乎并不重要，房价主要是由负责宏观经济调整的央行随整体经济掌控的，这也就是我们说的“市场归市场，保障归政府”

在我国香港，房地产供应形成了一个梯级的金字塔结构。第一个梯级是廉租房，占整个房地产住宅市场的30%左右，由政府提供，租金低于市价50%以上，香港收入最低的市民大多住的就是这种廉租房；第二个梯级是居屋，类似经济适用房，占整个房产市场的15%左右，售价比一般的商品房便宜40%。相对于商品房来说，它的户型偏小，密度较高，用材档次也比商品房差，居住质量明显不如商品房，让买得起商品房的人不会对居屋产生兴趣；第三个梯级则是由完全开放的房地产市场提供的商品房。

而新加坡实行了世界上独一无二的经济适用房大规模（组屋）建设制度，为了保证这类经济适用房的建设，新加坡成立了经济适用房建设总局。目前80%的新加坡人都住进了组屋，使得新加坡住房私有率超过60%以上，其中93%的居民拥有房屋的产权，另外7%的低收入家庭向政府租赁廉价房。同时，不同的收入群体可以买不同样式的住房。

我国正力图形成自己的住房供应和保障体系，并已逐步体现在国家相应的政策、法规中，如图8－8所示。

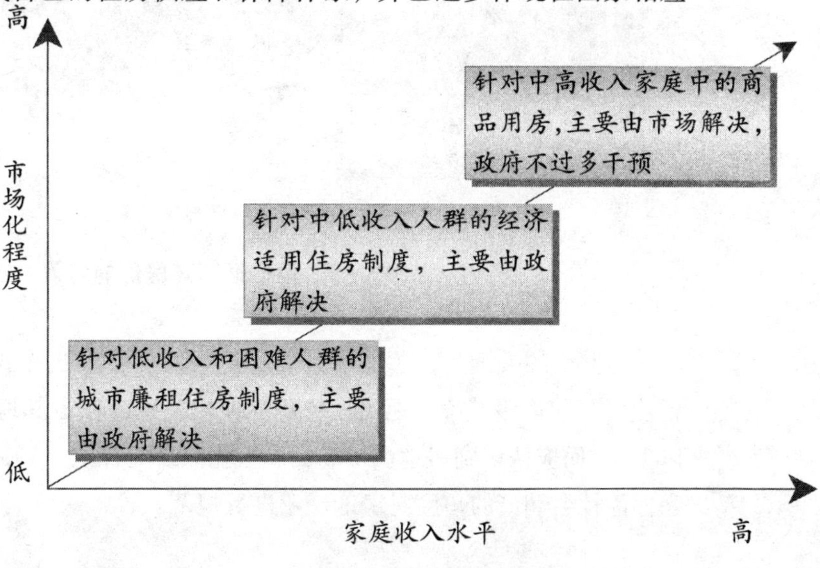

图8－8　有层次的住房供应和保障体系

循此路线，政府和市场分工明确、职责清晰，更能够专注、有效。在有层次的住房供应和保障体系下，政府要加大住房需求调节力度，引导合理的住房消费，建立符合国情的住房建设和消费模式；加强市场监管，坚决整治房地产开发、交易、中介服务、物业管理以及房屋拆迁中的违法违规行为，维护群众合法权益；加强房地产价格的监管，抑制房地产价格过快上涨，保持合理的价格水平，引导房地产市场的健康发展。当社会保障问题得到更好的解决时，不但不会破坏市场经济中商品房的建设与发展，反而会使市场更自由地发展。

对于目前房价高企的态势，鉴于我国目前的现实情况，可以采取如图8－9所示的调控手段和政策。

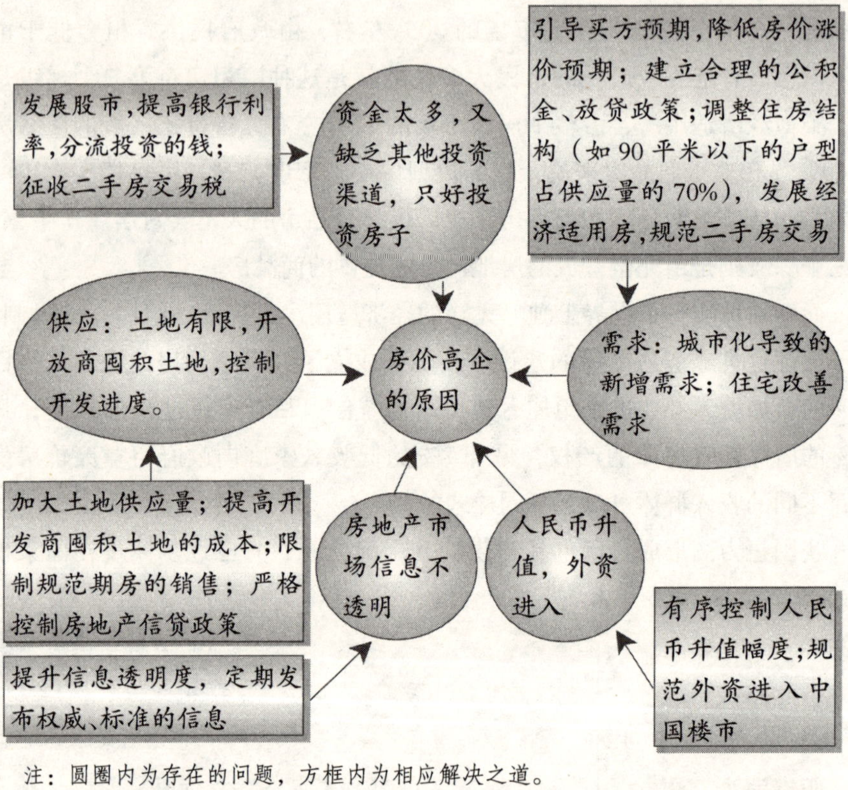

图8－9　政府抑制高房价的对策

这其中的关键是，各地政府不要把房地产行业当作我国经济的主要支柱行业（目前许多城市土地出让费及各种相关税收在占其地方财政收入的60%以上），而应认识到房地产市场发展不能只靠纯粹的市场调节，应从国计民生和保障社会和谐的角度对房地产业进行规范。

第四节

如何买房

无论房价多高，一般人总还是希望买房子的。如果是自住，在目前情况和自身经济条件许可的情况下，则不用过分考虑房价的高低；当然如果是投资，则须慎重了。下面就一手房与二手房的购买情况做些简单介绍。

1. 通过房贷购买住房

通过房贷买房需要确定以下几件事。

(1) 确定首付和贷款期限

确定首付及贷款期限，需考虑两个因素。一是手头的钱有多少；二是日后每月的还贷额是多少。首付比例高，日后月供低，但前提是得备足日常所需，不能让生活质量下降太多。

贷款年限的选择有 5 年、10 年、20 年和 30 年等几种。需综合考虑未来的还贷能力，不能单纯以时间长短定。

总之，决定首付款和贷款期限的一个重要因素就是：有没有收益率比房屋贷款利率高的投资？如果有，从理性的角度讲，那么首付款应尽可能地低，期限尽可能地长。因为，如果你的钱仅在银行拿 2% 的利息，而同时又要付给银行 5% 的利息，那何必做这种赔本买卖呢？

(2) 选择贷款种类

首付款后，剩余的房款就只有通过贷款了，可怎么贷呢？目前有三种可选：商业性贷款、公积金贷款和组合贷款（混合前两种）。一般应先尽量用住房公积金贷款，其利率比商业贷款要低，但是总额有限制。住房公积金是国家强制规定交纳的，尽管强制，可就目前而言，住房公积金利率绝对比活期、整存整取一年期存款都要划算。而本年度交纳的按活期利率计算，且钱存在公积金账户里不用收取利息税。在公积金贷款外，一般就只有通过商业贷款了，其利息可是要高于住房公积金贷款不少的。

(3) 确定贷款利率方式

当央行调整基准利率时，两种住房贷款利率一般都会相应调整，这就是浮动利率的贷款方式。此外，一些银行还推出了固定利率贷款，即不管未来利率如何变动，住房贷款利率都不变动。但是固定利率贷款也有弊端。如果未来利率上调，固定利率方式很划算，可少付利息；而一旦下调，就得多付利息了。所以，在选择利率方式时，应估算一下未来利率的大体走势。此外，对于固定利率贷款，提前还款缴纳的违约金可能要比正常情况下还贷高出许多，这也是需要注意的。

(4) 还款方式：等额本金法还是等额本息法

这是目前银行提供的两种主要还款方法，购房者可以任意选择。等额本金法是指每个月还款含固定的本金和不同的利息，因此每个月还款总额是不固定的，前期大，后期小。而等额本息法每个月还款总额是固定的，但作为其组成部分的本金和利息每个月都不同。

假如利率在整个期限内都不变化的话，总的还款额等额本金法比等额本息法要少。因为在还款前期，等额本金法还的本金多，以后就不用再为还掉的本金支付利息了；而等额本息法付的利息多。但是，如果在还款期间利率发生变化，可就不一定了。如果利率上涨，因为等额本金法所剩的本金少，相应的需要支付的高利率利息也就少了，所以等额本金法比较合算；如果利率下降，因为等额本金法所剩的本金少，所以就只有较少的本金可以享受到低的利率，所以等额本金法就不太合算。

选择何种还款方式因人而异。由于等额本息法前期还款压力小，更适合收入处于上升期的年轻人，而等额本金法每月还款额逐月减少，更适合收入稳定的中年人。同样，如果我们能准确地判断未来的贷款利率变化，根据以上分析也能省下不少钱呢。

当然，还有其他的还款法，比如根据你未来的收入情况量身定做还款方案等。

(5) 提前或延后还款期限

如果你积蓄多了，又不想眼睁睁地定期支付银行利息，给银行打工，就可以向银行申请提前还清。目前组合贷款还不能提前还贷，而单独的商业贷款或公积金贷款就可以。当然如果有些人觉得收入减少，每月的还款额超过总收入的30%，生活质量下降了，也可以延长还款期限。

还有一点值得注意。银行贷款以5年为线，5年以上是一个较高的利率；5年以下是一个较低的利率。因此如果缩短贷款期限后贷款期限在5年以内的，还能享受到更低的贷款利率呢。

2. 精打细算二手房

相比新房，二手房因地段好、社区成熟、价格偏低而受人青睐。在购买二手房时，需要注意如下几点：

一是看房子是否能正常交易，产权证能不能顺利拿到手。很多买方认为一手交钱，一手交房，只要自己拿到房屋的钥匙入住了，房子就是自己的了，实际上大错特错。如果在过户之前将房款支付给业主，买方就存在“钱房两空”或者付出额外成本的可能性。如果不能过户，也就是说拿不到产权证，自己对房子连个正式名分都没有，那还买什么呀？如果已被房主抵押，这样的房子就更不能要了。而如果入住进去，发现原业主拖欠了供暖费、物业费等，自己就不得不为上家买单了。目前随着房地产中介服务日益规范，此类风险要比以前小些。

二是看中介公司是否正规，是否有代理买卖的资格。这点，一调查就知道了。

三是合同条款是否详细公正。过于简单的合同极有可能是中介和卖主的一个陷阱。因此，合同主要看是否关于房子本身的质量、房款数额、付款时间及方式、入住交验、费用明细等的相应条款，是否说明相关的违约责任如何承担等，其中一定要将中介公司收取的费用及需要向相关部门交纳的费用了解清楚，最好在合同后附详细费用清单，避免额外出钱。如目前通过中介买房，一般需要支付房款总价的2.5%作为中介费用，再加上其他隐性的费用，这是一笔不小的支出，投资者不得不考虑清楚。

四是一定要有正规的物业交验流程，并且不要一次性支付全款给中介或业主，而应在物业交验的费用结清及房屋的验收工作完成后再付剩余房款。

对于那些卖方还没有还清银行贷款的二手房，银行可开办“转按揭贷款”业务。银行通过对交易合同及购房者的资信进行评估后，会给出相应的贷款承诺。为了规避房钱交易的风险，银行一般会将购房者的首付款先存在银行的监管账户中监管起来，等产权过户和办妥银行抵押后，再将首付款和新的银行贷款划到卖方的指定账户。这样，整个交易过程就结束了。

房子到手了，要么自住，要么外租。要往外租房，完全可以委托房地产中介公司。目前，一般有两种方式，一是租房时签订三方（求租方、房东和中介公司）协议，由求租者付钱给房主，事后收租、服务管理等麻烦的工作就落在房主身上；而中介公司只收取求租者中介费后就退出此租赁进程。二是房东将房租给中介公司并收取一定的房租；其后中介公司再加价租给房客，并负责房屋的管理和日常维护等。一般情况下，中介公司会扣除一段时间（如一个月）作为招租工作期。如招租期一过，无论房屋出租与否，房东均可如期获得合同约定的租金。

知识问答

1. 房产调控的历史变迁及后果分析？

以下是我国近年来的几次重大房产调控政策。

➡ 1998 年 7 月出台加快住房改革文件，宣布福利分房终止。

➡ 2003 年 6 月出台 121 号文件，对房地产紧缩银根。

➡ 2005 年 3 ~ 4 月“国八条”出台，打击炒房、炒地，控制房价。

➡ 2006 年 5 月“国六条”出台，调整住房供应结构

➡ 2007 年 8 月，国务院公布《国务院关于解决城市低收入家庭住房困难的若干意见》，明确表示“加快建立健全以廉租住房制度为重点、多渠道解决城市低收入家庭住房困难的政策体系”。

但是，由于在此前的很长时间内，政府可能没有从本质上认识房价高昂的原因，没有认识到政府和市场的必要分工（即政府重点提供廉租房和经济适用房，而市场重点提供商品房），造成“供给”（如土地、信贷规模等）政府化，而“需求”却充分市场化。在这种模糊认识下，从一开始就没有想好调控的具体目标和步骤，跟着市场走一步摸一步，摸一步再走一步，不但没起到平抑房价的作用，反而加重了购房者的负担。比如，政府加大土地供应，但又对土地实施拍卖，使地价一天一个价，而且更多地进入了开发商的手中，他们拖几年再开发或转手轻松发大财。另一方面，不管是上调房贷利率还是增加交易成本，这些都会无一例外地转嫁到购房者身上。所以，此前国家的

一系列调控措施效果都不是很明显，反而房价越涨越高。

2. 现在要不要买房？

这个问题可能没人能够准确回答，因为没有人能准确地预测未来房价的走势，更无法知道某一具体地域房价的涨跌。即使事后证明是对的，但事前总是无法肯定。

所以，还是要分清自己是投资还是自住。如果是自住，自己又能负担得起，就可考虑买。毕竟房价虽然在一段时间内有升有降，但总体趋势涨的可能性还是要大些，因为房子好歹是对付通货膨胀的好品种。而选择租房呢，还得交房租，再说是自己的房子，住得舒服的感觉肯定更强烈。但是如果要投资的话，就要考虑许多因素了，必须密切关注房价涨跌，关注各种房地产政策及其效应。

后记

六年前，我进入华夏基金管理公司，那时国内理财市场初步萌芽，开放式基金还刚起步。三年前，我写了《拱出银行的小猪》一书，倡导大家取出银行存款去进行多样化投资。两年前，我进入中国金融在线有限公司（金融界网站）并主持"基金沙龙"专家在线。而近一年多来，理财势头更是有增无减。在此过程中，我感受到人们对理财的强烈渴求，也耳闻目睹了许多投资者因为不具备理财基本功而盲目操作招致大损失的故事。

为此，我写了本书。对那些从未接触过理财或对此一知半解的人，希望能帮他们少走弯路，系统地去了解理财；对那些急需提升自己投资能力的投资者，希望能作为其总结和反省的一个工具，助其找出今后需改善和提升的地方；而对那些局限于单个投资品种的人而言，希望能助其在更大范围、更高层面上进行组合投资，以期有效分散风险。

本书得到了诸多师长朋友的热情指点与帮助。在此，要感谢我的老领导范勇宏先生，他引我进入金融行业；感谢多年来的领导李操纲先生，他在工作及本书写作过程中给予了很多切实的指导和帮助；我更要感谢我的前领导赵志伟先生，他在百忙之中欣然为本书作序；我还要感谢对本书给予了高度评价的众多行业领导和专家们，他们是张维功先生、李明山先生、谢红兵先生、陆正飞先生、廖理先生和王坚先生。同时，我要感谢本书策划方希女士，她的专业能力和敬业精神让人佩服；感谢本书责任编辑孙景利先生，他的细致认真使本书更臻完美。同样，我要感谢我的夫人，她从门外汉的角度对本书的写作方式提出了很多宝贵意见，使本书的可读性大为提高。最后，因本书的写作参考了网上诸多报道和分析文章，在此对它们的作者一并表示感谢。

PEKING UNIVERSITY PRESS · 1902 ·